はじめて学ぶ
経営学

人物との対話

中野裕治・貞松 茂・勝部伸夫・嵯峨一郎 編

HIROHARU NAKANO
SHIGERU SADAMATSU
NOBUO KATSUBE
ICHIRO SAGA

ミネルヴァ書房

【本書の構成】

　本書は，第Ⅰ部 管理の誕生，第Ⅱ部 人間の発見，第Ⅲ部 組織と環境，第Ⅳ部 制度と戦略，の4部構成になっている。また各章は，「人と業績」，「人物との対話（原典紹介）」，「用語解説」，「より深く学ぶために（文献ガイド）」の4つの部分からなる。

　a．「人と業績」：各人物の生涯と経営学への貢献および理論の概略を学ぶことができる。
　b．「人物との対話（原典紹介）」：目次に列挙された「問い」（Q）が発せられ，その「問い」に答えるかたちで原典からの引用文（A）がつづく。引用文は，できるかぎり入手容易な既存の訳に依拠したが，訳語をあらためたものもある。理解を容易にするための解説文も付した。
　c．「用語解説」：必要に応じてキーワードの解説を付した。
　d．「より深く学ぶために（文献ガイド）」：初学者向けの比較的入手容易な基本的な文献を列挙した。

【本書の利用法】

　1．本書は，大学での経営学関連の講義用テキストとして使用することを念頭においているが，それと同時に，実務界で活躍中の一般の読者の知的なニーズにこたえることも期待している。各章の原典（翻訳）引用に付された「解説」と「用語解説」が，そのような読者の一助となるであろう。

　2．本書の構成は，第Ⅰ部 経営学を築いた人びと，第Ⅱ部 組織における人間問題と取り組んだ人びと，第Ⅲ部 組織論と環境適合（コンティンジェンシー）論者，第Ⅳ部 制度論と経営戦略論者と呼ばれる人びと，からなっており，それぞれのカテゴリーの中ではおおむね時代順に人物が配列されている。読者は次のように利用することができる。

　a．最初から頁を追って読みすすめる。
　b．ある分野，たとえば4部構成のうち，いずれか関心のある分野に焦点をあてるかたちで読む。
　c．興味を引く目次の「問い」の答えをさがすかたちで読む。
　d．目次に列挙された「問い」の中から類似したものをえらび，異なる経営学者たちがあたえる回答を比較するかたちで読む。
　e．巻末のキーワード索引の中から興味を引く用語を拾いながら読む。
　f．一通り読み終えた後に目次の「問い」の答えを自ら考えることで，理解度をチェックする。

はじめに

　今日，私たちは本気になって「経営学とは何なのか」を考えるべき時代に生きている。ちなみに，この十数年間の日本をふりかえってみよう。

　1990年代初めにバブル経済がはじけて以降，日本の企業社会は大揺れに揺れた。「リストラ」という新たな装いのもとで，従業員を解雇することに使命感をもつような経営者さえあらわれた。マスメディアの世界では，「不況をもたらした責任は日本型経営にある」と声高に主張し，これからの時代は規制緩和によって市場競争社会をうちたてることが課題であるとの論調が登場した。「終身雇用など葬り去ってしまおう」というわけであり，これからはアメリカ型経営こそ救世主になってくれるはずだ，というわけである。

　ところが，その後の推移はそれほど単純ではなかった。21世紀に入ったとたん，今度はアメリカに激震が走った。エンロンやワールドコムといったアメリカでもトップレベルの企業が，実は日常的に粉飾決算をおこなっていたことが明らかとなり，ついに倒産したからである。しかも企業の財務を監査すべき立場にあるはずの監査法人が，高額の報酬に目がくらんで，粉飾決算に知恵を貸していたことも明らかとなった。それは市場経済の暴走にたいする歯止めを欠いた，いわば無政府状態だといっていい。このような事実は私たちに，市場競争社会の行く末の姿を教えてくれている。

　"アメリカ熱"はかつてほどではなくなったかにみえるが，しかし国内の混乱は続いたままである。本書が世に出る頃でも，少なからぬ人々が耐震強度偽装マンションで不安を抱えたままの日々をおくっていることだろう。この耐震強度偽装事件にせよ，ライブドアの粉飾決算事件にせよ，誰もその責任をとろうとしない構造が実に特徴的である。その点で，これらの事件はエンロンやワールドコムの日本版だといっていい。

　以上のような状況は，あらためて企業の根本問題を問い直すことを迫っている。企業の社会的使命に期待をかけることはもはや無意味なのだろうか。では，いったい企業は誰のものなのか。株主のものなのか，経営者のものなのか，そ

れとも従業員のものなのか。要するに，企業は何のために存在するのかが問われているわけだが，こうした問い直しそのものが事態の深刻さを物語っているというべきだろう。

　経営学は，むろん理論や規範を重視することはあるが，元来実践的な学問でありつづけてきた。その意味について，ひとつだけ例をあげて述べよう。アメリカのウエスターン・エレクトリック社ホーソン工場でおこなわれた有名な「ホーソン実験」（1924～32年）は，職場における人間関係の重要さを浮き彫りにし，さらに1950年代以降には，組織のあり方を左右するほどの理論へと発展した。このことはよく知られている。しかしその時代背景たるや，私たちが想像する以上に深刻であった。というのは，1920年代のアメリカでは職場管理の計画化・組織化が進み，これが労働者にたいする能率向上の圧力となってあらわれたからである。当然のように職場からは人間的な暖かみが奪われていく。そして，管理の最先端に位置する現場監督者たちは，さながら敵意に囲まれた孤独な独裁者となっていったという。

　もうおわかりいただけたと思うが，人間関係論や行動科学の登場は，以上のような現実との格闘の成果だったのである。そしてこのことは，経営学の理論について共通にいえることである。経営学のいかなる理論にも，現実との格闘・失敗と成功が刻印されており，それだからこそ私たちの接する学説が数十年前のものであっても，そのなかに今日の諸問題と通じ合うものを発見するのである。

　私たちが本書の刊行に踏み切ったのも，このことと深くかかわっている。

　私たちとて，すでに数多くのすぐれた解説書や入門書が出回っていることをよく知っている。だが著名な学者や学説と接し，その息吹や情熱を感じとる機会となると，そう多くはなかろう。そこで私たちが編集方針の柱に立てたのは，何よりもまず読者の皆さんに古典的著作や有力な学説と出会っていただき，さらに対話のなかに加わっていただくことであった。具体的にいえば，およそ50人の経営学者または学説について，質問および「原典による回答」を中心に置き，その対話を囲むように解説を付すという形である。解説があまり冗舌にならぬよう控えてもらったわけで，その分，読者の皆さんの対話に加わる機会が

はじめに

増えるはずである。自分ならこの質問にどう答えるだろうかと想像しながら読んでいただくなら，脳の老化防止に貢献すること少なからぬものと，私たちは密かに期待している。

　それぞれの学説の特徴を考えて，全体は「管理の誕生」「人間の発見」「組織と環境」「制度と戦略」というように分類されている。それはそれでお役に立つことと思うが，そのことにこだわりなく，もっと自由に好きなところからお読みいただいてもいっこうに構わない。

　本書の執筆には，全国の第一線で活躍する若き研究者たちがかかわっている。少ない紙幅に学説の要点を盛りこむという無理難題をお願いしたうえ，場合によっては編者からのわがままな注文を聞いていただいたことさえあった。これだけ大所帯のチームプレーにもかかわらず，深刻なトラブルを抱えることなく出版に漕ぎ着けることができたのは，ひとえにご執筆いただいた先生方のご協力の賜物である。厚く御礼を申し上げたい。

　最後に，ミネルヴァ書房の戸田隆之氏にはひとかたならぬお世話になった。その強靱なお仕事ぶりに私たち編者がどれだけ助けられただろうか。

2006年11月

編者一同

目次【問い一覧】

はじめに

I 管理の誕生

ウェーバー（Max Weber: 1864−1920） 3
- 問い① 合理化ってどのような意味をもつの？
- 問い② 普遍的官僚制化って何？ 官僚制は行政組織に特有なものではないの？
- 問い③ 組織（官僚制）が合理性を高めることは良いことなの？
- 問い④ 官僚制は非能率・硬直性を示すものではないの？

ファヨール（Jules Henri Fayol: 1841−1925） 11
- 問い① マネジメントは学校で教育できるの？
- 問い② 管理原則って厳密なものなの？

テイラー（Frederick Winslow Taylor: 1856−1915） 19
- 問い① 科学的管理は何のためにおこなわれるの？
- 問い② 科学的管理の本質って何？
- 問い③ 科学的管理は労働者を機械的に扱うことにならないの？

（コラム）自動車の大量生産　フォード（Henry Ford: 1863−1947） 27

シェルドン（Oliver Sheldon: 1894−1951） 28
- 問い① 企業は何のために存在するの？
- 問い② マネジメントの機能って何？
- 問い③ 社会にたいする奉仕の動機を内在している原理って何？

グーテンベルク（Erich Gutenberg: 1897−1984） 33
- 問い① 経営学と経済学はどこが違うの？
- 問い② B型生産関数って何？

シュマーレンバッハ（Eugen Schmalenbach: 1873−1955） 41
- 問い① 経営学は金儲け学問とどこが違うの？
- 問い② 経営学が扱う病理って何？

（コラム）企業（経営）の実体維持　ハックス（Karl Hax: 1901−1978） 49

ニックリッシュ（Heinrich Nicklish: 1876－1946） 50
- ●問い① 経営学は金儲け学問とは異なるの？
- ●問い② 戦争を耐え抜くような強い組織を形成する人間とはどのようなもの？

（コラム）パートナーシャフト経営　フィッシャー（Guido Fischer: 1899－1983） 58

ブラウン（Alvin Brown: 1893－没年不明） 59
- ●問い① 組織はどのように定義されるの？
- ●問い② 組織における責任・権限って何？

クーンツ＝オドンネル
(Harold D. Koontz: 1908－1984／Cyril O'Donnell: 1900－1976) 64
- ●問い① 管理ってどんな活動なの？
- ●問い② なぜ管理の原則って重要なの？
- ●問い③ 「マネジメント・セオリー・ジャングル」って何？

（コラム）品質管理　デミング（William Edwards Deming: 1900－1993） 70

II　人間の発見

フォレット（Mary Parker Follett: 1868－1933） 73
- ●問い① 集団と個人とではどちらが大切なの？
- ●問い② メンバーが多様な考えや行動では秩序が保てなくなるのでは？
- ●問い③ 上司の命令がうまく伝わるにはどうしたらいいの？
- ●問い④ テイラーの科学的管理とどこか違うの？

メイヨー（George Elton Mayo: 1880－1949） 81
- ●問い① 産業社会はどんな問題にぶつかっているの？
- ●問い② 産業社会が解体すれば，どうなるの？
- ●問い③ 人が協力して働くことを妨げるのは何？
- ●問い④ 職場の人間関係は従業員のやる気にどんな影響を与えるの？
- ●問い⑤ 人が安定感や満足感を得，協力して働くにはどうすればいいの？
- ●問い⑥ 理想的な管理者とは？

レスリスバーガー＝ディクソン（Fritz Jules Roethlisberger: 1898－1974／William John Dickson: 1904－ ）　*89*
- ●問い①　組織が直面している人事の問題っ何？
- ●問い②　協力して働くのに大切なことは何？
- ●問い③　インフォーマル組織の役割って何？

マズロー（Abraham Harold Maslow: 1908－1970）　*94*
- ●問い①　人間の健全な欲求はどう発達するの？
- ●問い②　自己実現の欲求って何？
- ●問い③　成長とともに退行の条件も検討すべき？
- ●問い④　ニートって何？

マグレガー（Douglas McGregor: 1906－1964）　*102*
- ●問い①　どうしてダメ管理者になってしまうの？
- ●問い②　管理者が従業員に依存してもいいの？
- ●問い③　「Y理論」って何？

マクレランド（David Clarence McClelland: 1917－1998）　*107*
- ●問い①　「達成動機が高い人」ってどんな人？
- ●問い②　「達成動機が高い人」なら優れた管理者になれるの？

ハーズバーグ（Frederick Herzberg: 1923－ ）　*112*
- ●問い①　「衛生要因」って何？　人間の精神的成長とどんな関係があるの？

（コラム）日本の経営　アベグレン（James Christian Abegglen: 1926－2007）　*117*

アージリス（Chris Argyris: 1923－ ）　*118*
- ●問い①　つい「公式の組織原則」に反抗したくなるのはなぜ？
- ●問い②　「ダブル・ループ学習」って何？

リッカート（Rensis Likert: 1903－1981）　*123*
- ●問い①　能力主義的管理ってそんなに生産的なの？
- ●問い②　会社の都合でリストラをやるとどんな影響が出るの？

（コラム）組織文化と人間行動　シャイン（Edger H.Schein: 1928－ ）　*128*

III 組織と環境

バーナード（Chester Irving Barnard: 1886−1961） 131
- 問い① 「組織」って何？ 管理者の役割は？
- 問い② 管理職能は「人々の集団を管理すること」じゃないの？
- 問い③ 「道徳的リーダーシップ」って何？

サイモン（Herbert Alexander Simon: 1916−2001） 139
- 問い① 価値判断と科学の関係は？
- 問い② 意思決定に合理性はあるの？
- 問い③ 組織はどんなやり方で人々をコントロールしてるの？

ウィリアムソン（Oliver Eatōn Williamson: 1932− ） 147
- 問い① 「市場の失敗」って何？ なぜ起こるの？
- 問い② 企業間で取引したり，提携するのはなぜ？
- 問い③ どうして不完全な契約になるの？

（コラム）一般システム論　ベルタランフィ
（Ludwig von Bertalanffy: 1901−1972） 155

ウッドワード（Joan Woodward: 1916−1971） 156
- 問い① オートメーションが組織に与える影響は？
- 問い② 理論と実際の違いって？
- 問い③ 「条件適合性」の研究って，統合されることはないの？

ローレンス＝ローシュ（Paul Roger Lawrence: 1922−／Jay William Lorsch: 1932− ） 161
- 問い① 「コンフリクト解決」って何？
- 問い② 組織づくりとは？
- 問い③ 組織の分化と統合とは？

トンプソン（James David Thompson: 1920−1973） 169
- 問い① 不確実性の源泉って何？
- 問い② 対環境戦略とは？
- 問い③ 組織構造はどう生み出されるの？
- 問い④ 環境と組織構造のよい関係とは？

（コラム）組織デザイン　ガルブレイス（Jay R. Galbraith: 1939− ）　*177*

ミンツバーグ（Henry Mintzberg: 1939− ）　*178*

- ●問い① マネジャーはオフィスでいつも何をしてるの？
- ●問い② いろいろなタイプの組織は，どのように形づくられるの？
- ●問い③ 大きな組織のマネジャーが直面する問題って？
- ●問い④ 組織にとって戦略って何？
- ●問い⑤ 戦略形成の視点は？

ワイク（Karl Edward Weick: 1936− ）　*186*

- ●問い① 人間や組織にとっての現実って何？
- ●問い② 組織は指揮者がコントロールしているのではないの？
- ●問い③ 組織に「遊び」は必要なの？

Ⅳ　制度と戦略

ヴェブレン（Thorstein Veblen: 1857−1929）　*193*

- ●問い① 産業と企業はどんな関係にあるの？
- ●問い② 現代の経営者が経営をおこなう動機って何？
- ●問い③ 企業家が機械と対立することがあるの？
- ●問い④ 企業が巨大な利益を得るのにどんなカラクリがあるの？
- ●問い⑤ 金銭的文化のもとでは窮乏も変わる？
- ●問い⑥ 技術革新に一人の天才がはたす役割は大きいの？

コモンズ（John Rogers Commons: 1862−1945）　*201*

- ●問い① 人は自分の利益にもとづいて行動するの？
- ●問い② 取引にはどんなタイプがあるの？

シュンペーター（Joseph Alois Schumpeter: 1883−1950）　*206*

- ●問い① 何が経済発展をもたらすの？
- ●問い② 企業者に求められる役割って何？
- ●問い③ 企業者は資金をどのように調達すべきなの？

目次【問い一覧】

バーリ＝ミーンズ（Adolf Augustus Berle, Jr.: 1895－1971／Gardiner Coit Means: 1896－1988） *211*

- ●問い① 株式会社は誰の所有？
- ●問い② 多くの株主がいる株式会社でも株主が運営しているの？
- ●問い③ 経営者が支配者になると株式会社は何か変わるの？
- ●問い④ 支配者となった経営者はどのように行動すべきなの？

ドラッカー（Peter Ferdinand Drucker: 1909－2005） *219*

- ●問い① 企業は何のためにあるの？　金儲けのため？
- ●問い② マネジメントは企業だけのもの？　いつ頃生まれたの？
- ●問い③ 「ネクスト・ソサエティ」ってどんな社会なの？

スローン（Alfred Pritchard Sloan, Jr.: 1875－1966） *227*

- ●問い① 分権的事業部制って何？　企業によって違いがあるの？
- ●問い② アメリカ自動車市場の変化とGMの戦略の関係は？

（コラム）分散投資　マーコビッツ（Harry Markowitz: 1927－ ） *232*

チャンドラー（Alfred DuPont Chandler, Jr.: 1918－ ） *233*

- ●問い① 「組織は戦略に従う」ってどういうこと？
- ●問い② 戦略はつねに組織を決めてしまうの？

アンゾフ（H. Igor Ansoff: 1918－2002） *241*

- ●問い① 産業時代における企業って？
- ●問い② 脱産業時代における企業って？
- ●問い③ 企業が求めるのは金儲けだけ？
- ●問い④ 非営利組織って何？
- ●問い⑤ 戦略は組織に従うの？　それとも，組織が戦略に従うの？

ポーター（Michael E. Porter: 1947－ ） *249*

- ●問い① 国の競争力は何によって決まるの？
- ●問い② 業界の収益性ってどう決まるの？
- ●問い③ 企業の競争戦略って何？
- ●問い④ 企業の競争力を生むのは何？

（コラム）世紀の経営者　ウェルチ（Jack Welch: 1935－ ） *254*

キーワード索引

I
管理の誕生

普遍的官僚制化	◎	ウェーバー
管理過程・原則論	◎	ファヨール
科学的管理	◎	テイラー
自動車の大量生産	◎	フォード
企業の社会的責任	◎	シェルドン
現代生産・費用理論	◎	グーテンベルク
自由経済志向的経営学	◎	シュマーレンバッハ
企業(経営)の実体維持	◎	ハックス
精神主義的共同体論	◎	ニックリッシュ
パートナーシャフト経営	◎	フィッシャー
組織の諸原則	◎	ブラウン
管理の「原則」の探究	◎	クーンツ＝オドンネル
品質管理	◎	デミング

経営学は19世紀末～20世紀初頭にかけてヨーロッパにおける資本主義的経済活動の中から誕生した。その背景となるのは，16～17世紀に始まる宗教改革運動，17世紀半ば以降イギリスやフランスで起こった市民革命，および18世紀後半からイギリスを中心に展開した産業革命による生産力の飛躍的向上，その結果としてのビッグビジネスの登場である。資本主義的経済活動と近代ヨーロッパ市民社会を貫く合理主義の精神の中から経営学は生まれたといえよう。

　20世紀最大の社会科学者のひとり，ドイツのM. ウェーバーは支配の社会学や政治論をとおして大規模組織の純粋型として近代官僚制モデルを提示した。それはのちに組織構造分析の出発点となると同時に，組織管理の合理性と非合理性をめぐる「支配の正当性」問題を提起することにもなる。

　管理の研究を文字どおり科学にまで高めたのは，科学的管理の父F. W. テイラーである。機械技師でもあったテイラーの課題は，工場における生産性の向上であり，そのためには労使対立の除去，そしてそれを可能にする合理的で客観的な組織編成原理の確立であった。また，企業経営全般の職能の中から管理職能をとりだし，管理原則論とともに，管理過程論を最初に展開したのは，フランスのJ. H. ファヨールである。

　他方，ドイツにおける経営学＝私経済学は，①理論か実践（＝技術）か，それとも規範か，②経済性か収益性か，③経済学（＝国民経済学）との違いといった学問的性格をめぐる方法論争（第1次～第3次）という形で展開された。この時代に共通するのは，合理的組織編成（計画と執行の分離）と客観的な諸原理にもとづく生産性向上への関心の高さである。

• 普遍的官僚制化 •

ウェーバー

(Max Weber: 1864-1920)

◆ 人と業績 ◆

　なぜ，ウェーバーなのか。経営学の入門書なら，テイラーで始まるのが通例であろう。テイラーの科学的管理の成立（→19頁）はアメリカ経営学の誕生とみなされるし，テイラー以降，現在にいたるまでの一切の管理は科学的管理であるとする論者もいる。しかもウェーバー自身は「経営学者」ではない。

　にもかかわらず，本書の構成には意味がある。管理の場に初めて科学を導入する試みとなったテイラー・システムは「作業の科学」にもとづく現場の課業管理の体系であったが，それは「労働そのものを対象とする科学と技術」を創始し，「人間行為そのものの科学化」の出発点に立つという意義をもっていた。ウェーバーが追求したのは，そうした科学化の根底にあるものは何かである。科学と技術による事物の支配の進展の背後には，西欧社会から生まれ，今や全世界の運命となった普遍的合理化がある。ウェーバーは，人類史の過程ないし近代化の過程を合理化の過程と捉え，そこに両義的な問題性を認めるのである。

　マックス・ウェーバーは，20世紀最大の社会科学者のひとりであり，わが国では19世紀のマルクスとともに社会科学の二大巨頭と並び称された。1864年，ドイツに政治家の父と敬虔なプロテスタントの母を両親として生まれたウェーバーは「中世商事会社史」（1889年）で博士号を取得し，法学・経済学の教鞭をとるが，1889年に父親との確執から神経を病み大学を休職，1903年には辞職するなど再起が危ぶまれた。1904年，ようやく回復の兆しをみせると新たな研究活動を開始し，主要論文「プロテスタンティズムの倫理と資本主義の『精神』」を発表。『社会科学・社会政策雑誌』の編集にも従事し，1910年からは，後に未

I　管理の誕生

完の大著『経済と社会』『世界宗教の経済倫理』を構成することとなる諸論文に着手した。ウェーバーは，一方で科学的な認識と実践的な価値判断の峻別を主張する社会科学方法論を展開しながら，他方では第一次ロシア革命（1905年）や第一次世界大戦（1914年）の勃発に際し，社会主義にかんする研究や活発な政治的発言，野戦病院での奉仕活動をおこなうなど，実践的関心も旺盛であった。晩年は，ウィーン大学，ミュンヘン大学に招聘されたが，1920年，肺炎のためミュンヘンで亡くなっている。享年56歳であった。

19世紀から20世紀初頭のヨーロッパ・キリスト教圏に生きたウェーバーの問題は「ヨーロッパとは何か」であり，これを明らかにするために（古代中国やインド，ヘブライ，中世ヨーロッパから近代にいたる）宗教・政治・経済・法，歴史，学問・芸術などが広汎に研究され，その成果は人間の社会的行為・社会的関係を「合理化」の観点から論じる宗教社会学・法社会学・経済社会学・音楽社会学その他として『経済と社会』『宗教社会学論集』等に収められた。後者の「序言」では，彼の全業績を通じた問題関心が次のように表明される。

「いったい，どのような諸事情の連鎖が存在したために，他ならぬ西洋という地盤において，またそこにおいてのみ，普遍的な意義と妥当性をもつような発展傾向をとる……文化諸現象が姿を現すことになったのか」。

ここで普遍的な意義と妥当性をもつ文化現象とは西欧で発展した合理的な基礎や技法をもつ科学・芸術・法や，政治・経済のシステム（議会制民主主義や資本主義）を指す。これらが西欧にのみ生まれたのはなぜか。またいかなる運命を私たちに強いるのかが，ウェーバーの問題である。

だが，ウェーバーは他の文化圏にたいする西欧文明の優越性を主張しているわけではないし，単なる近代主義者・進歩主義者でもないことに注意しなければならない。彼は合理化を一方で肯定的に捉えながらも，他方で懐疑の目を向けている。合理化は近代社会の生活原理の一般的な性格であり，一方では，人間行為の自由と責任の基礎をなす。だが他方で，合目的々な組織の成立・発展のもとで，人々は合理的な計算の対象として管理される。経営学の領域で取り上げられるウェーバーの官僚制論も，こうした論脈で理解されねばならない。

官僚制は，通常は行政組織を指し，組織の非効率性の代名詞ともされている。

だが，ウェーバーの官僚制論は，**合法的支配**の純粋型として近代の機能的組織一般の特徴を定式化した最初の試みであった。三戸公（1921- ）はここから出発し，規則・専門化・階層制を官僚制組織の三要素と捉え，ビューロー（事務所・書記局）による現場の支配・管理を官僚制支配の内容と再把握した。いずれにせよ，目的実現のためのもっとも合理的な手段が官僚制なのである。

だが，ウェーバーも，三戸も，官僚制が同時に隷従・抑圧の器であると捉えている。ウェーバーはテイラーの科学的管理を「経営の機械化と規律化の最終的な帰結」と把握し，そこに産業における官僚制の成立をみた。科学的管理のもとでは，管理の合理化・効率化にともなう労働者の疎外・抑圧が社会問題となった。「資本計算の最高度の**形式合理性**が労働者を企業家の支配のもとに隷属させることによってのみ可能となるというこの事実は，経済秩序のより特殊な**実質非合理性**を示すものである」とウェーバーは論じている。

ウェーバーの官僚制論にたいしては，これを古典的なマシーン・モデルと捉え，官僚制逆機能論やマーチ＝サイモン理論によって超克されたとの見方がある（→141，145頁）。合理性・機能性追求の組織論としては，そうかもしれない。だが，ウェーバーは組織の非能率の改善ではなく，合理性の追求の先にある機能性と抑圧性の矛盾を問題としたのである。

◆ ウェーバーとの対話 ◆

Q　「合理化とは，私たちにとってどのような意味をもつものか？」

A　「学問の進歩はかの合理化過程の……最も主要な部分を成す。この合理化過程は何千年来我々を支配して来たれるものであった。……欲しさえすればどんなことでも常に学び知ることができ……そこには何か神秘的な，予測しうべからざる力の如きがはたらいている道理がない……むしろすべての事柄は原則上予測によって意のままになるということ……を知っている……のが即ち主知化し合理化しているということの意味なのである。……これは魔術からの世界の解放ということにほかならぬ。今日最早我々はかかる神秘力を信じ

I　管理の誕生

た未開人のように呪術に訴えて精霊を鎮めたり祈ったりする必要はない。技術と予測がその代わりをつとめる。……これが合理化の意味にほかならない。」

(『職業としての学問』尾高邦雄訳，岩波文庫，1936年，33頁)

「『合理主義』なる語は，……きわめてさまざまな意味に解することができる。……さらにまた，〔宗教・経済・技術・学問研究・教育・戦争・司法・行政などの〕領域のすべてにおいては，それぞれのさまざまな究極的観点ないし目標のもとに『合理化』が進行しうるのであるが，そのばあい，ひとつの観点からみて『合理的』であることがらが他の観点からみれば『非合理的』であることも可能なのである。それゆえ，合理化と一口に言っても，あらゆる文化圏にわたって，生の領域がさまざまに異なるに応じてきわめて多種多様の合理化が存在したということになるであろう。」

(「序言」『宗教社会学論選』大塚久雄・生松敬三訳，みすず書房，1972年，22頁)

▶電車に乗るとき，専門の物理学者は別として，一般には誰もその動く意味を知らないし，知らなくて済む。ただ電車がどう動くか予測して行為すればいいのである。神秘的な呪いによらず，技術と予測により事物を支配することが合理化の意味である。

　だが，合理性という語は多義的である。科学的な証明や実験が合理的とされるのと同じように，神秘論的瞑想の合理化という語法があるが，これは学問の立場からみれば，きわめて非合理である。宗教・経済・政治・芸術など，それぞれの領域には，それぞれ異なった観点や目標に向けた合理化が進展しうるし，これらは互いに緊張関係に立つ。それゆえ，ウェーバーにとっては，歴史上，いかなる領域で，いずれの方向を目指した合理化がなされたかを明らかにすることが，研究上の課題とされた。だが，ウェーバーのさらに重要な問題提起は，様々な合理性の間に緊張関係が存在するという一般的な可能性ではなくて，近代においては，特定の内容をもった合理化が進展し，制度化することにより，深刻な非合理性が生まれるという問題であった。官僚制の深化・拡大にともなう疎外・抑圧，資本計算に志向した資本制企業による市場支配や労働者支配がその例である。ウェーバーにおける形式合理性＝実質合理性の概念は，こうした特殊近代的な合理性特有の性質を論じるものである。

Q　「普遍的官僚制化とは何か？　官僚制とは，行政組織に特有のものではないのか？」

A　「純粋に官僚制的な行政……は，……精確性・恒常性・規律・厳格性・

信頼性の点で，従って……計算可能性を備えている点で，また仕事の集約性と外延性の点で，さらにあらゆる任務に対して形式的には普遍的に適用できるという点で，純技術的に最高度の仕事を果たしうるまでに完成することが可能であり，これらすべての意味において，それは，支配の行使の形式的には最も合理的な形態である。……『近代的な』団体形式の発展（国家，教会，軍隊，政党，経済的経営，利害関係者団体，社団，財団，その他何であれ）は，官僚制的行政の発展および不断の成長と，端的に同一のことなのである。」

「私立病院における官僚制も，慈善財団や修道会の経営する病院の官僚制も，原理的には同じものである。……資本主義的大経営も全くもって同様であって，その経営規模が大きければ大きいほどますますそうである。政党経営……や『将校』と呼ばれる特殊な軍事的官吏によって指導される・近代的な官僚制的軍隊もまた，右の諸例に劣らず官僚制的な現象である。」

（『支配の諸類型』世良晃志郎訳，創文社，1960年，26，21頁）

▶官僚制は，目的の合理的達成や，大量の業務の迅速かつ継続的な遂行が求められるところに生まれる。古来，官僚制は国家が生まれ，行政が大きくなるに従い成立した。エジプト新王国や始皇帝以来の中国，帝政ローマ後期，中世以来のローマ・カトリック教会，ヨーロッパの絶対王政国家などがそれである。だが，現代では行政だけでなく，生産・医療・軍事・福祉など様々な分野で官僚制が成立・拡大している。その意味で，現代は普遍的官僚制化の時代である。中でも，現代大企業は官僚制の典型である。

Q 「組織（官僚制）が合理性を高めることは，良いことのように思えるが。」

A 「官僚制化は，専門的に訓練された・また不断の実習によってますます自己を訓練しつつある職員に，個々の仕事を割当てることによって，純粋に即対象的な見地から行政における作業分割の原理を実行する最善の可能性を提供するものである。ここで『即対象的』な処理とは，何よりもまず，計算可能な規則にしたがって『相手方の人物のいかんを問うことなく』処理することを意味する。……しかしまた，近代の官僚制にとっては，『計算可能な規則』という第二の要素が，本来的に支配的な重要性をもっている。近代文化の特質，わけてもその技術的・経済的下部構造の特質は，正にこの・効果の『計算可能

I　管理の誕生

性』なるものを要求している。完全な発展をとげた官僚制は，特殊な意味において，『怒りも興奮もなく』という原理の支配下にもあるわけである。」

(『支配の社会学（Ｉ）』世良晃志郎訳，創文社，1960年，93頁)

「生命のない機械は，気の抜けた魂である。機械の魂はまさしく凝固しているという事実こそ，人間を仕事にかりたてる力，そして日常の労働生活を事実上工場でみられるように支配的に規定する力を，機械に与えているのである。生きている機械もまた，気の抜けた魂である。生きている機械の役を演じているのは，訓練をうけた専門的労働の特殊化・権限の区画・勤務規則および階層的に段階づけられた服従関係を伴っている官僚制組織である。この生きた機械は，あの死んだ機械と手を結んで未来の隷従の容器をつくり出す働きをしている。もしも純技術的にすぐれた，すなわち合理的な，官僚による行政と事務処理とが，人間にとって懸案諸問題解決方法を決定するさいの，唯一究極の価値であるとするならば，人間は，多分，いつの日にか，古代エジプトの土民のように，力なく隷従に順応せざるをえなくなるだろう。」

(「新秩序ドイツの議会と政府」中村貞二・山田高生訳『世界の大思想（３）』河出書房新社，1973年，329頁)

「精神のない専門人，心情のない享楽人。この無のものは，かつて達せられたことのない人間性の段階にまですでに登りつめた，と自惚れるのだ。」

(『プロテスタンティズムの倫理と資本主義の精神（下巻）』大塚久雄・梶山力訳，岩波文庫，1962年，246頁)

▶ウェーバーは官僚制を「生きている機械」と表現し，職務を遂行する場合に，これほど正確性・迅速性・統一性・慎重性・明確性・客観性をもっているものはないと論じている。官僚制が合理的に機能するためには，各職務担当者は，あたかも全体機械にたいする部分機械・部分品のように，正確に職務を遂行することが必要とされる。ウェーバーが近代官僚制の特徴としてあげているのは，①規則にもとづく権限の行使と職務遂行，②非人格的な支配関係，③文書による命令・伝達・職務遂行，④専門化された職務遂行，専門的訓練・資格・試験制度，⑤公私の峻別・没主観性，⑥審級制にもとづく権限のヒエラルキー，⑦経営手段からの個人の分離であるが，こうした機能様式にもとづいて行動するとき，職務担当者は「生きている機械」としての合理性を獲得し，彼らの行為は「計算可能」なものとなる。彼らが依拠するのは「専門主義」と「没主観主義」である。合理的な官僚制にとっては「怒りも興奮もなく」「人物のいかんを問わず，対象に即して」冷静・忠実に職務遂行することが合言葉となる。この

とき，愛や憎しみや一切の純個人的な感情的要素は，計算不能な非合理的要素として職務遂行から排除される。こうした事態を，ウェーバーは官僚制の「非人間化」と表現する。「精神なき専門人」とは，官僚制の合理的・機能的な秩序に奉仕する人間であるが，当人たちの「自負」とは裏腹に，ウェーバーは彼らを「Nichts（無の者，どうしようもない者）」と否定している。それにしても，人間が目的合理性を至上とするかぎり，官僚制の支配に隷属せざるをえないとは，なんと暗い予言であろうか。

Q　「官僚制は，現実には非能率・硬直性を示すのではないか？」

A　「官僚制装置が，これまた個々のケースに適合した処置を阻むような一定の障碍を生み出す可能性があるし，また事実生み出しているのであるが，この点についてはここで議論する限りではない。」

(『支配の社会学（Ⅰ）』世良晃志郎訳，創文社，1960年，92頁)

▶合理的な官僚制が，現実には非能率性や硬直性（規則一点張り，文書主義，縄張り主義，形式主義，先例主義，組織の肥大化など，官僚主義といわれる側面）をもつことはよく知られている。マートンやグールドナーは，これを官僚制の逆機能性として理論化した。「生きている機械」のような没主観性・即対象性を求められながら，現実の人間が個人的感情や利害から逃れられないことより生じるのが逆機能性である。

　ウェーバーは官僚制論の先駆者として評価されながら，一般的には逆機能性の問題を看過しているといわれる。だが，ウェーバーはこの問題を知らなかったのではなく，知りながら論じなかった。官僚制における機能性と抑圧性のパラドックスこそが，彼にとっては重要な問題だったからである。合理性・機能性が追求されればされるほど，抑圧性も増大する。それゆえ，「比類なく合理的な形で，そして合理的なるが故に逃れられぬ形で」とウェーバーは嘆き，「まさに最も良き官僚制は，最も抑圧的で，最も耐え難い官僚制である」とミヘルス（R. Michels: 1876-1936）は論じるのである。

◆ **用語解説** ◆

(1)　**合法的支配**［Legitimität der Herrschaft］　官僚制は合法的支配の純粋型とされる。ウェーバーは支配を「一定の命令にたいして服従する機会」と把握し，それが安定的なものとなるためには，何らかの正当性の根拠にもとづくことが必要とされると把握した。正当的支配には，次の3つの純粋型がある。
　　①合法的支配——法規化された秩序の合法性。

Ⅰ　管理の誕生

②伝統的支配——古くからの伝統により権威を与えられた者の正当性。
③カリスマ的支配——支配者の人格と彼の超人的・非日常的な能力・資質への帰依。
　以上の3類型は理念型であり，歴史の現実においては，それぞれが独立した純粋型として現れているわけではなく，様々な形と内容で結びついて現象している。
　だが，新たな秩序が形成されたり，何らかの変革をもたらしたりするのはカリスマ的支配の場合であることが多く，それにたいして，近代における支配形態，とりわけ大規模な秩序においては，合法的支配の要素が大きくなるといえよう。

(2)　**形式合理性—実質合理性**［Formale-Materiale Rationalität］　人間の合理的行為には，目的合理的行為（特定の目的達成のための合理的な手段の選択）と価値合理的行為（自らの価値と行為・思考の一貫性）がある。前者が行為の結果を重視するのにたいして，後者は行為そのものの自己目的化を目指す点で正反対の方向性をもち，両者の間にはしばしば深刻な緊張関係が生じる。
　合理性はまた，特定の具体的な内容について現れる実質合理性と，一般的・普遍的な意味で考えられる形式合理性がある。前者が，そのつど一定の価値基準（その基準自体は多様）で評価されるのにたいして，後者の具体的内容は「計算可能性」であり，特定の価値・目的，社会集団の違いを超えて適用可能な一般的手段という性格をもつ。
　だが，一般的・普遍的性格をもつとされる形式合理性も，現実には，何らかの実質的諸条件を前提として成立する。したがって，形式合理性の過度の追求が，別の価値・目的との葛藤＝実質非合理性（たとえば，市場における純粋な経済性の達成と，そのつどの倫理的・政治的な諸要求との衝突）を生むこともある。近代官僚制の機能性と抑圧性も，形式合理性の制度化による実質非合理性の問題と捉えることができる。

◆ より深く学ぶために ◆─────────────

〈基本文献〉
　『世界の大思想（3）　ウェーバー　政治・社会論集』河出書房新社，1973年
　『宗教社会学論選』大塚久雄・生松敬三訳，みすず書房，1972年
　『職業としての学問』尾高邦雄訳，岩波文庫，1936年
〈入門・解説書〉
　「経営学の転生を求めて」『現代の学としての経営学』三戸公，文眞堂選書，1997年
　『科学的管理の未来——マルクス・ウェーバーを超えて』三戸公，未来社，2000年
　『社会科学における人間』大塚久雄，岩波新書，1977年
　『マックス・ウェーバー入門』山之内靖，岩波新書，1997年

（池内秀己）

・管理過程・原則論・

ファヨール

(Jules Henri Fayol: 1841-1925)

◆ 人と業績 ◆

　ジュール・アンリ・ファヨールは1841年7月29日，建築技師のアンドレ・ファヨールとユージェニ・カンタン夫婦の長男として，兵役中の父の任地であるトルコのコンスタンチノーブル（現イスタンブール）で生まれた。兵役が済むと一家はカンタンの故郷であるドローム県のラ・ブルトの町に戻り，ファヨールはこの町のマリア会宣教師組合（学校）で幼児教育を受けた。その後，彼は近郊のバランスの工芸学校に入学し，ついでリヨンのリセを卒業。グラン・ゼコールのサン・テチエンヌ国立鉱山学校に入学した。1860年，同校を卒業し，10月にボアグ・ランブール合資会社のコマントリ炭鉱（1874年に株式会社コマントリ・フルシャンボーに改組）に鉱山技師として入社した。同社は成長し，1892年にはコマントリ・フルシャンボー・ドゥカズヴィユ（通称コマンボール (Comambault)）社となるが，苦難の時期があった。1870年代後半，ファヨールが主任技師の時代，トマス法やベッセマー法といった高品質の鉄鋼生産に見合う鉱石の供給が求められるにしたがい，同社は資源枯渇と採炭コストの上昇，さらには生産設備の老朽化など深刻な経営問題に遭遇していた。

　1888年3月8日，そんな中でコマントリ・フルシャンボー社の社長に就任したファヨールは，まず減資したうえで社債発行によって資金を調達し，不採算部門の整理・統合（スクラップ＆ビルド戦略），他企業との合併戦略あるいはR＆D（研究開発）による経営多角化戦略を敢行した。その結果，あらたに炭鉱を買収してコマントリ炭鉱は閉鎖し，フルシャンボー製鉄所の設備と人員の主力をドゥカズヴィユに移転して，創業の地から全面撤退した。かくしてファ

I　管理の誕生

　ヨールはコマンボール社の再生に成功し，1918年12月末に義理の甥のグロード・ムゲに社長の座を譲るまで，実に30年間，同社の社長を務めたのである。
　ファヨールは社長としての体験を独自の経営理論としてまとめ，経営の科学化と教育に努めた。1900年にフランスの鉱山・鉄鋼国際会議で「産業における経営の役割」と題して報告しており，この報告は1916年に「産業ならびに一般の管理」という標題で鉱山協会機関誌の第3分冊に掲載された。その後1917年には『公共心の覚醒』，1921年には『国家の産業的無能力』という著作を発表しているが，このうち経営理論をまとめた『産業ならびに一般の管理』は1917年に単行本となった。1918年に社長を退任すると，自ら創設した「管理研究所」を中心に管理原則の科学的追求と普及に努力した。この研究所は1926年にフランス管理協会となり，その後のフランス経営学に貢献することになる。ファヨールは退任後もコマンボール社の役員会に出席したり，軍の行政管理の指導にあたったりしていたが，1925年11月19日胃潰瘍の手術を受けたあと，突然の事故でパリの自宅で急死している。
　ファヨールが経営管理論の始祖と称される理由は，企業統治＝経営職能 (gouverner) の中から「経営管理」職能 (administrer) を抽出し，独自の研究対象領域を明示した点にある。前者（統治機能）は次の6つの基本的職能からなる。

1．技術的活動（生産，製造，加工）
2．商業的活動（購買，販売，交換）
3．財務的活動（資本の調達と管理）
4．保全的活動（財務と従業員の保護）
5．会計的活動（財産目録，貸借対照表，原価，統計，等）
6．管理的活動（予測，組織，命令，調整，統制）

（『産業ならびに一般の管理』佐々木恒男訳，未来社，1972年，17頁）

　後者（経営管理職能）は6番目の職能であり，その意味では基本的職能のひとつでしかないのであるが，1から5までの活動の重要性が組織のタイプによって一様ではないのにたいして，管理的活動を構成する5つの要素はあらゆる

組織（非営利的組織も含む）に共通するつねに重要な活動と位置づけている。また，基本的職能のうち経営管理職能のみが直接人の管理にかかわる活動である。ファヨールは経営管理職能を**予測**し，**組織化**し，**命令**し，**調整**し，**統制**する一連の管理過程（プロセス）と捉えている。この視点は，後にアーウィック（L. F. Urwick），ニューマン（W. H. Newman），デイル（E. Dale），クーンツ（→64頁）らに引き継がれ，管理過程学派（management process school）を形成することになる。またこの学派は，以下の管理原則論を含めて普遍性を志向している点から普遍学派（universal school）とも呼ばれる。

ファヨールは経営管理の一般原則として，次の14の原則をあげている。

1．分業　2．権限　3．規律　4．命令の一元性　5．指揮の一元性　6．個人利益の全体利益への従属　7．報酬　8．権限の集中　9．階層組織　10．秩序　11．公正　12．従業員の安定　13．創意　14．従業員の団結

1．分業：労働の専門化にかんする周知の考えであり，無駄を減らし，生産高を増大させ，そして職務訓練という課題を軽減することによって利点が生じる。それは管理者的な仕事にたいしても通用する。またファヨールはある課業は従業員の努力にたいする刺激として作用するように拡大されうるとも認識していた。

2．権限：命令を与える権利であり，「人に服従を強いる力（pouvoir）」と定義される。役職あるいは地位にもとづく公式的権限と知性，経験，道徳的価値，指導能力，前歴などの複合物からなる個人的権威とは区別される。また権限が行使されるときには，つねに責任が生じるという意味で，責任は権限に随伴する（権限―責任一致の原則）。

3．規律：本質的に服従（心）ならびに企業と従業員のあいだの敬意にもとづくもの。お粗末な規律は粗末なリーダーシップの結果であり，立派な規律は優秀なリーダー，規律にかんする労使間の明確な協約，そして制裁（罰則）の慎重な使用から生じる。

4．命令の一元性：いかなる命令であろうと，従業員は唯ひとりの上司から

I 管理の誕生

のみ命令を受けるべきである，という基本原則である。命令の重複は権限，規律，そして組織の安定性にたいする脅威をもたらすというもの。これは一見テイラー（→19頁）の職能別職長制の考えと対立するものだが，テイラーが権限を職長の職能（組織上の役割・機能）に限定して行使する点を強調したのにたいして，ファヨールは形式的ないし公式的権限（純粋ライン権限）を前提に原則を述べたものと理解される。

5. 指揮の一元性：おなじ目標をもちいろいろな活動をおこなう集団には，ひとりの長とひとつの計画があらねばならないというもの。命令の一元性が上司と部下の関係を指すのにたいして，この原則は組織における「行動の一貫性，力の調整，努力の集中」を確保するための統括責任者の必要を説くもの。

6. 個人利益の全体利益への従属：これは無知，野心，利己主義，怠惰，優柔不断，そしてすべての人間的な感情の抑制を主張するもの。なぜならこれらの感情こそ個人あるいは集団が，組織を統治せんとするときに対立を引き起こす原因だからである。

7. 報酬：日給，出来高給，割り増し給，利益分配制などの給与支払いの方法は多くの要因によって決まるものだが，その目標は従業員をより価値あるものにするとともに，熱心になるように鼓吹することにある。そのためには報酬は公平かつ合理的限界を超えない必要がある。

8. 権限の集中：集権化は組織にとって必須であり，組織編成の自然な結果である。また集権化かあるいは分権化かという問題は，単純なつりあいの問題であり，個々の企業の最適な程度を見つけ出すという問題である。つまり，部下の役割の重要性を増大させることに向かうあらゆることが分権化であり，それを減少させることに向かうあらゆることが集権化であるとして，集権化と分権化の程度については可能性の連続という考えを示している。

9. 階層組織：究極の権限をもつ権威者から最底辺の地位にいたる監督者たちの連鎖を指す。その際，命令の一元性の原則によって引き起こされるかもしれないコミュニケーションの遅延を阻止するために，権限ライン

を横切って伝達を可能にする「渡り板」(passerelle) という考えを示した。すなわち，すべての関係者（とりわけ上司）の合意のもと，指揮・命令の経路に負担をかけずに迅速かつ正確な横方向への伝達を可能にするというものである。
10. 秩序：適材適所を指す。個々の人間が個々の課業に正しく配置され，そして課業が諸活動の構造の中にしかるべく位置づけられていること。
11. 公正：親切と正義の結果として生じるものであり，従業員関係にひとつの原則を提供するものである。公正は好意と正義の結びつきからもたらされる。
12. 従業員の安定：担当者が新しい職務につき，精通するには時間がかかる。したがって企業の指導者や従業員を問わず，過度の配置転換は組織の不安定性をもたらすゆえに極力避けるべきである。
13. 創意：組織階層のすべてのレベルにおいて，個人の努力と熱意と精力が発揮されるための原則。
14. 従業員の団結：企業内部において調和とまとまりをもたらすための原則であり，自らのチームを分断させることは，その事業にそむく大罪であるとして，文書におけるコミュニケーションのみならず，とりわけ管理者の口頭によるコミュニケーションの重要性を強調している。

ファヨールの14の原則は理論と実践の指針となることが意図されており，網羅的なものでもなければ，適用に際して厳密に解釈されるべきものでもなかった。原則は灯台であって，それは自らの位置を知らせるものではあるが，港への航路を知っている者のみにとって役立つものでしかなかった。

◆ ファヨールとの対話 ◆

「マネジメントは学校において教育しうるものなのか？」

「ところで，われわれは技術的な知識を普及させ完成させるために——当然のことであるが——最大の努力を払っているのに対して，将来の責

Ⅰ　管理の誕生

任者に商業的・財務的・管理的ならびにその他の職能の準備をさせるために，わが国の実業学校において，われわれは何もせずあるいはほとんど何もしていない。管理は土木専門学校の教科目のなかにさえ現れていない。なぜであろうか。……これは，管理的能力が事業の経験によってのみ手に入れられ得るからであろうか。われわれが自らに与えている理由はこのようなことであると私は確信している。このような根拠は価値がないこと，そして実際には管理的能力は技術的能力と同じように先ず学校において，次いで仕事場において獲得され得るし手に入れられねばならないということをわれわれは理解するであろう。わが国の職業学校において管理教育が欠けている本当の理由，それは教理が欠けていることである。教理が無くて教育が可能であるということはあり得ない。欠けているのは公の討論から引き出され認められた管理の教理である。」

（『産業ならびに一般の管理』佐々木恒男訳，未来社，1972年，34～35頁）

▶あらゆる組織はマネジメントを必要としている。商業，工業，政治，宗教，軍隊，あるいはボランティアなど非営利活動においてもしかりである。しかるになぜ学校や大学ではマネジメント教育を無視して技術的技能教育にのみ焦点をあわせているのか，という問いにたいして，ファヨールはその答えをマネジメント理論の欠如に求めている。理論は一般的な経験によって試され，確かめられた原理，規則，方法，手続きの集合である。そして，①マネジメントはすべてのタイプの組織において見出される活動である。②マネジメント能力は組織における階層秩序の上位の地位に向かうほどより重要である。③マネジメントは教育できる。という信念のもとに，経営上の技術的問題とは別の分野として，「経営管理」論という研究領域をはじめて措定したのである。

Q 「14の管理原則は経営実践のうえでどの程度の厳密性を有するのか？」

A 「管理職能は器官ならびに器具として社会体をもつにすぎない。その他の職能が材料と機械を活動させるのに反して，管理職能は従業員に働きかけるだけである。社会体の健康状態とすぐれた機能状態は，われわれがほとんど区別せずに原則とか法則とかあるいは規準とか呼んでいる一定数の条件にかかっている。わたしはこれら一定の条件を厳密性という考えそのものから解放するために，好んで原則という言葉を用いるであろう。管理という問題には

厳密なものも絶対的なものも少しもない。そこにあるすべてのものは程度の問題である。われわれは同一の原則を同一の条件のもとで2度適用することはほとんど決して必要ではない。多様で変わり易い状況，同じようにさまざまで変わり易い人間，そしてその他の多くの可変的な要素を考慮に入れておかねばならない。したがって，これらの原則は順応性に富み，あらゆる要求に適合することができるものである。これらの原則の用い方を知ることが問題である。それは知性と経験・決断力と節度を是非とも必要とする難しい一つの技術である。」

(『産業ならびに一般の管理』佐々木恒男訳，未来社，1972年，41頁)

▶このようにファヨールは14の原則を不変的なもの，あるいは厳密な意味で適用できるとか，完全なものであるとは考えてはいない。むしろ反対に「管理の原則の数は限られていない……事態のある変化は，以前の状態が生み出した規準の変更を決定しうる」(同上，41～42頁) と言っている。したがってファヨールの管理の諸原則は，彼が自らの体験においてもっとも頻繁に用いたものの中から引き出されたものである。それらは不変的なものではないが，理論への道筋を示すまさに「灯台」として有用なのである。それぞれの組織的状況のもとでいかに理論と実践を結びつけるかについてのこのようなファヨールの現実的かつ柔軟な考え方は，管理過程（プロセス）論においてもみられ，たとえば「計画は，成り行きに迫られたからにしろ全く別の理由からにせよ，われわれがその計画に取り入れた方がよいと判断する修正に順応するだけの柔軟性に富んでいなければならない」(同上，80頁) と述べており，今日の経営学にいうコンティンジェンシー・プランニングの初期形態として評価されうる考えを有していた。

◆ **用語解説** ◆

(1) **予測** 経営管理の基本的要素であり，将来を予測し，その準備をおこなうことを意味する。計画は一種の未来図であり，遠い将来の出来事は漠然と表現せざるをえないが，組織の資源，進行中の仕事のタイプや重要性あるいは将来の可能性を方向づけるという意味で，困難ではあるが，重要なタスクのひとつである。また，理想的な行動計画は，統一性，継続性，柔軟性，および正確性によって特徴づけられる。

(2) **組織** ファヨールのいう第2の管理要素としての組織は，原材料，道具，資金，従業員など企業活動に有効なすべてのものを用意することを意味する。特に従業員数の増

I 管理の誕生

加は監督者数の増加をもたらし，いわゆる階層組織を形づくることになる。このようにファヨールは組織を限定的に解釈しており，のちの研究者たちから「管理論の中の組織論」と称されるゆえんがここにある。

(3) **命令** 第3の管理要素。命令は企業全体の利害という視点から，全従業員の最善の働きを得るためになされるべきものであり，その成否は従業員の資質の組み合わせと命令の一元性など経営管理の一般原則の知識の有無に左右される。命令を有効ならしめるには，管理者と従業員の良好なコミュニケーション，部下の創意への配慮，そして部下にできる仕事はなるべく部下に任せるといった心構えが必要と説く。

(4) **調整** 組織のすべての活動を最適にするための第4の管理要素。たとえば，収入にたいする経費，生産にたいする販売，生産ニーズにたいする設備の調達，消費にたいする在庫の調整など，組織活動間の調整を指す。これらは具体的には毎週開かれる部門長の定例会議などにおいておこなわれる。

(5) **統制** 最後の管理要素。組織で起こったすべての活動が，計画，認められた原則，出された指図に一致しているかどうかをチェックすること。その目的は過失や，誤りを指摘し，それらを修正し，再発しないようにすることにあり，環境変化にも適応すべくフィードバック機能をもつ点にあるとする。これら5つの管理要素は，さまざまに姿かたちを変えつつも管理過程（マネジメント・サイクル）論の基本枠として多くの研究者たちに継承されることになる。

◆ より深く学ぶために ◆

〈基本文献〉

『産業ならびに一般の管理』佐々木恒男訳，未来社，1972年
『公共心の覚醒』佐々木恒男訳，未来社，1970年

〈入門・解説書〉

『経営管理の思想家たち』車戸實編，早稲田大学出版部，1987年
『経営思想変遷史』H. F. メリル編，上野一郎監訳，産業能率短期大学出版部，1968年
『ファヨール』佐々木恒男，文眞堂，1984年

(中野裕治)

・科学的管理・

テイラー

(Frederick Winslow Taylor: 1856-1915)

◆ 人と業績 ◆

　20世紀の曙に登場し，工場における仕事と管理を一変させたテイラーは「経営学の父」と呼ばれるが，彼が創出した科学的管理によって経営学は呱々の声を上げた。しかし，テイラーの科学的管理は経営学を成立させた能率増進のためのひとつの技法だったというにとどまらず，むしろ人類史を二分するほどのドラスティックな意味をもつものであった。はたして科学的管理とは何か，そしてその現代的意義はどこにあるのであろうか。

　フレデリック・ウインスロー・テイラーは，1856年アメリカのペンシルベニア州ジャーマンタウンに生まれた。父フランクリンは富裕な弁護士で，クエーカー教徒であり，母エミリーは名門の清教徒であった。こうした家庭環境に育ったテイラーにとって，ピューリタニズムの誠実・勤勉・禁欲・合理的態度といった特質は，終生のものとなった。

　1874年，テイラーは弁護士である父親の職を継ぐべく，ハーバード大学法学部の入学試験を受け優秀な成績でパスするが，受験勉強のために視力と健康を損ない，不幸にも入学を辞退するにいたる。やむなく進路を一転させ，彼はフィラデルフィアにあるエンタープライズ・ポンプ工場に入り，見習の木型工，機械工として働くことになった。一人前の機械工に成長したテイラーは，1878年にミッドベール製鋼会社に移り，一般労働者，事務員，旋盤工，旋盤組長などを経て主任技師へとまたたく間に昇進していった。この間，彼はスティーブンス工科大学の通信教育課程に入学し，1883年には機械技術の学位を取っている。ミッドベール社での12年間で，テイラーは工場の管理に問題があることを

I 管理の誕生

明確に認識し,科学的管理の基本的な考え方をここで芽生えさせるとともに,実践を通じて次第にひとつの体系へと発展させていった。

テイラーは,紙繊維会社の総支配人を務めた後,1893年に37歳で独立してコンサルタント業を始め,1898年から4年間はベスレヘム製鋼会社において顧問として科学的管理の導入や調査研究に全力を注いだ。特許と過去の収入で生活が安定するようになったテイラーは,1901年以降,著述や講演,あるいは弟子の育成といった仕事に専念するようになる。論文「出来高払制私案」("A Piece Rate System," 1895) に続く『工場管理』(*Shop Management*, 1903),『科学的管理の原理』(*The Principles of Scientific Management*, 1911) といった彼の主要著作は,こうした時期に刊行されたものである。また1906年にはASME(アメリカ機械技師協会)の会長に選出されている。そして1910年の東部鉄道運賃率事件を契機に,テイラーの名前と科学的管理法はアメリカでも広く知れ渡るところとなった。しかし,その一方で労働組合などからの激しい反発や攻撃も受けることになり,1911〜12年にかけて議会の科学的管理法特別委員会に呼ばれ,長時間証人席に立つことになった。1915年,講演の帰りに風邪をこじらせたテイラーは誕生日の1日後に59歳でこの世を去った。科学的管理の発展と普及に生涯を捧げ尽くした彼の墓碑銘には,「フレデリック・W・テイラー 1856-1915 科学的管理の父」と刻まれている。

科学的管理はこのようにテイラーによって創出され,広く普及していくことになったが,では,テイラー以前の工場の管理とはそもそもどのようなものだったのであろうか。当時,管理は現場の職長にすべて任されており,それはいわば暴力的なアメとムチの管理であり,経験と勘にもとづく成行管理(drifting management)であった。そうした中,機械技師となったテイラーが目にしたのは,労働者のほとんどが怠業をおこなっており,しかもそれは一人ひとりが勝手に怠けているというのではなく,労働者が自分たちの利益を守ろうと誰にも悟られないように組織的に怠業している姿であった。やればできる作業量の3分の1程度しか実際は仕事をしていなかったのである。一方の雇主や職長たちは,そもそも労働者が1日精一杯仕事をすれば本当はどれくらいの作業量をこなせるものかをよくわかっていなかった。これでは工場における**組織的怠業**は

防げないし，生産の能率も上げようがない。

　テイラーは，能率増進のためには労働者の怠業による生産制限を止めさせる以外にはなく，こうした問題の根本原因は課業の設定の方法にあると考えた。そこで彼は，これまでの経験と勘にもとづく成行管理に代えて，調査・研究・分析にもとづく管理，すなわち科学的管理（Scientific Management）を実践すべきことを提唱した。この科学的管理は課業管理法とも呼ばれ，労働者が1日におこなうべき標準的な作業量である課業（task）を設定し，それにもとづいて管理をおこなおうとするものである。経験や勘，成り行きではなく，時間研究（time study）・動作研究（motion study）にもとづいて科学的に課業を設定するようにした点が最大の特徴である。調査は選抜された一流労働者によっておこなわれ，たとえばズク（鉄塊）運び，ショベル作業，金属切削といった作業がそれを構成する要素単位に分解されたうえで，各動作にかかる時間がストップ・ウオッチで測定された。こうした丹念な調査・研究によって，無駄な動作が省かれ，一番速くて，一番良い動作，そして一番良い作業用具が明らかにされた。そして一流労働者の健康を損なわない範囲を限度として，労働者がおこなうべき標準的な課業が設定された。

　次に課業の実施にあたっては，新たに計画部（企画部）が設置され，職能別職長制が採られた。従来はひとりの万能職長が作業工程のすべてを取り仕切って命令を下す軍隊型の直系組織であったが，科学的管理ではこれを計画（手順係，指導票係，時間・原価係，工場訓練係）と執行（準備係，速度係，検査係，修繕係）の大きく2つの機能に分割し，それぞれの係を専門的な職長に担当させた。したがって，労働者にとっては複数の専門的職長からの命令を聞かねばならないシステムとなった。また，**差別出来高賃金制**（differential rate system）が採用され，労働者が課業を達成したときには高率の賃金が支給され，課業に達しないときは低率の賃金が支払われるようにして，労働者の勤労意欲を刺激した。

　以上がテイラーの科学的管理の概略であるが，このアメリカで生まれた管理技法は広く社会に浸透してゆき，生産性の増大に大きく寄与した。しかし，その一方で，科学的管理にたいしては，当初からさまざまな批判が出されていた

I　管理の誕生

ことも忘れてはならないであろう。

　ロシアの革命家レーニンはいち早く1913年に『プラウダ』紙上で，テイラー・システムは「科学的苦汗制度」であり，「機械による人間の奴隷化である」と批判した。また，社会学者のウェーバー（→3頁）は，官僚制を本質的に機械と同じものだと捉えたうえで，科学的管理は経営の官僚制化のもっともゆきついたところだと論じた。ウェーバーによれば，官僚制とは，規則中心で動く，階層化され，専門化されたピラミッド型の組織体である。この官僚制は比類なく合理的であり機能的であるが，同時にそれは「抑圧の器」としても機能するのであり，官僚制の最終段階としての科学的管理が能率性・機能性を追求すればするほど，実はそこで働く人々にとっては耐えがたい「抑圧の器」とならざるをえないのである。このウェーバーの予言は，科学的管理およびそれに続く今日の経営学においても，容易に無視することのできない重い意味をもっている。

　最後に，科学的管理の現代的意義についてふれておきたい。テイラーの「経験から科学へ」という主張によって，今や作業の科学に限らずあらゆるものが科学の対象とされるようになり，さらにそれは技術と分かちがたく結びつくことで科学＝技術と呼ばれるようになった。つまり科学はテイラー以後，目的達成のための技術として機能性を発揮するようになったのである。このことは今ではあまりに当然のことになっており，ほとんど誰も疑問すらもたない。また経営学だけに限ってみても，ひたすら科学化，技術化が押し進められ，テイラー以降の管理学とは結局，科学的管理の枠内での深化・発展の歴史だったということができる。そういう意味では，テイラーの科学的管理の登場はまさに人類史を二分するほどの画期的な意味をもつものであったということができる。

◆ テイラーとの対話 ◆────────────────

「科学的管理は何のためにおこなわれなければならないのか？」

「管理の主な目的は使用者の最大繁栄とあわせて従業員の最大繁栄をも

たらすことにある。

　『最大繁栄』という語は広い意味に用いた。単に会社または所有者に対して高配当を行うばかりが繁栄ではなく，事業の各部面を最高度に発達させ，そして繁栄を永久のものとすることを意味している。同様に各従業員の最大繁栄というのは，同職の人たちよりも，高い賃金をとることばかりではない。各人を最高能率の状態に発達させ，そして生来の能力の許すかぎり，最高級の仕事ができるようにし，更に進んでは，できるかぎりそういう仕事を与えてやることを意味する。そしてむしろこの方が高い賃金をとることよりも大切であると考える。」

(『科学的管理法』上野陽一訳，産業能率短大出版部，1957年，227頁)

▶一般的に労働者が雇主にたいして求めるのは高い賃金であり，逆に雇主が労働者に求めるのは多く仕事をしてもらうことと，製造工賃が安いことである。すなわち労働者は高賃金を，雇主は低労務費をそれぞれ求めており，両者の利害は相反するようにみえる。しかし，テイラーは，労使の真の利害は一致しており，科学的管理をおこなえば高賃金と低労務費を同時に実現することは可能であると主張した。労使繁栄の実現のためには労働者の怠業をなくすことが第一であり，最高速度の仕事をおこなうことで能率を増進させねばならないとした。しかし，たとえば生産性が3倍に増大したからといって，労働者にはそのまま出来高に比例して賃金が支払われるわけではなく，30％から100％の割増賃金が支給されることになる。これでは不公平ではないかという批判にたいして，テイラーは，労働者にたいする賃金面の改善はこの程度で十分満足できるものであり，むしろ職場での訓練と教育を通じて，より高級な仕事に就けるようになることが重要であると述べている。いずれにしろ，科学的管理のもとで一番利益を得るのは労働者である，とテイラーは考えていた。

Q 「科学的管理の本質とは何か？」

A 「科学的管理法は能率のしかけではない。能率を増すためのしかけではない。またそういうしかけの一群を指していうのでもない。また新しい原価計算法でもない。新しい賃金支払法でもない。出来高払法でもない。割り増し払法でもない。賃金支払法でもない。また工具のそばに立ち時計を持って，何か紙に書くことでもない。時間研究でもない。動作研究または人の動作の分

I 管理の誕生

析でもない。やたらにたくさんの伝票を作り，『この式でやって下さい』といって，これを多くの人に分けてやることでもない。機能的職長制度のことでもない。その他，一般に科学的管理法といったときに，多くの人が心に浮かべるくふうをさしていうのではない。科学的管理法ということばを聞けば，上に述べたような幾つかのことを思い出す。しかし，科学的管理法はこれらのどれかを指しているのではない。私は原価計算や，時間研究や，機能的職長制度や，新しい賃金制度や，能率のくふうなど，すべて能率を増すくふうであるかぎり，それを軽んじるものではない。私はむしろ，これを信じるものである。しかしこれらくふうの全体，またはその一つが科学的管理法であると思ってはならない。これらは科学的管理法にとっては，大切な付きものであると同時に，他の式の管理法においても，やはり大切な付きものである。

　しからば科学的管理法の本質は何であるか。それは個々の仕事に従事している工員側に根本的な精神革命を起こすことである。工員がその仕事に対し，その仲間に対し，その使用者に対し，自分の義務に対し，徹底した精神革命を起こすことである。同時に管理側に属する職長，工場長，事業の持主，重役会なども，同じ管理側に属する仲間に対し，工員に対し，日々の問題のすべてに対し，自分の義務について，徹底した精神革命を起こすことである。」

（『科学的管理法』上野陽一訳，産業能率短大出版部，1957年，352頁）

▶テイラーの科学的管理といえば，課業管理，時間研究，動作研究，差別出来高賃金制度，職能別職長制度といった特徴が想起され，こうした技術体系は一般的にテイラー・システムと呼ばれている。しかし，テイラー自身は，これらはいわば車輪の片方にしかすぎず，もう一方の精神革命論が備わって初めて科学的管理は十全なものになると考えた。精神革命についてテイラーは「戦いにかえるに平和をもってすること，争いにかえて，兄弟のような心からの協働（hearty brothery co-operation）をもってすること，反対の方向に引っぱらずに，同じ方向に引っぱること，疑いの目をもって監視するかわりに，相互に信頼しあうこと，敵にならずに友達になることが必要である」と，議会の科学的管理法特別委員会において証言している。この精神革命論については労働組合などからの激しい批判をかわすための自己弁護的発言ではないかという指摘が学者の間にはみられるが，むしろテイラー自身の証言の通り，科学的管理の本質は「経験から科学へ」と「対立から協調へ」という2本柱で捉えるべきであろう。

それは，テイラーが一方では工場の現場を知り尽くした機械技師であったと同時に，他方では生涯敬虔なプロテスタントとして，労使間の協調・友愛を切に願っていたことと深く関係する。精神革命論は，テイラーの心からの叫びだった。

Q　「科学的管理では労働者を機械的に扱うことにならないのか？」

A　「工具がはじめてこの制度の下で働くようになると『どうしたというんだ，自分で考えたり動いたりしようとすると，必ず誰かが干渉する，もしくは自分の代わりにそれをしてしまう』といってこぼす。しかし近代の分業組織に対しては，すべてこれと同じ批評と反対とが向けられる。たとえばアメリカ初期の植民者に比べて，近代の外科医は狭い融通のきかないことしかできないでくのぼうであるとはいえない。」

　　　　　　　　　　　　　　　（『科学的管理法』上野陽一訳，産業能率短大出版部，1957年，322頁）

▶科学的管理は，課業の実施にあたっては「**計画と執行の分離**」が原則となっており，労働者は管理者の命令に従って仕事を遂行する。頭脳労働は管理者側がおこなうのであって，労働者は課業の達成に向けて機械の歯車のようにひたすら労働することが求められている。こうした労働者像は，人間関係論およびその後の経営学説においては機械的人間観であるとして批判され，またウェーバーによって官僚制の最終段階としてその抑圧性が問題とされた。

◆ 用語解説 ◆

(1)　**組織的怠業** [systematic soldiering]　故意に仕事を遅くやって1日分の仕事がはかどらないようにすることを怠業という。これには，単に人が本能的に怠ける自然的怠業と，他人との関係を考慮した結果怠ける組織的怠業の2つがある。では，後者の組織的怠業はなぜ起きるのであろうか。それは，労働者が最大のスピードを出して働き生産性が増大すると，仲間から多数の失業者を出してしまうと信じられていたからである。しかも出来高払い制度のもとで，雇主が賃金単価を切り下げてくると，労働者は怠業するより外に身を守る術がない。テイラーは，労働者の置かれた状況に同情はしたが，彼らの真の繁栄は怠業ではなく，労資の協調によってもたらされるとした。

(2)　**差別出来高賃金制** [differential rate system]　テイラーは「成功には高賃金，失敗には損失負担」という原則にもとづき，課業が達成された場合には高賃率，達成でき

Ⅰ　管理の誕生

なかった場合には低賃率という賃金制度を提唱した。労働者にとっては，高賃率の場合は他の類似の工場で払われているよりも30％から100％高い賃金が得られるが，低賃率ではそうはならない。しかも一流労働者を基準につくられた課業を達成することは普通の労働者にとっては決して容易なことではない。したがって，この差別出来高賃金を導入すると，課業を達成できず低賃率になってしまう普通の労働者は嫌気がさして辞めていってしまうため，結局，作業に適した優秀な労働者だけが残ることになる，とテイラーは言う。彼の弟子の中には，この賃金支払い方式ではあまりに過酷であるという意見もあった。

(3)　**計画と執行の分離**［the divorce of planning from doing］　あらゆる仕事には，目的達成のための〈計画と執行〉という２つの要素が含まれている。成行管理の時代には，労働者が熟練した技術や知識をもっており，管理者は仕事の計画も執行もすべて労働者に任せる態度をとっていた。しかし，科学的管理では〈計画と執行の分離〉を基本原則としており，課業の設定，作業方法と用具の選択，また労働者の選別，訓練，教育といった頭脳労働は管理者が担当する。他方，労働者は管理者の指示に従うのみである。この〈計画と執行の分離〉によって，管理の主導権は完全に管理者側に移り，また労働者にとって熟練は無意味なものとなっていった。労働組合がテイラー・システムに激しく抵抗した要因のひとつはここにあり，また，ドラッカー（→219頁）もこれを批判して，〈計画と執行の統合〉を主張した。

◆ より深く学ぶために ◆

〈基本文献〉

『科学的管理法』上野陽一訳，産業能率短大出版部，1957年
　　――この文献には，「出来高払制私案」『工場管理法』『科学的管理法の原理』および公聴会の速記録である「科学的管理法特別委員会における供述」といったテイラーの主要著作がすべて収められている。

〈入門・解説書〉

『マネジメント思想の進化』D. A. レン，佐々木恒男監訳，文眞堂，2003年
『やさしく学ぶマネジメントの学説と思想』渡辺峻・角野信夫・伊藤健一編著，ミネルヴァ書房，2003年
『科学的管理の未来――マルクス・ウェーバーを超えて』三戸公，未来社，2000年
『管理とは何か――テイラー，フォレット，バーナード，ドラッカーを超えて』三戸公，文眞堂，2002年

(勝部伸夫)

COLUMN　自動車の大量生産

フォード
(Henry Ford: 1863-1947)

　1863年，アメリカのミシガン州でアイルランド系農民の子として生まれる。幼少時から手先が器用だったヘンリー・フォードは，21歳でデトロイトに移り，発明王エジソン（T. A. Edison: 1847-1931）が創業した電気会社に入社，機械工として働くことになる。1896年に自宅のガレージで手作りの第1号車を完成させ，1903年には念願のフォード自動車会社（以下，フォード社）を設立した。フォード社が世界的な自動車メーカーにのし上がるきっかけを作ったのは，1908年に販売が開始されたT型フォードであった。堅牢で運転操作もしやすく価格も手頃だった同車には注文が殺到し，生産中止になる27年までの19年間におよそ1,500万台が作られた。T型フォードは広大な国土をもつアメリカに真のモータリゼーションをもたらし，輸送革命を引き起こしたのである。

　やがて，T型フォードはベルトコンベアを使った移動組立法によって大量生産されるようになる。移動組立法は，工数（自動車1台の完成に必要な総作業時間）の低減を通して，製造コストの引き下げと生産規模の拡大を実現した。では，工数低減には何が必要か。それは，第1に部品供給の改善（部品が集積された工程の間を自動車のボディが移動し，部品が組みつけられていくこと）であり，第2に作業の細分化＝分業であった。

　しかし，大量生産の成功によって，そこで働く労働者の仕事は1〜2分程度の作業を繰り返すきわめて単調なものとなり，モラール（労働意欲）を低下させて退職する従業員が急増した。フォード社はこれを，日給5ドル（当時のアメリカ自動車産業の平均的賃金の約2倍）という破格の高賃金で埋め合わせようとした。

　1920年代に入ると，フォード社のシェア（市場占有率）は低下していく。実用性一点張りのT型フォードに魅力を感じない消費者が，大衆車から高級車までいくつかの製品系列を用意した（フルライン政策）GMに乗り換え始めたのである。

　GMの後塵を拝する自社に効果的な手を打つこともできない中で，後継者として期待していた長男のエドセル（Edsel Bryant Ford: 1896-1943）を亡くすなど，フォードの晩年は寂しいものとなった。しかし，自動車の大量生産を成し遂げ，人類に多大な貢献をしたフォードの功績を否定することは誰もできないだろう。

〔今村寛治〕

I　管理の誕生

・企業の社会的責任・

シェルドン

(Oliver Sheldon: 1894-1951)

◆ 人と業績 ◆

　オリバー・シェルドンは，1894年7月13日イギリス西部チェシャー州コングレイトンに生まれた。彼の父はバーンリーおよびウインブルドンの町工場の書記であった。10歳のときバーンリー・グラマースクールに入学し，次いでウインブルドンのキングズ・カレッジで学び，そしてオックスフォードのマートン・カレッジで学位を得た。第一次世界大戦時には東部サリー連隊の将校に任命され，大学生活を一時中断された。大学を卒業すると，1919年，ヨーク市でロウントリイ（B. S. Rowntree: 1871-1954）の父の経営する製菓会社ロウントリイ社に入社した。当初はロウントリイの個人秘書として活躍したが，1923年ロウントリイが同社の社長に就任するとロウントリイの片腕として経営管理の合理化に努め，1931年にはロウントリイ社の社長になった。彼は会社経営に直接かかわるだけでなく，経営管理についてもいろいろ研究した。1918年にロウントリイによって創設されたロウントリイ・レクチャー・コンファレンスの運営に参加するとともに，1921年には産業経営者協会の設立にも参加し，自らも自己の経験を基礎とする数々の優れた論文をこの2つの機関を通じて発表していった。シェルドンの活動は単にビジネスのみにかぎられておらず，ロウントリイ社のあるヨーク市の福祉事業にも積極的な関心をもち，この分野におけるいくつかの重要な公職をも歴任した。また，ヨークシャー哲学会の会員であり，ヨークシャー建設および考古学会にも所属していた。1951年8月7日，57歳をもってその生涯を閉じた。

　シェルドンは，アメリカのテイラー（→19頁），フランスのファヨール（→11

頁）とともに経営学の基礎形成に重要な貢献をした。シェルドンの思想はおおよそ次のとおりである。すなわち，19世紀末から20世紀にかけて出現した経営管理という機能は，物質的な要素と人間的な要素とをつなぐ専門職機能であり，資本家に従属しているものではない。経営管理は利潤追求や私益追求を第一の目標としているのではなく，企業外部の人間すなわち社会と，企業内部の人間すなわち労働者に奉仕することを第一の目標としている。経営管理は社会にたいしては，社会の必要とする財およびサービスをできるかぎり安価に，しかも大量に生産する責任と，生産された財を社会の公共の目的にもっとも奉仕するように配分する責任をもっている。このような活動には当然，個人の倫理感が不可欠であるが，企業はそのために能率を高めなければならない。他方，企業内部にたいして経営管理は，企業に従事する人々が労働者であると同時にひとりの人間であるので，彼らの人間性を理解し，その能力を発揮させるという責任をもっている。この2つの社会的責任を具体的に遂行するのが生産管理と労務管理である。生産管理は生産活動を科学的に処理して能率を高めることが必要であり，その具体的な方策として科学的管理，原価計算制度，科学的計画立案などをあげている。他方，労務管理は労働者の人間性を重視して遂行することが肝要であり，それを基点として具体的には賃金および利潤分配制度，人事業務，雇用および経済的保障，訓練と教育，**労働組合**などの問題を追究している。検討はさらに経営参加や余暇の問題にまで及んでいる。かくしてシェルドンは，企業活動の最高基準を公共の福祉におき，企業と社会，企業と個人（労働者）とを有機的に関連づけるための枠組みを提供したのである。また，**専門経営者**という考えを取り入れて，当時支配的であった企業＝資本家という経済学の伝統的な企業モデルに代わって近代的な企業モデルを構築した。

◆ シェルドンとの対話 ◆

Q　「企業は何のために存在するのだろうか？」

A　「企業は，社会の良き生活のために，社会が必要とする数量の必要な商

Ⅰ　管理の誕生

品およびサービスを提供するために存在する。これらの商品およびサービスは十分な品質標準と両立しうる最低の価格で提供され，直接間接に社会の最高の目的を推進するような方法で分配されなければならない。」

(『経営のフィロソフィ』企業制度研究会訳，雄松堂書店，1975年，273頁)

▶通常，企業の目的は，資本を投下した資本家が投下資本以上の資本を回収すること，すなわち利潤の追求あるいは私益の追求とみなされている。しかし，企業は社会の一部を構成し，そこに商品およびサービスを提供している存在でもある。この点からみるならば，企業は，社会の必要とする，あるいはニーズの存在する商品およびサービスの純粋な提供者である。このとき，これらの商品およびサービスは，社会が支払うのに妥当だと思われる価格で利用できること，社会の要求を適切に満たすような品質をもっていること，さらには社会の最高目的を推進するように分配されていることであらねばならない。

Q　「**企業はマネジメントされなければならないが，それはどのような機能なのだろうか？**」

A　「企業経営は，広い意味においては，いかなる人もしくは階級によって実行されようとも，前記の目的［上記の**A**――引用者］に対して企業を指導することに責任を有している機能である。したがって，それは社会に対する奉仕の動機を内在しているある種の原理によって支配されなければならない。」

(『経営のフィロソフィ』企業制度研究会訳，雄松堂書店，1975年，273頁)

▶シェルドンによれば，マネジメントは，①企業の方針の決定，**財務**・生産・販売の調整，組織の範囲の決定，経営者の最終的な統制というアドミニストレーションと，②このアドミニストレーションによって設定された範囲内での政策の実施，組織の利用という意味での管理と，③職務を配分し，調整のための経路を与える組織，という相関連する3つの部面から成っている。このようなマネジメントは，企業が社会に従うものであることは明らかなので，社会への奉仕をなすということでおこなわれなければならない。つまりマネジメントは，企業を社会の奉仕に向けさせる社会的な力なのである。そのために能率的な協力を引き出し良い奉仕を創り出していくことが重要である。したがって，経営者の社会的責任は奉仕への協力の道を切り開くことである。かくして，経済的奉仕が物質的富ばかりでなく精神的幸福をも生み出すことができるのである。

シェルドン

Q 「社会にたいする奉仕の動機を内在しているある種の原理とは何か？」

A 「第一は，企業の政策，状況，方法は社会の福祉に役立つべきだという原理である。それゆえ，ある倫理基準によって，このような政策，状況，方法を評価するのは経営の職務の一部である。第二は，こうした倫理的評価をする際には，経営者は集団もしくは階級の利害に基づく承認や制裁とは区別される社会全体の最高道徳の承認や制裁を解釈するよう努めるべきである。換言するならば，世の中の意見の最も公平な人びとによって一般的に承認されるような社会正義の理想を，実行に移すように試みるべきだという原理である。第三は，社会はある種の代表的組織を通じてそれ自体の意見を公表し，したがって正当な賃金および利潤というような問題の決定の最終的な権威者であるが，経営者は社会の統合力として，また高度に訓練された部分として，それ自体の領域のうちで可能なかぎり，全体的な倫理水準と社会正義の概念を向上させるようイニシアティブをとるという原理である。」

(『経営のフィロソフィ』企業制度研究会訳，雄松堂書店，1975年，273～274頁)

▶マネジメントは社会への奉仕をなさねばならないが，この奉仕の理想は福祉（個人のではなく，社会を構成しているすべての者の福祉）に富の生産と分配を従属させることであって，企業の行動はなによりも社会の福祉に役立たねばならない。社会全体（公共）の福祉がその最高目的である。だから，経営者はその職務として経済的基準のみでなく道徳的な基準からもその政策と方法を評価すべきであり，それはまた「世の中の意見の最も公平な人びとによって一般的に承認されるような社会正義の理想を，実行に移すように」なされなければならない。高度に訓練された経営者は，自らの職務遂行のなか，倫理と社会正義を向上させ社会全体の福祉に向けて社会を束ねていくように行動しなければならない。今日強く求められている企業の，あるいは経営者の社会的責任について，それを実際のものにしていくにあたり，シェルドンの思想は重要な示唆に富み，深く傾聴されてしかるべきものであろう。

◆ 用語解説 ◆

(1) **労働組合** 労働者が主体となって賃上げ，労働条件の改善，その他経済的地位の向上のために自主的に組織した団体である。その組織形態には歴史や文化の違いにより

I　管理の誕生

いくつかの異なるタイプがある。まず，欧米諸国では，産業革命を経て，たとえば馬具工組合，機械工組合など同一の職業や職種に従事する熟練労働者だけで組織される職業別組合が登場した。19世紀末になると，企業の急速な大規模化によって大量の未熟練労働者が生み出されたことに対応して，たとえば自動車産業や電機産業といった同一産業に勤め，熟練・未熟練の区別なく組織された産業別組合が設立された。この形態が労働組合の主力となった。一方，日本の場合は欧米とは異なり，ほとんどが企業ごとに正社員で組織される企業別組合となっている。職種の区別，熟練・未熟練の区別はない。

(2) **専門経営者**　株式会社を設立する創業者大株主（資本家）は通常，自らも経営にあたる。彼らは所有と経営の一致している所有経営者と呼ばれる。それにたいして，株式会社の発展とともに高度な知識と技能をもつ経営者が登場してくるが，彼らは株式所有はないか，あってもわずかであり，所有と経営の分離している専門経営者と呼ばれる。現在，日本の大手企業の多くは，専門経営者によって経営されている。

(3) **財務**　研究開発した製品・サービスを必要な設備と原材料を購入して生産し，市場で販売するという一連の経営活動が円滑におこなわれるようにするための資金の調達や資金の運用（投資決定）にかんする活動である。

◆ より深く学ぶために ◆

〈基本文献〉

『経営のフィロソフィ——企業の社会的責任と管理』企業制度研究会訳，雄松堂書店，1975年

『経営管理の哲学』田代義範訳，未来社，1974年

〈入門・解説書〉

『産業経営の職能と其の分化』馬場敬治，大銀閣，1926年

『経営管理総論（第2新訂版）』藻利重隆，千倉書房，1965年

『経営管理学の生成』雲嶋良雄，同文舘，1966年

「Sheldon, O.」雲嶋良雄『経営学辞典』藻利重隆編，東洋経済新報社，1978年

（貞松　茂）

・現代生産・費用理論・

グーテンベルク

(Erich Gutenberg: 1897-1984)

◆ 人と業績 ◆

　ドイツでは，経営学生成当時からその学問としての方向性をめぐって，理論学派，技術学派，そして規範学派に分かれて，方法論争が展開されてきた。このうち，現実を理論的に説明することを経営学の目的とする理論学派の代表が，グーテンベルクである。

　理論学派によると，ある価値観にもとづいてあるべき経営の姿を語る規範学派は，その基礎とする価値の正当性を論証できないために，科学的ではないとする。また，企業経営にたいして役に立つ技術を提供しようとする技術学派にたいしては，その技術が役に立つことを経験的に保証するためには，その背後にある理論や法則を解明する必要があり，何よりもそのような企業経営をめぐる普遍妥当な理論や法則を追求するのが，理論科学としての経営学だというのがグーテンベルクを代表とする理論学派の方法論的スタンスなのである。

　このような方法論的なスタンスから，グーテンベルクは，伝統的な生産・費用理論を批判し，新しい独自の生産・費用理論を展開して，戦後のドイツ経営学会で大きな議論を巻き起こした。その後，多くの弟子たちが彼の研究を引き継ぎ，発展させ，戦後西ドイツ経営学の主流を形成した。

　さて，エーリッヒ・グーテンベルクは，1897年にドイツ・ウェストファーレン州ヘルフォルトの製造業を営む家庭に生まれた。ギムナジウム卒業後，彼はハノーバー大学に進学し，物理学を学んだ。しかし，その後，ハレ大学に移って国民経済学を学び，歴史学派から理論学派へと関心を移し，特にメンガー（C. Menger: 1840-1921）やシュンペーター（→206頁）に非常に強い影響を受け

I 管理の誕生

たといわれている。

　ハレ大学卒業後，グーテンベルクは企業に就職し，3年間，実務についた。しかし，再びフランクフルト大学に入学し，カルフェラム（W. Kalveram: 1882-1951）とシュミット（F. Schmidt: 1882-1950）のもとで今度は経営経済学を学んだ。そして，1926年に商業学の学位を取得し，その2年後に，彼はミュンスター大学に論文「経営経済理論の対象としての企業」を提出し，大学講師の資格を得た。

　しかし，グーテンベルクは大学には残らず，再び実務の世界にもどり，10年間ぐらい機械製造会社，織物会社，そして銀行などに勤めた。そして，1938年，実務生活から離れ，クラウスタール鉱山大学員外教授に就任した。そして，その後1940年にイエーナ大学の経営経済学正教授に迎えられた。

　第二次世界大戦がはじまると，グーテンベルクは将校として従軍した。そして，戦後，1948年にフランクフルト大学で彼の指導教授シュミットの経営経済学講座を引き継ぐことになった。ここで，グーテンベルクは，今日，もっとも知られている彼の大著『経営経済学原理　第1巻生産編』を完成させ，戦後ドイツ経営学の方向性を決定づけた。さらに，1951年には巨匠シュマーレンバッハ（→41頁）教授の後継者としてケルン大学に迎えられた。

　その間，グーテンベルクは経営監査人としての仕事をこなし，コンサルタント会社の経営者でもあった。さらに，首相エアハルトの経済顧問として経済政策の助言者のひとりでもあった。また，シュミットが創刊したドイツでもっとも有名な学術雑誌『経営経済雑誌』（*Zeitshrift für Betriebswirtschaft*）の編集者でもあった。そして，多くの弟子たちを残しながら，1984年に永眠した。

　さて，グーテンベルクの業績の中でもっとも知られている研究は，先に説明したように彼の独自の生産・費用理論の研究であった。彼によると，企業経営をめぐる現象は「**体制関連的事実**」と「体制無関連的事実」に分けられる。前者は経済体制に関連して存在している事実であり，後者は経済体制とは無関係にどんな経済制度でも存在する事実である。彼の生産・費用理論の研究は，まさに後者の体制無関連的事実に関連する研究であった。

　しかも，グーテンベルクの生産・費用論研究は，従来の伝統的な理論を覆す

図1 伝統的費用曲線

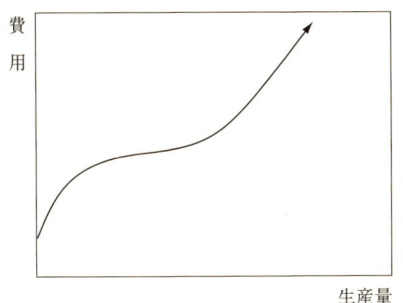

(縦軸: 費用、横軸: 生産量)

図2 伝統的収益曲線

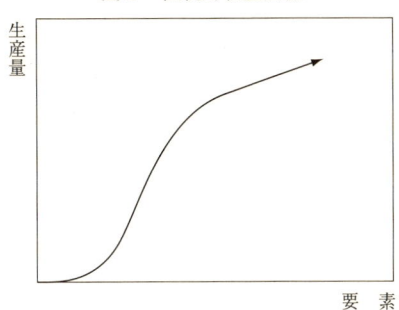

(縦軸: 生産量、横軸: 要素)

図3 収益と費用の関係

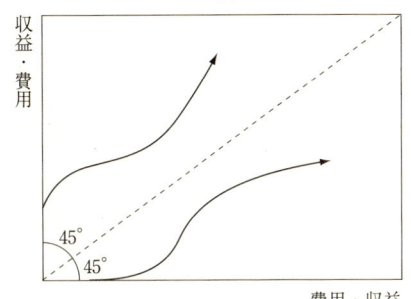

(縦軸: 収益・費用、横軸: 費用・収益、45°線)

内容をもっていた。伝統的な費用理論では、図1のように生産量の増加とともに総費用曲線はS字曲線を描くと説明されてきた。しかし、戦後のアメリカの経験的研究によると、そのようなS字の曲線はみられなかった。むしろ、費用の経過は直線に近かった。

こうした状況で、グーテンベルクは伝統的費用理論においてなぜS字曲線が描かれてきたのかを分析し、それが農業で成り立つ**収益法則**にもとづいていることを突き止めた。収益法則とは、図2のように他の要素を一定にして、ある要素だけを増加させていくと、収益ははじめに増加し、徐々に減少するという生産要素と生産量（収益）との関係である。グーテンベルクは、このような収益法則をA型生産関数と呼んだ。

そして、図3のように、伝統的な費用経過は、この収益法則の逆関数（45度線を軸にして反転した曲線）であると考えた。つまり、もし生産額（収益）が増加するならば、必要な生産要素投入量も増加するので、生産要素の購入に必要な生産費も増加することになり、それはS字に変化すると考えた。

しかし、このような農業で成り立つ収益法則がはたして現代の工業生産でも成り立つのかどうか。成り立たないというのが、グーテンベルクの主張である。工業生産では、要素と要素は相互に代替不可能なので、他を一定にしてひとつ

I 管理の誕生

図4 量的適応

図5 選択的適応

図6 時間と強度による適応

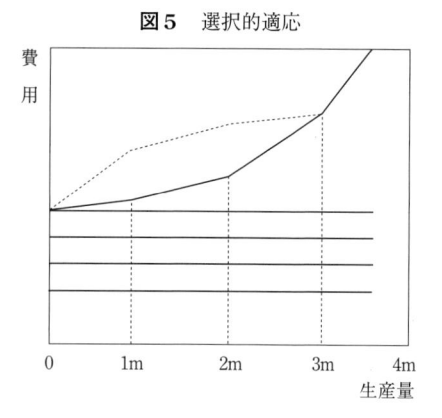

時間的適応 | 強度による適応

の要素だけを増加することはできない。1要素だけを増加しても生産量は増加しない。

また，生産量と要素投入量とは直接結びついておらず，生産量が決定されると，まず設備の稼動量が決定され，次に費消される各要素の投入量が決定される。それゆえ，生産量の増加にたいして各要素投入量は比例的に直線的に増加する。このような現代工業企業に妥当するような生産関数をグーテンベルクはB型生産関数と呼んだ。

さて，このB型生産関数にもとづいて，現代企業の総費用はどのように変化するのか。グーテンベルクによると，需要の変化に対応して生産量は増減するが，その生産量の変化に対応して企業は，①量的適応，②強度による適応，③時間による適応，が可能だとする。

まず，「量的適応」とは，機械設備の利用強度と機械設備の利用時間を一定にして，利用する機械設備数を増減して変動する生産量に適応する方法である。具体的にいえば，今，同じ能力の機械設備mを4台もっている企業について考えてみよう。この企業は，稼動する設備数を増減することによって生産量の増

減に適応することができる。たとえば、図4のようにQは全般的な固定費であり、機械設備mを1台利用して生産する場合、その費用は固定費qと比例費に区別される。今、機械設備mの数を増加させると、図4のように階段状に総費用は増加し、S字にはならない。

図7　S字費用曲線

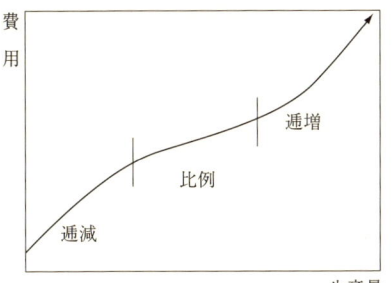

これにたいして、今度は異なる性能の機械設備mを4台保有している企業について考えてみよう。このような企業では、はじめは費用の低い機械設備mを利用し、徐々に費用の高い機械設備mを利用することになるだろう。それゆえ、図5のように費用曲線は逓増する可能性はあるが、S字にはならない。S字にするには、性能の悪い設備を優先的に使用することになる。このような適応を「選択的適応」と呼ぶ。

さらに、生産量の増減にたいして機械設備の利用数と利用強度を一定にして操業時間の増減によって適応しようというのが、「時間による適応」である。この場合、図6のように時間とともに費用は直線的に増加し、S字にはならない。しかし、限界を超えて製造すると、一定の作業時間と一定の機械設備のもとに設備の利用強度だけを高めることになり、図6のように費用は逓増する可能性がある。このような適応を、「強度による適応」と呼ぶ。

以上のように、現代の工業生産企業の費用曲線は、伝統的な費用理論が説明してきたようにS字にはならないとし、適応の仕方によって費用曲線はさまざまな経過をたどることを説明したのが、グーテンベルクだったのである。

しかし、このグーテンベルクの議論にたいして、真っ向から批判を展開してきたのは、メレロヴィッツ（K. Mellerowicz: 1891-1984）であった。彼は、あくまで費用曲線はS字曲線を描くと主張し、図7のように、S字曲線を分解すると、逓減、比例、逓増部分から構成されており、グーテンベルクの議論はS字曲線の比例部分を取り出したにすぎないと批判した。また、グーテンベルクの議論はきわめて経済学的であり、経営学を経済学の一部として位置づけ、経営学の学問としての自立性を放棄するものだと批判した。

I　管理の誕生

　その後，両者の議論は多くの人々を巻き込みながら，論争へと発展していった。この論争に明確な決着がつけられたわけではなかったが，結果的にグーテンベルクの考えが戦後ドイツ経営学の主流となっていった。

◆ グーテンベルクとの対話 ◆

Q　「経営学と経済学とは，どこが違うのか？」

A　「（経営学は）国民経済理論からは離れていることは然るべきことである。なぜなら，われわれは所得形成と所得配分の理論を述べようとするのではないからである。国民経済理論には『生産要素の体系』ということはまったく無用であろう。しかし，ここで問題とされるのは，ただたんに経営過程の分析に或る一定の概念的な説明を与えることである。所得形成の理論したがってまた国民経済的理論がその目的のために用いるような生産手段体系とはわれわれの目的のために発展せしめられる生産要素の体系は無関係なのである。

（『経営経済学原理　第１巻生産編』溝口一雄・高田馨訳，千倉書房，1957年，4頁）

▶グーテンベルクが『経営経済学原理　第１巻生産編』を出版したとき，ここで展開されたグーテンベルクの生産理論や費用理論をめぐって経営学と国民経済学とはどこが違うのかについて質問がなされた。特に，論敵メレロヴィッツはこの点について激しく批判し，グーテンベルクは経営学を経済学の１部門にしようとしていると批判した。これにたいして，経営学と経済学はあくまで異なっているという立場にたっていたのがグーテンベルクであり，上記の発言をしている。しかし，グーテンベルクの答えもいくぶん歯切れの悪い感じがする。経済学との違いをあまりに強調すると，今度は経営学は「金儲け学問」ではないかという批判が待っているからである。こうした問題は現代の経営学にもいえることである。

Q　「新たに提案しているＢ型生産関数というのは，どのようなものなのか？」

A　「Ｂ型生産関数については，根本的にある結合におけるある一つの要素の生産貢献を生産諸要素から分離し測定することができないということが重要である。要素投入量が設備給付に厳密に結合しており，したがって生産

量(収益)に厳密に結合していることによって,そのような分離ができないのである。したがって,このような事情の下では要素と投入量について偏限界生産力を測定することは不可能である。偶然に,全体収益(生産物)の曲線がまず逓増し,次に逓減する収益増分を示したとしても,したがって形式的には収益法則に一致することがあっても,B型関数である限り,原理的に,偏限界生産力を計算する可能性は排除されている。B型生産関数は要素収益と要素投入の間に成立する法則性を描く,それは工業生産に中心的に妥当するものとみなされるべきである。したがって,B型生産関数が与えられるとき,要素投入量間の比率はただ生産の技術的与件からのみ決定されるべきである。これは,工業的要素結合の法則である。」

(『経営経済学原理 第1巻生産編』溝口一雄・高田馨訳,千倉書房,1957年,235頁。一部現代仮名遣いに修正した。)

▶従来S字の費用曲線が展開されてきたが,グーテンベルクは,それは他の要素を一定にしひとつの生産要素を増加させると,それとともに生産量ははじめは逓増し,やがて逓減する収益法則と呼ばれる生産関数が前提となっていると考えた。そのような生産量の変化は,他の要素を一定にしてひとつの要素だけを増加させても生産物ができる農業生産についてはあてはまるが,工業生産にはあてはまらないと主張したのがグーテンベルクである。そこで,この伝統的な収益法則をA型生産関数と呼び,それとは異なる生産関数として提案してきたのがB型生産関数である。これは,他の要素を一定としてひとつの要素を増加しても生産物は増加しない関数であり,要素間に代替性はない関数である。要素間の関係は技術的に決定されることを強調し,このB型生産関数にもとづいてグーテンベルクは新しい費用理論を展開したのである。

◆ **用語解説** ◆

(1) **体制関連的事実** [systembezogene Tatbestände] グーテンベルクは,企業経営をめぐる事実を「体制関連的事実」と「体制無関連的事実」に区別した。前者は,企業が置かれている経済体制にかかわる要素であり,第1に需要と供給の調整方法にかんするものであり,その調和を各企業経営の自主性に任せるのが自律原理であり,個別企業を全体経済の器官と考えるのが器官原理である。第2に,個別企業の指導原理にかんするものであり,それは営利経済的原理,計画的給付生産の原理,適正の原理に区別される。そして,第3に経営意思決定にかんするものであり,単独決定と共同決定

Ⅰ 管理の誕生

に区別される。企業の経営形態は，これら3つの事実の組み合わせで決定される。つまり，資本主義的な企業経営は，自律の原理，営利経済性の原理，単独決定の原理によって特徴づけられ，社会主義的な企業経営は器官の原理，計画的給付生産の原理，共同決定の原理によって特徴づけられる。これにたいして，「体制無関連的事実」は，いかなる経済体制にあっても必要な要素であり，生産要素体系と要素結合過程，経済性原理，財務均衡といった3つであり，これに関連する研究がグーテンベルクの生産・費用理論の研究であった。

(2) **収益法則**［Ertragsgezetz］ 収益法則とは，他の要素を一定にして，ある要素だけを増加させていくと，収益ははじめに増加し，徐々に減少するという生産要素と生産量（収益）との関係である。たとえば，農産物の場合，一定の土地に一定の労働力で肥料だけを徐々に多くしていけば，はじめは生産量は増加するが，やがて肥料をいくら増加しても生産量は増加しなくなるという法則である。このような収益法則を前提とすると，生産量とともに費用曲線はS字曲線となる。これが，グーテンベルクの伝統的費用理論にかんする洞察であり，この収益法則をA型生産関数と呼んだのである。

◆ より深く学ぶために ◆

〈基本文献〉
『経営経済学原理　第1巻生産編』溝口一雄・高田馨訳，千倉書房，1957年
『グーテンベルク経営経済学入門』池内信行監訳，杉原信男・吉田和夫共訳，千倉書房，1959年
『企業の組織と意思決定』小川洌・二神恭一訳，ダイヤモンド社，1964年

〈入門・解説書〉
『西独経営経済学』市原季一，森山書店，1959年
『ドイツ経営学説史』海道進・吉田和夫編著，ミネルヴァ書房，1968年
『戦後西ドイツ経営経済学の展開』小島三郎，慶應通信，1968年
『グーテンベルクの経営経済学』平田光弘，千倉書房，1971年
『ドイツ経営学入門』岡田昌也・永田誠・吉田修，有斐閣，1980年
『企業と組織——グーテンベルク経営経済学研究』長岡克行，千倉書房，1984年

（菊澤研宗）

・自由経済志向的経営学・

シュマーレンバッハ

(Eugen Schmalenbach: 1873-1955)

◆人と業績◆

　シュマーレンバッハは，ドイツ経営学の生成期に活躍したドイツでもっとも有名な経営学者のひとりである。彼は非常に多くの業績を残したが，特に会計分野に多くの優れた業績を残し，彼の動的会計論を知らないものはいない。

　シュマーレンバッハが活躍していた当時，ドイツでは経営学の目指すべき方向性をめぐって3つの立場が対立していた。現実を理論的に説明することを経営学の目的とする理論学派，企業経営者にあるべき姿を語ることを目的とする規範学派，そして企業にさまざまな経営技術を提供することを目的とする技術学派である。このうち，技術学派の総帥がシュマーレンバッハである。

　技術学派によると，ある価値観にもとづいてあるべき経営の姿を語る規範学派は，その基礎とする価値の正当性を論証できないために，科学的ではないとする。また，理論学派がイメージしている純粋理論科学としての個別経済学はあまりにも数学的であり，それは観念論的であって経験科学ではないとする。何よりも，シュマーレンバッハによると，経験科学としての経営学は現実の問題を解くことに関心があり，それゆえこのような学問を技術論と呼んでもいいという方法論的スタンスに立つ。そして，経営学を技術論として位置づけ，彼が目指す経営学を「経営経済学」（Betriebswirtschaftslehre）と呼んだ。今日，ドイツでは経営学は経営経済学と呼ばれている。その名称の由来は，このシュマーレンバッハにある。

　さて，オイゲン・シュマーレンバッハは，1873年にヴェストファーレン州ハルファーのシュマーレンバッハ村に生まれた。父は農民を系譜とする頑固な錠

I　管理の誕生

前の工場経営者であり，母は企業家を系譜とする小鉄製品の工場経営者一族の出身であった。彼は，ギムナジウムを中退し，24歳のとき新設されたライプチッヒ商科大学の第1期生となった。このとき，同期にはニックリッシュ（→50頁）やシュミット（F. Schmidt: 1882-1950）等のドイツ経営学生成期を飾る巨匠たちがいた。

　シュマーレンバッハは，親の反対を押し切って1900年にマリアンネと婚約し，その翌年に結婚した。彼女は，ユダヤ人であったため，シュマーレンバッハの母親は宗教的にその結婚に反対し，父親は政治的に反対した。そのとき，経済的に苦しかった彼を救ってくれたのは，指導教授カール・ビューヒャーであった。彼は，シュマーレンバッハをライプチッヒ商科大学の助手として採用した。そして，1903年，30歳でケルン商科大学の講師となり，以後，さまざまな大学から誘いがあったが，最後までシュマーレンバッハはケルン大学にとどまった。

　さて，1933年にナチスがドイツの政権を握ると，シュマーレンバッハはケルン大学から追放された。彼の妻がユダヤ人であったため，その弾圧は厳しく，何度も彼は死を覚悟したといわれている。しかし，ゲシュタポに追われる彼に，密かに隠れ家を提供したのはかつての教え子であり，助手であったファイヤストであった。シュマーレンバッハは，隠れ家でも研究を続けた。その成果は，戦後，次々と発表された。そして，シュマーレンバッハは多くの門下生たちに恵まれながら，1955年に永眠した。その後も，彼の思想は多くの弟子たちに受け継がれ，今日，その流れはケルン学派と呼ばれている。

　さて，シュマーレンバッハの時代は，産業革命に遅れたドイツが先進国化を進めるために，次世代の産業人を育成する新しい学問として経営学が注目されていた時代である。しかし，経営学がどのような学問なのか，あるいはどのような学問であるべきか。誰も明確にわからず，当時，その名称も不明確で一時的に「私経済学」と呼ばれていた。

　こうした状況で，経営学の方向性をめぐって議論は3つに分かれていた。経営学は，経済学のような純粋理論科学を目指すべきなのか。あるいは，企業経営のあるべき姿を示す規範科学を目指すべきか。あるいは，政策論や技術論を目指すべきかである。このうち，技術論としての経営学を推進し，「経営経済

学」という名称のもとに積極的に研究を進めていったのがシュマーレンバッハであった。

　シュマーレンバッハの技術論研究は多岐多様にわたるものであり，一見，バラバラにみえる。しかし，すべての彼の業績は彼が理想とする**自由市場経済**に向けられていた。彼は，19世紀のドイツ自由市場経済を理想とし，それを実現するためにさまざまな政策論を技術論の名のもとに展開した。彼によると，自由市場経済では自由に価格が変化し，これによって需要と供給が調整され，能力のない人は自由に資源を売り出し，能力のある人が資源を自由に購入するので，このような自由市場経済では資源は効率的に分配され，利用されることになると考えた。

　しかし，1928年ウィーンの商科大学経営経済学会の講演で，シュマーレンバッハは19世紀的なドイツの自由経済はすでに終わり，**拘束経済**が到来していることを主張した。このような経済では，価格が何かに拘束されて自由に変化しないため，有能な人々に資源が配分されず，不正で無能な人々に資源が配分される可能性がある，つまり非効率的で不正な資源配分が発生することになる。このことに，彼は気づいた。したがって，このような経済社会では無能な経営者たちやその子弟たちだけが生き残り，企業家精神をもつ有能な人々や自由な経営者が消滅してしまうことになる。これが，シュマーレンバッハの危機的認識であった。

　そして，このような拘束経済に導いた最大の原因は何かといえば，シュマーレンバッハは20世紀になって急速に増大した企業内の**固定費**だとした。彼によると，19世紀の自由経済を構成していた企業の費用構造は比例費が中心であった。そして，このような企業では，価格が低下したときには費用を下げるために生産を縮小し，価格が上昇したときには生産量を拡大することができたので，企業は自由に変化する価格にうまく対応することができた。しかし，企業の原価構造が固定費中心になると，企業は市場価格の変化とは無関係につねに大量生産し，大量販売することが有利になり，少量生産では無駄な固定費の圧力が強まることになる。したがって，このような固定費中心の企業が多い経済社会では，企業は価格の変化に対応できず，そのうち価格自体が変化しなくなり，

I　管理の誕生

非効率な資源の配分と利用が発生することになる。まさに，このような時代がドイツにやってきているということ，これがシュマーレンバッハの基本的認識であった。

以上のような危機的な認識から，シュマーレンバッハは再び自由市場経済を実現するために，国民経済的生産性つまり「**共同経済的生産性**」の観点からさまざまな経営経済学的な政策を提案した。

まず，共同経済的観点から企業会計システムが分析され，自由市場経済にとって重要なのは1時点の静態的な私的財産目録としての貸借対照表中心の静態的会計思考ではなく，ある期間を対象とする動態的な損益計算であり，それを中心にすえた動的貸借対照表論をシュマーレンバッハは展開した。

シュマーレンバッハによると，企業が誤った期間損益計算をすると，誤った利益が社会に配分され，誤った経済活動が展開され，それが自由市場経済を混乱させることになると考えた。つまり，もし利益が誤って過大に計算され，それが配分されると，人々の所得は予期せぬ形で増加するので，一方で人々は労働を減らして余暇に時間を振り向けるため，労働供給は減少し，労働市場では賃金が上昇することになる。他方，人々は予期せぬ所得の増加によってより多くの生産物を購入しようとするので，生産物市場では超過需要となり，生産物価格が必要以上に上昇することになる。逆に，もし過少利益が計算され，それが配分されるならば，その逆の変化が起こることになる。このように，誤った損益計算は経済を不必要に変動させることになる。何よりも，自由市場経済を安定した状態に維持するためには，個別企業は正確な期間損益計算が必要なのであり，そのための補助手段として貸借対照表があるのであって，単なる個別企業の財産目録ではないということ，これが彼の損益計算中心の動的貸借対照表論のエッセンスであった。

また，シュマーレンバッハは，限界原理にもとづく原価計算政策も提案した。ここでも，シュマーレンバッハは自由市場経済をいかにして復活させるかを考えていた。彼によると，ドイツの拘束経済を自由市場経済に引き戻すためには，すべての企業は固定費を削減し，可変費中心の原価構造にする必要性があると主張した。そして，そのために，企業はたとえ固定費が多くあったとしても，

あえて限界原価（費用変化／生産物1単位変化）にもとづいて価格設定する必要があることを訴えた。これによって，企業は市場価格の変化に対応して生産量を増減することが可能となり，効率的な資源配分が起こると考えたのである。

さらに，シュマーレンバッハは，たとえ自由市場経済の実現が不可能であっても，組織内で擬似的にその機能を実現するために，分権管理組織つまり事業部制組織の重要性も主張した。もはや自由経済に戻すことのできない拘束経済の弊害を打破し，ドイツ経済の未来のために，シュマーレンバッハが考えだしたのは，官僚制組織ではなく，自由人のための組織つまり組織内で自由に取引可能な分権管理組織であった。

以上のように，シュマーレンバッハの多様な研究はすべて自由市場経済の実現のための技術論なのであり，政策論であったという点で，きわめて一貫性があったといえる。

◆ シュマーレンバッハとの対話 ◆

Q「経営学（私経済学）を技術論であるとしているが，それは金儲け学問とどこが違うのか？」

A「私経済学が単に特定の職業的地位の利潤追求だけを取り扱うならば，研究対象を提供するものは利潤追求ではなくして職業であることが明らかになる。問題は実際には，いかにして最も多く儲けるかではなくして，いかにしたら最も経済的に財を製造しうるか，いかにしたら最も合目的に需要供給を調和させうるかということであるように思われる。この大きな相異は，二つの技術論すなわち医師の技術論と製造家の技術論を並べてみれば最も明白となる。私経済的動因は両者にとっては共に収入への努力である。それを以て問題を論じるとすれば，恐らく両者は同じ技術論を持つことになるだろう。けれども両技術論は，この問題を顧慮しないのである。医師の技術論はいかにして人体は健康を維持し，または回復するかを示し，製造家の技術論はいかにして経済体は健康を維持し，または回復するかを示すものである。」

（「技術論としての私経済学」斉藤隆夫訳『会計』第67巻第1号，1955年，184〜185頁。一部現代仮名遣

Ⅰ　管理の誕生

いに修正した。）

▶産業革命に遅れたドイツは先進国化を目指し，産業社会を担う産業人を育成するために，20世紀初頭に各地に商科大学を設立した。そして，国家の要請のもとに新しい学問として経営学研究が進められた。しかし，当時の経営学にはいまだ正式な名称もなく，一時的に「私経済学」と呼ばれていた。特に，この新しい学問にたいして，既存の経済学者から厳しく批判され，「金儲け学問」「独占資本の落とし子」などと揶揄されていた。この批判にたいして，ライプチッヒ商科大学1期生のシュマーレンバッハは経営学は金儲け学問ではなく，技術論であると主張し，「経営経済学」と呼んだ。しかも，それは医者が人間の体の健康を維持し，治療し，回復するように，経営学も企業経済の健康を維持し，治療し，回復する学問だと主張したのである。

Q　「技術論としての経営学を医学と比較しているが，経営学が扱う病理とはいったい何か？」

A　「自由経済の時代は，生産費が主として比例原価の性質を有した時にのみ可能であるが，固定原価は次第に増加しつつある今日，もはやかかる時代は不可能である。われわれがこの重大なる事実を探求する前にいっておかねばならぬことは，固定原価の上昇は終わったのではなく，その増加はなお常に続きつつあり，またおそらくなお長く続くであろうということである。自由経済の再来を予期することの全く見込みなきことを認むるためにはこれを定めておくことが重要であり，私と同様に旧自由経済を好愛し歎美するものにとっても重要である。すべての事情は，固定原価が減少しないで増加することを暗示している。」

(『回想の自由経済』土岐政蔵・斉藤隆夫訳，森山書店，1960年，付録142～143頁。一部現代仮名遣いに修正した。）

▶シュマーレンバッハは，19世紀のドイツ経済を自由市場経済であったと認識していた。そのような経済社会では，価格が自由に変化し，これによって需要と供給は調整され，自由に市場取引がおこなわれることになる。このような経済システムをシュマーレンバッハは理想としていた。しかし，20世紀に入ると，この自由市場経済を支える企業の費用構造は急速に変化した。つまり，生産量の増減に対応する比例費の割合は減少し，生産量とは無関係に発生する固定費部分が多くなった。それゆえ，企業は価格の上下に反応できない硬直的な構造となった。シュマーレンバッハは，これが自

由市場経済を崩壊に導く原因だとみなし，各企業の固定費の増大こそが現代の病理現象のひとつだとみなしていた。

◆ 用語解説 ◆

(1) **自由市場経済 [der frien Wirtschaft]** 自由市場経済とは，新古典派経済学によって証明されているように，効率的資源配分システムである。このような経済システムでは，一方で消費者は自ら効用を極大化するために自由に労働力を供給し，財を需要する。他方，企業家は利潤極大化するために，自由に労働力を需要し，財を生産し供給する。このような多数の消費者と企業家によって，多様な市場が形成される。ここで，もしある市場で需要よりも供給が多ければ，価格は下がる。この場合，下がった価格でも，なお能力のある企業は財を生産供給でき，能力のない企業は市場から退出する。逆に，もし供給よりも需要が多いならば，価格は上がるだろう。この場合，能力のない消費者は財を購入できないので退場し，能力のある消費者はこの高い価格でもなお購入できるので市場に残る。このように消費者も企業も自由に交換取引活動に参加でき，価格も自由に変化し，これによって資源が無駄なく効率的に配分され，利用される効率的資源配分システムが自由市場経済である。

(2) **拘束経済 [gebundene Wirtschaft]** 拘束経済とはシュマーレンバッハが理想とした自由市場経済と対比される概念である。自由経済と異なり，需要と供給がたとえ不均衡であっても価格が自由に変化しない経済が拘束経済である。価格が何かに拘束されていて，変化しえない世界である。このような世界では，価格が変化しないので，需要と供給が調整されないまま取引が展開され，能力のない人が安い値段であるいは不正に資源を手に入れることができるために，非効率的に資源が利用される可能性がある。シュマーレンバッハは，拘束経済では，各企業が多大な固定費に拘束されているので，自由に価格を変化できない点に問題があると考えた。

(3) **固定費 [fixe Kosten]** 企業で生産物を製造する場合，生産物の増加とともに増加する費用部分と生産物の増加とは無関係につねに一定の費用が発生する。前者は変動費と呼ばれ，後者が固定費と呼ばれる。変動費はたとえば材料費である。それは生産量の増加とともに明らかに増大する。固定費は管理費，機械設備の減価償却費などであり，これらは生産活動をおこなわない場合でも固定的に発生する費用である。

(4) **共同経済的生産性 [gemeinwirtschaftliche Productivität]** 共同経済的生産性とは，今日，経済学でいう社会全体の経済効率性つまり社会的効率性に一致するような個別企業の生産性のことである。標準的な新古典派経済学では，社会的効率性と個別企業の効率性は必然的に一致するものとして理論的に説明されている。しかし，現実の世

Ⅰ　管理の誕生

界ではこれらは一致していないというのが，シュマーレンバッハの認識であった。そして，何よりも，彼は，企業経営者は社会全体の経済効率性を無視し，個別企業の私経済的生産性を追求するのではなく，社会全体の効率性を志向した共同経済的生産性を追求する必要があると考えた。そして，社会的効率性と個別企業経済効率性を一致させるような共同経済的生産性のあるような方法を研究することが技術論としてのドイツ経営学の役割だと考えたのである。

◆ より深く学ぶために ◆

〈基本文献〉

『会社金融論』鍋島達訳，同文舘，1932年

「技術論としての私経済学」斉藤隆夫訳『会計』第67巻第1号，1955年

『回想の自由経済』土岐政蔵・斉藤隆夫訳，森山書店，1960年

『動的貸借対照表論（上）（下）』土岐政蔵訳，森山書店，1938年

『原価計算と価格政策』土岐政蔵訳，森山書店，1951年

〈入門・解説書〉

『西独経営経済学』市原季一，森山書店，1959年

『ドイツ経営学説史』海道進・吉田和夫編著，ミネルヴァ書房，1968年

『ドイツ経営学入門』岡田昌也・永田誠・吉田修，有斐閣，1980年

『会計制度の基礎──シュマーレンバッハにおける計算論の意義』斉藤隆夫，森山書店，1987年

『シュマーレンバッハ研究』神戸大学会計学研究会編，中央経済社，1980年

『シュマーレンバッハ炎の生涯』W.コルデス編，M.クルーク／E.ポットフ／G.ジーベン著，樗木三郎・平田光弘訳，有斐閣，1990年

（菊澤研宗）

COLUMN　企業（経営）の実体維持

ハックス
(Karl Hax: 1901-1978)

　シュマーレンバッハ（→41頁）の薫陶をうけた研究者は数多くいるが，その中でもドイツ経営学において大きな業績を残しているのがカール・ハックスである。彼はシュマーレンバッハが主張していた技術論的な考え方にもとづき，社会経済全体にとって必要不可欠な存在としての企業の生産能力をいかにして維持するのかという点を，経営学の基本的な課題として捉えている。このような問題意識から生み出された研究成果は多岐にわたっているが，とりわけ注目されるのが1957年の『経営実体維持論』（高山清治訳，同文舘，1997年）と1977年の『西独における企業の人事・労務政策』（小田章訳，千倉書房，1985年）である。

　このうち，『経営実体維持論』は，高度経済成長の最中にあった当時のドイツの経済的背景に立脚し，企業（経営）を維持するというのはいかなることなのかを，名目資本会計と実体資本会計を結びつけるかたちで展開しているところに特徴がある。その際にも，単に企業を維持することの重要性を主張しているのではない。「質・量ともに高まっていく消費者の要求に応ずることができるときのみ」（訳書，5頁），経営維持の問題が浮かび上がってくると指摘している点にも注意しておく必要がある。

　また，『西独における企業の人事・労務政策』では，財やサービスの生産という経済的な課題が主たる役割の企業にとって，人事・労務管理の問題を企業能力の維持という観点からどのように捉えることができるのかが明らかにされている。ここでも，「人間」という存在に十分に配慮しつつ，かつダイナミックな経済において，いかにして企業を維持するのかという問題意識が据えられている。

　ハックスは人格高潔で，温厚であったと伝えられている。そのことは当時のドイツにおける数多くの監査役会メンバーに推挙・選任されたことからもうかがわれる。また，教育にも熱心であり，フランクフルト大学の教授として多くの研究者を育成したほか，ドイツ経営学における最大の学会のひとつであるシュマーレンバッハ協会や，その刊行雑誌『経営経済研究誌』（*ZfbF*）の責任者としても精力的に活動し，ドイツ経営学の興隆に尽力した。一方，ハックスは大変な親日家としても知られ，『日本——極東の経済力』（1961年，未翻訳）という大著を公刊し，経営学や会計学，保険論などの諸領域における日独交流の促進に積極的にかかわっている。これについては，神戸大学の故・市原季一教授の『西ドイツの経済と経営』（森山書店，1960年）に詳しく描き出されている。

（山縣正幸）

I　管理の誕生

・精神主義的共同体論・

ニックリッシュ

●●●●●

(Heinrich Nicklish: 1876-1946)

◆ 人と業績 ◆

　ニックリッシュは，ドイツ経営学の生成期に活躍した代表的ドイツ経営学者のひとりである。当時，ドイツでは，経営学の学問としての方向性をめぐって，理論学派，技術学派，そして規範学派に分かれて方法論争が展開されてきた。これらのうち，企業経営者にたいしてあるべき指導原理を説く規範科学としての経営学を推進した規範学派の総帥がニックリッシュである。

　規範学派によると，理論学派が追求するような純粋科学は国家存続にたいして何ら貢献しない空虚な学問なのだ。また，技術学派が追求するような経営技術はたしかに役に立つかもしれないが，そのような学問は経営学を「金儲け学問」とするものであり，学問として認められない。何よりも，世の中でもっとも重要で価値あるのは国家であり，この国家存続のために，企業経営者や労働者はどうあるべきか，これを研究するのが，規範科学としての経営学だというのがニックリッシュの方法論的スタンスなのである。

　このような立場にもとづいて，彼は戦争に耐え抜く強い共同体を形成するために必要な組織法則を研究した最初のドイツ経営学者であった。しかし，彼の研究は第二次世界大戦中にナチズムと結びついたため，戦後，彼は不遇であった。だが，ニックリッシュが展開した組織論は奥が深く，今でもその価値を失っていない。

　さて，ハインリッヒ・ニックリッシュは，19世紀末当時，いまだ後進国であったドイツが先進国へと脱皮するために，国家プロジェクトのもとに創設された新制ライプチッヒ商科大学の第1期生であった。同期には，彼の生涯最大の

ライバルであったもうひとりの巨匠シュマーレンバッハ（→41頁）がいた。

　大学卒業後，ニックリッシュは銀行で実務を経験し，さらに商業学校で教鞭をとりつつ，ライプチッヒ商科大学のカール・ビューヒャー教授のもとで講師を兼任していた。そして，1911年にマンハイム商科大学の教授となり，翌12年には彼の最初の著書『一般商事経営学』を出版した。当時，彼は価値自由な経営学研究を続け，経済学者から受けた「金儲け学問」という批判にたいして，経営学を理論科学とみなし，国民経済学の一部を構成する学問と考えていた。

　しかし，1914年に第一次世界大戦が勃発すると，ニックリッシュは考えを大きく変えた。その変化を，マンハイム商科大学学長として試みた1915年の「利己主義と義務意識」という講演にみることができる。ここで，ニックリッシュはドイツ経営学を理論科学ではなく，あるべき姿を語る規範科学とみなしはじめている。そして，戦争に耐えぬく強い国民組織つまり共同体の形成に強い関心を示した。しかし，彼の願いもむなしく，ドイツは第一次世界大戦に敗れ，ドイツ帝国は1918年に消滅し，新たにワイマール共和国が成立した。

　戦後の混乱もいくぶんおさまった頃，ニックリッシュは失望の中から，再び未来のドイツの姿をみつめて，1920年に著書『組織——向上への道』を出版した。そして，1921年に，彼はドイツの中心地にあるベルリン商科大学へ招聘されることになる。この本で，ニックリッシュは再び戦争に耐えぬく強い共同体を形成するために，ドイツ人には物質的なものを超えた何か精神的なものが必要であると説いた。そして，何よりも戦争に耐えぬく共同体を説くために，ニックリッシュは大胆にも経営学の枠を超え，ドイツ観念論哲学にその基礎を求め，したがって哲学的世界観から議論を解き起こした。

　しかし，こうした彼の思想は，やがてナチズムと結びつき，彼の戦争に耐え抜く共同体思想は第二次世界大戦中に花開いた。ナチスが彼の思想を利用したのか，あるいはニックリッシュがナチスを利用して彼の考えを広めようとしたか，わからない。いずれにせよ，ニックリッシュはナチスに入党していたことは事実である。しかし，ドイツは敗北した。それゆえ，戦後，ニックリッシュは不遇な境遇に置かれた。そして，何よりも経営学という学問自体も存亡の危機にさらされた。「戦争に導くような学問は必要なのか」「なぜそのような学問

I　管理の誕生

が存在するのか」「そのような学問は不要である」という議論が，戦後，西ドイツで巻き起こった。こうした中，ニックリッシュはドイツ経営学の主流から完全にはずれ，それほど目立った活動をすることもなく，1946年に永眠した。

さて，ニックリッシュの代表作である『組織』は，戦争に耐え抜くためのあるべき組織について語るきわめて哲学的な研究書である。彼によると，戦争を貫徹するためにはすべての国民が協力すべきであるとする。そして，何よりもドイツ国民全体が戦争を貫徹し，戦争に耐えるための究極的基礎は「義務意識」であることから解き起こした。ニックリッシュによると，ドイツ国家存亡の危機において，ドイツ国家のために個々人が自らの生命を犠牲にすることがドイツ国民の義務であると説いた。つまり，彼によれば，個人にとって義務とは個人が全体としての国家のために犠牲になるという意識をもつことだと説明したのである。

この個人と全体との関係をもう少しわかりやすく説明するために，ニックリッシュはアメリカで展開されていた経営学のように人間を機械的存在とはみなさなかったし，また人間を感情の動物ともみなしていなかった。何よりも，人間の本質は有機的に作用する力，つまり「精神」であると主張した。すべての人間は精神的存在であり，したがって同じであり，一体であり，それゆえ本来，全体でもあるとした。しかも，この精神的な全体は無限の広がりをもち，それを制約するものを外部に一切もたない。この意味で，精神的全体は無制約の自由をもち，制約されるものを外には一切もたない完全に自由な存在でもある。

ここで，もし精神が世の中でもっとも存在感があり，もっとも価値があり，無制約の自由をもつならば，個々人はこの全体としての精神の中に位置づけられることなくして，その存在もその価値もその自由ももちえないことになる。ニックリッシュによれば，個々人が物質的存在以上の精神的存在であることを自覚し，全体の中で有機的に活動し，全体の中に個々人が位置づけられ，精神によって拘束され，精神として活動することによって，個々人ははじめて実在的となり，価値ある存在となり，自由も実現されると考えた。

では，個々人はより具体的にどのようにして精神的全体に関係づけられ，全体の中に位置づけられることになるのか。ニックリッシュによれば，一方で人

間はさまざまな欲求に従って，たしかに動物のように行動しているとする。他方，人間には「**良心**」という自らが本来精神的存在であることを直接意識する直接自己意識があるとする。したがって，この良心の声に耳を傾け，良心によって高く評価される欲求だけに従って行動することによって，すべての人間は物質的で動物的存在を超え，精神的存在として行動し得，全体化し，有機体の一部になると考えた。

したがって，この意味で，以下のような命題をニックリッシュは「**自由の法則**」と呼んだ。「自由であることは，良心に従って意欲し，行為することである」。換言すれば，個人が自由であるためには，全体としてのドイツ精神のために行動せよ，という良心の声に従って行動しなければならないということである。この良心の声に従って全体の中に位置づけられることなくして，個々人はどのような実在性も価値も自由も得ることができないのである。

しかも，ニックリッシュによると，良心によって評価される具体的な欲求として，以下のような欲求があるとした。

(1) 精神的存在として維持したいという欲求
(2) 全体として愛情の中で一体化したいという欲求
(3) 全体として公正に秩序的に作用したいという欲求

これらのうち(2)と(3)の欲求にもとづいて，ニックリッシュは規範的な組織法則として「分業化するとともに一体化すべきである」という「形成の法則」を導出し，また欲求(1)にもとづいて「最小費用で最大成果を達成すべきである」という「維持の法則」が導出されるとした。

これらのうち，「形成の法則」からさらに企業における労資共同決定を実現する経営協議会の考えが展開され，これが現代ドイツの**共同決定法**の基礎であるといわれている。また，「維持の法則」から，ニックリッシュの企業の成果利益の労使共同分配論も展開される。

以上のように，心の中にある良心の声に従ってドイツ国民一人ひとりがドイツ精神のもとに全体化し，一体化して行動することによって個々人は全体精神がもつ存在感，価値，無制約な自由の恩恵に与れるということ，これがニックリッシュの自由人のための共同体論であった。もっと簡単にいえば，ニックリ

I 管理の誕生

ッシュによれば，自分を犠牲にして全体に拘束されることによって全体がもつ実在性，価値，そして自由が実現され，そのような全体の実在性，価値，自由に個人も与れると考えたのである。

　ニックリッシュは，このような個々のドイツ人の行動が最終的に完全無欠な千年太平王国をドイツにもたらすということ，つまり戦争に耐えぬく永続的な国家共同体を形成することになると考えた。したがって，そのために，企業では国家の利益のために企業家と労働者がともに調和的に協力することが義務の発現となるとした。そして，何よりもこのような義務観念を分析し，説明することこそが私経済学としての経営学の課題であるとした。したがって，経営学は決して「金儲け学問」ではないということ，これがニックリッシュの主張であった。

◆ ニックリッシュとの対話 ◆

Q 「経営学は，金儲けのための学問とは異なるのか？」

A 「私どもが教育と研究において注目するのは，企業者ではなくて企業であります。そして，収益性概念を通じて，業務利益の概念がわれわれにとって独自の意義を有することになります。しかし，このことを確認した後に直ちに指摘しておかなければならないことがあります。それは利益（Gewinn）と利潤（Profit）は私どもにとっては同一のものではなく，利益は経済法則と本質的な関係にあるものですが，利潤はそれが欠如しているということであります。利益は，企業で働く諸力の真の給付と常に等しいものですが，しかし利潤は――ペテン，詐欺や他の同様の手段によって――直接作り出されるものであります。ここでさらに強調しておかなければならないのは，私たちにとって第1に重要なのは企業者資本の収益性ではないということであります。企業者の営利追求は，ここで考えられている概念と直接関係ありません。間接的には，もちろんあります。しかし，それは職員や労働者ならびに他企業（仕入先，販売先，競争相手）の利害も含めたものが関係するのです。経営科学・私経済学

においては，全企業収益性という概念が支配しているのであります。資本について論じる場合には，総資本収益性の概念が，労働について論じる場合には，企業者の労働だけではなく，経営内で給付される総労働の収益性の概念が支配しているのであります。」

(「利己主義と義務感」『ニックリッシュの経営学』大橋昭一編，渡辺朗監訳，同文舘，1996年，122～123頁)

▶これは，ニックリッシュがマンハイム商科大学の学長として記念祭におこなった講演の一部であり，1915年に学術雑誌に掲載されたものである。当時，産業革命に遅れたドイツは先進国化政策の一環として産業人教育を重視し，その具体的な政策として各地に商科大学が設置され，しかも新設学問として経営学が登場した。しかし，当時，経営学の正式な名称はなく，一時的に「私経済学」と呼ばれ，多くの経済学者から「金儲け学問」と批判され，そのような学問は不要であるという厳しい状況に置かれていた。こういった批判にたいして，ニックリッシュは経営学が企業経営者の利潤獲得のための学問ではなく，経営者，従業員，労働者，取引企業などの全体経済を支配する法則を研究する学問であると主張している。さて，今日，私たちが学んでいる経営学はどのような学問なのだろうか。金儲けの学問とどこが違うのだろうか。一度考えてみる必要があるかもしれない。

Q「戦争を耐え抜くような強い組織を形成する人間とはどのようなものか？」

A「人間は精神である。すべての人間は精神であり，したがって一つ，つまり人類であることを，人間は自発的に意識している。人間には種々な程度においてこの意識が与えられているということ，また一人二人の人間いやおそらく多数の人間が精神的に乱れた生活のためにこの意識を消失してしまったということは，この原則の真なることを毫も変えるものではない。この意識において，人間は人類と結びつき，この人類を通して自己ならびに他のすべての人間と結びついていることを知っている。人間はこの意識において肢体であると同時に全体であること，すなわち人類である全体と人類の肢体を同時に知っているのである。この意識によって人間は組織可能な組織人となるのである。精神が『自己活動的に自己を意識している』ことが良心（Gewissen）である。人間にはこれを除いては直接自己意識はない。」

Ⅰ　管理の誕生

(『組織』鈴木辰治訳，未来社，1975年，32～33頁)

▶この文章は，第一次世界大戦で敗れたドイツを深く反省し，ドイツが再び復活するために，ニックリッシュが考え出した戦争に耐え抜くための強い組織の研究書『組織——向上への道』の1節である。ニックリッシュは，ドイツ観念論に強い影響を受け，強い組織を形成する人間の究極的本質が精神であると考え，それはすべての人間に共通するという意味で全体であると考えた。ニックリッシュにとって，世の中でもっとも存在感があり，もっとも価値があるのはこの全体である精神であった。それゆえ，個々人は自らの本質が精神であることに気づき，この全体の一部として有機的に行動することによって，その存在感を獲得でき，その価値を得ることになると，彼は主張した。このような考えは，今日，全体主義と呼ばれ，その代表者はドイツ観念論の代表者であるヘーゲルである。しかし，ニックリッシュは自分の主張はあくまでカントの自由の哲学にもとづいていると主張し続けた。はたして，これは本当なのだろうか。

◆ 用語解説 ◆

(1) **良心** [Gewissen]　ニックリッシュは，人間の本質は物質的なものでも心理的なものでもなく，すべての人間の本質は精神であると考えた。もちろん，人間には動物的な側面もあり，そのような多くの欲求をもっている。しかし，人間には，人間が本来精神的存在であることを，直接意識している直接自己意識があり，その意識を「良心」であるとした。そして，この良心を通して，人間の中にあるさまざまな欲求は評価され，良心によって評価される欲求に従うことによって，個々人は精神的全体つまりドイツ国民全体と精神的につながることができるとニックリッシュは考えた。そして，彼は，このような良心をもたず，全体に関係づけられず，自分の欲求だけを追求しているのはユダヤ人だと非難した。この点に，ナチズムとの接点があった。

(2) **自由の法則** [Gesetz der Freiheit]　ニックリッシュによると，人間の本質は精神であり，それは世の中でもっとも価値があり，もっとも存在感があり，肉体は単なる現象にすぎない。すべての人間は精神的な存在であり，しかも精神は無限の広がりをもつ全体でもあり，自分の外に制約されるものを一切もたない無制約に自由な存在である。ニックリッシュは，このような精神は世の中でもっとも存在感があり，もっとも価値があるがゆえに，どんな個々人もこの全体としての精神に関係づけられることなくして存在感を得ることができないし，どんな価値ももちえない。しかも，精神的自由も得ることはできない。逆にいえば，そのような精神的存在と関係してはじめて人間は存在感と価値と自由をもつことになる。それゆえ，この精神と個人を一体化させる「良心」の声に個々人が従うこと，これによって個々人は全体精神の自由に与るこ

とになるということ，これを「自由の法則」と呼んだ。このような考えは，決して非現実的なものではない。今日でも，なおこのような考えは存在している。

(3) **共同決定法** [**Mitbestimmungsrecht**] 労働者が企業経営に参加することを定めたドイツの法律のことであり，労働者代表が出資者（資本家）側と同じ条件で，経営についての決定をなす権限を保障する法律のことである。たとえば，この法律では日本やアメリカでいう「取締役会」に対応するドイツ企業の最高意思決定機関「監査役会」のメンバーに半数の労働者代表を参加させることを規定している。この法律は基幹産業内の企業を対象に1951年にはじめて西ドイツで制定され，「モンタン共同決定法」と呼ばれている。その後，1976年にその適用対象企業を拡大する拡大共同決定法が成立した。この労資共同決定法に理論的基礎を与えたのが，ニックリッシュの学説であるといわれている。

◆ **より深く学ぶために** ◆

〈基本文献〉
　『経営経済原理』木村喜一郎訳，文雅堂，1930年
　『組織――向上への道』鈴木辰治訳，未来社，1975年
〈入門・解説書〉
　『ドイツ経営学説史』海道進・吉田和夫編著，ミネルヴァ書房，1968年
　『ドイツ経営学　市原季一著作集（Ⅰ）』市原季一，森山書店，1985年
　『ドイツ経営学入門』岡田昌也・永田誠・吉田修，有斐閣，1980年
　『ニックリッシュ――人と学説』市原季一，同文舘，1982年
　『ニックリッシュの経営学』大橋昭一編，渡辺朗監訳，同文舘，1996年

（菊澤研宗）

I　管理の誕生

> COLUMN　パートナーシャフト経営
>
> # フィッシャー
> (Guido Fischer: 1899-1983)
>
> 　ドイツ経営学における学問的な伝統の中で注目すべきもののひとつに，「人間」問題の重視という姿勢がある。前で取り上げられたニックリッシュ（→50頁）などは，その先駆者として位置づけられる。このギード・フィッシャーもまた，企業ないし経営での「人間」問題に強い関心を寄せてきた研究者のひとりである。邦訳されている著作としては『労使共同経営』（清水敏允訳，ダイヤモンド社，1956年）と『経営経済学』（清水敏允訳，日本能率協会，1957年）がある。このほかにも，経営管理や経営政策，経営組織，人事・労務管理などの幅広い領域について数多くの著作を公にしているが，ドイツの経営学者の中でも特にアメリカの管理論を積極的に摂取しつつ，独自の理論体系を築いている点に彼の特色がある。
>
> 　とりわけ，フィッシャーの理論において知られているのが，『労使共同経営』において詳細に論じられている「パートナーシャフト」（パートナーシップ）という発想である。フィッシャーはパートナーシャフト思考の基礎として，個人主義と集団主義という2つの発想にみられる極端な点を取り除き，肯定的な点を結びつける「二元主義」を提唱する。ここで注意しておきたいのは，彼が「個人」を出発点にしている点である。共同体が前提として先にあるのではなく，個人があってはじめて共同体が成立するという考え方に立っているわけである。
>
> 　この考え方に立脚して，フィッシャーはパートナーシャフト経営（労使共同経営）を「精神的基礎」「組織的方策」「成果や実体への参加」という3つの柱から展開している。彼はこの理論構想において，経営共同体の精神的な基盤にもとづいて，どのように具体的な組織を形成してゆくのか，さらには成果をあげた場合にいかにして配分をおこなうのかといった点について詳細に主張を展開している。
>
> 　フィッシャーの主張にたいしては，つねに「規範的」という批判がつきまとう。たしかに，彼の所説はキリスト教のカトリシズムに根ざしており，規範的性格をもっていることは否定できない。しかし，単に空想的な規範論を振りかざしているわけではない点に注意しておく必要がある。フィッシャーはあくまでもドイツでの企業（経営）における現実をみつめ，そこで生じている労使間での協調や信頼の重要性を認識したからこそ，パートナーシャフト経営を提唱したのである。最近の経営学において，信頼という要素の重要性が再認識されていることを考えれば，フィッシャーの所説はあらためて読み返されてよいであろう。　　　　（山縣正幸）

• 組織の諸原則 •

ブラウン

(Alvin Brown: 1893-没年不明)

◆ 人と業績 ◆

　アルヴィン・ブラウンは，1893年12月17日生まれである。彼の経歴については詳しい文献が今では見当たらないが，1958年までは実業界で活躍していた人物である。退職後は，さまざまな会社のための特殊研究や分析に従事していたとされる。彼は，Johns-Manville Corporation で財務担当副社長をしていた1947年に Prentice-Hall から *Organization of Industry*（『経営組織』）という主著を出版していることから，実業界に従事しながら，その実践の中で彼自身，問題解決の必要に迫られて書いた書物であることが容易に理解できる。

　彼は「経営者として勤めているうちに，当然，私は時として組織上の問題にぶつかった。これらの問題を解決するにあたって，あまりにもその場当たり的で，方法的でなかったように思う。そのうちに，私は自分の原則の支持をもっていないことに，気づくようになった。そういう支持は，経営管理の他の側面では，必要なものと，自分も承知しているのである。私はまた，自分が経験したところでは，組織の諸原則を包括的に述べたものに，出くわしたことがないことに，思いいたった。……もとより，立派な経営活動が企業にとっての第一の必要事である。組織が果たす機能はただただそういう**経営活動**を促進するにすぎない。そこで，私は経営活動の諸用件を分析し，そこから組織の諸原則をひきだそうと思いたった」（『経営組織』5頁）のである。こうして彼は，彼独自の「組織の諸原則の一般論」ともいうべきものを世に送り出した。彼によれば，当時，実業家・組織論者の陥りがちな最大の誤謬は，あまりにも，組織の現存形態にたよりすぎていて，現存するものを超えて改良しようとするすべを知ら

なかったという。また，現存形態がこれを用いている企業に適当だとしても，それが他の企業にとっても最適だとは必ずしもいえない。しかし，組織の諸原則は，どんな企業の形態にも適用できるのであり，これらの原則をもっと有用にしたいというのが彼の意図するところだった。そこで，彼は，各種の人間活動に共通する組織一般の原則の確立に努めたのである。

ブラウンは，まず，組織構成員の責任と，諸責任間の相互関係を規定する経営組織が**権限委譲**の連鎖によって形成される過程を理論的に解明し，この権限委譲の連鎖という論理から組織原則を確立することによって，独自の経営組織論を展開した。

わが国におけるブラウン理論の代表的研究者である故・安部隆一によれば，アメリカにおける組織論を学ぶとすれば，ブラウン理論の研究からはじめるのもよいという。ブラウン理論は戦後のわが国にすでに相当の影響を与えており，原則そのものは論理的に一貫し，しかも，多くの図表を使用し，わかりやすいものとなっているためである。また，ブラウンは，バーナード（→131頁）理論が，社会的な全体論的なものを重視しながら，しかも個人の立場を貫くのにたいし，組織を過程，または，手段として捉え，とりわけ個人責任のみを強調していることから，個人の立場を強調するブラウン理論からはいり，そして，バーナード理論やフォレット（→73頁）理論に進むのがよいということである。

◆ ブラウンとの対話 ◆ ─────────────────

Q　「組織とはどのように定義されるのだろうか？」

A　「組織は，『おのおの独立した諸部分が，それぞれ特定の機能・行動・部署をもち，かつ全体と有機的な関係を保持しながら，当該部分を整備ないし構成した状態もしくは様態』である。したがって，人間の身体も1個の組織なのである。また，科学は，1個の知識の組織体にほかならない。組織という言葉を一般的に用いる場合には，特殊的に産業に適用されるにとどまることなく，もっとずっと広く適用される。

上のように定義すれば，組織は1個の状態ないしは様態であるということができる。しかるに組織は，過程でもあるから『意識的・体系的な整序』としても定義できる。だから，組織という用語は，使用した手段と，その手段を使用した結果との双方を，ともにあらわすという二重の目的にかなうのである。本書にあっては，もっぱら協同的な努力を効果的にする手段，したがって1個の過程としての組織をとりあつかう。つまり，組織という語のもつ二重の意味からもたらされる混乱をさけるため，ここでは過程としての意味に限定することにする。そこで，その結果として生じてくる構造に限定する場合には，企業（enterprise）という用語を用いることにする。

そこで，組織と産業に適用すると，組織は企業の各成員が遂行すると期待される役割を規定し，そしてこれらの成員たちの相互関係を規定し，彼らの協同的な努力が，企業の目的にとりもっとも効果的であるようにすることである。

むろん，法人が創設されると，企業が組織されたといわれる場合もあるが，それは組織という語の異なった用法である。法人組織は，たんに企業の目的を規定し，その活動の法的な根拠を与えるというにすぎない。組織という用語のもつ正しい意味での組織は，まだ着手されていないとはいわないが，たかだかその緒についたばかりである。」

（『経営組織』安部隆一訳編，日本生産性本部，1963年，29～30頁）

▶これは，第2著作 *Organization of Industry* の第1章部分であり，組織そのものを論じている部分である。組織を広く捉えれば，a state or condition をいう場合と，a process を意味する場合とがあるが，ブラウンにおいては，前者は企業（enterprise）と呼んで後者と区別し，後者のみを組織とする。このように術語の使い方の厳格なこともブラウンの著しい特徴なのである。さて，プロセスとしての組織は，目的（purpose）とこれを達成するのに必要な諸努力としての経営（administration）を前提とし，この諸努力を個人に分割し，それらの間の関係が規定するものとして把握される。purpose—administration—organization という順序になるわけである。そして，個人の努力とそれらの関係が規定され，組織が確定した後に，personnel が決まるのである。

I　管理の誕生

Q　「組織における責任・権限とは何か？」

A　「企業のある成員が責任を引き受けた以上は，責任はあくまでも当該成員に帰属し，他の何人に対しても帰属することはない。このことは，責任のどの部分についてもいえる。……各成員は，諸他の成員の責任と区別された別個の，自分自身の責任をもつ。責任はもっぱら個々人に帰属する（原則8）。……責任は，組織行為によって，個人のいかんに関わりなく，規定されたのである。だから，特定の個人が行使することを条件として，責任が存在するとしたのではない。責任の性質は，責任を遂行する人が変わったからといって，変化することはない（原則10）。……責任の委譲は，経営活動において個人が担当する部分を創出する。ある人が責任をうけとるのに先立って，責任は規定または規程によって現存する。……またこのときに，責任は2つの他の側面をとることになる。すなわち，努力の規定と相並んで責任は，遂行の義務，および遂行のための権限ともなる。責任のこれらの諸属性は，創案や協定に属する問題なのではなく，責任の根源から生じてくる明白な結果である。義務と権限に固有の諸関係は，責任の委譲によって自動的に生ずる（原則12）。企業の各成員は，規程された自分の担当する部分を遂行すべき一個の義務（obligation）を受諾したものと考えなければならない。責任を受諾すれば，その責任を遂行するという責任と同量の義務が生ずる（原則17）。……組織の義務を受諾すると，その人は当然当該義務を遂行する力をもたねばならぬ。責任を遂行する力をもたないで責任をひきうけることが無意義なのは，責任を遂行する意思をもたないで責任を受諾するのが無意義であるのと同様である。組織は経営活動の諸部分を規定するのであるが，諸成員が当該部分を遂行する上での力を有しない限りは，かかる規定を行っても何にもならない。この力を権限（authority）という。各責任には，これと同量の権限が付着する（原則24）。」

（『経営組織』安部隆一訳編，日本生産性本部，1963年，45～55頁）

▶この責任の把握は，ブラウン理論のかなめ石となっている。責任とは，企業の特定の成員に割り当てられたところの経営の当該部分をいい，つねに個人に帰着するのであり，これを他人と相分かつことができず，かつまた，ひとつの「客観性」をもってい

て，これを遂行する人が替わってもその性質を変えないものである。ところで，責任の委譲は，一般的に上から下へ，責任の連鎖にしたがってなされるのであるが，権限と絡んで問題とされるときがある。それは，バーナードがいう権限受容説（acceptance-theory）に示される，委譲を受ける側から，つまり，下から上への線が無視されがちとなるという問題である。しかし，ブラウンに従うまでであり，しかも，この考え方はわが国においてもきわめて類似した考え方として多く採用されている。さらに，ブラウンの権限の考え方は，遂行力を示す点がユニークであり，責任と連関する物と人との関係を広く含み，特に，人については，委譲者の権限は，受任者の義務を強いる（enforce）力となる。そして，この力は結局，監督（supervision）という形に転化されるものである。ブラウンの理論こそが，ウェーバー（→3頁）のいう近代的な官僚制を，その内面から経営学的に分析したものであるといえるのではないだろうか。

◆ 用語解説 ◆

(1) **経営活動**　アドミニストレーション（administration）と呼ばれ，①企業の目的を達成するための企業諸成員の努力を示す。②時としては努力のうちにその性質上監督的な部分を指すために管理的な部分を意味するものとして用いられる。ブラウンにおいては，①の意味において捉えられていることから，マネジメント（management）という言葉は使用していない。
(2) **産業組織における権限の委譲**　産業組織でいえば，もともと権限は株主がもっていて，そのうち一部を留保して，残部の権限を取締役会に委譲し，取締役会はまたその一部を留保して残部を代表取締役社長に委譲し，社長はさらにその一部を留保して，各部長に委譲するというように，上から下へと権限の委譲がおこなわれる。

◆ より深く学ぶために ◆

〈基本文献〉

Organization: A Formulation of Principle, Hibbert, 1945.
Organization of Industry, Prentice-Hall, 1947.

〈入門・解説書〉

『経営組織』（アメリカ経営学大系2）安部隆一訳編，日本生産性本部，1963年
『米国経営学（中）』（経営学全集第4巻）安部隆一ほか，東洋経済新報社，1957年

（小原久美子）

I 管理の誕生

・管理の「原則」の探究・

クーンツ＝オドンネル

クーンツ

(Harold D. Koontz: 1908-1984／
Cyril O'Donnell: 1900-1976)

◆ 人と業績 ◆

　第二次世界大戦は，膨大な生産能力の動員とさまざまな技術の発展を促した。戦後，こうした生産能力と技術革新を背景としてアメリカの企業組織はより一層大規模化し，ビッグ・ビジネスをマネジメントする経営者の役割と責任はきわめて重要なものと考えられるようになった。このような状況の中で，より有効なマネジメントを可能にするような「理論」や「原則」の必要性が意識されてくるのである。

　マネジメントのこうした「理論」や「原則」の構築はファヨール（→11頁）に始まるが，その現代的な発展において重要な貢献を果たしたのが，ハロルド・D・クーンツとサイリル・オドンネルである。2人とも，カリフォルニア大学ロスアンゼルス校経営大学院で教鞭をとった。クーンツは学者肌であるが人懐っこい大衆的なにおいの強い人物であり，一方オドンネルは哲学者然とした貴族的な感じの強い人物だったと評されている（『経営管理の原則(1)』訳者序文）。管理者の職能や職務の過程，いわゆる「管理サイクル」の視点から管理を論じる一連の理論的系譜に「管理過程論」という名称が与えられることとなったのは，クーンツの業績によるものである。彼らをアメリカの管理過程論の代表的研究者といってよいだろう。

　クーンツとオドンネルは「管理の分野ほど人間の活動の分野で重要なものはない」とする。現代文明は「協働的な努力の文化」の所産であり，「ビジネスであれ，政治であれ，あるいは教会，慈善団体，あるいはその他の形の組織体であれ，組織体の目標を達成するために人々が協働する際の能率は，主として，

管理的な地位を有する人々の能力によって決定される」ようになった。その結果「管理の能率改善」が重要視されるようになり，「管理の実際的な技法に科学的なメスを入れることを促進するところとなった」のである（『経営管理の原則(1)』序文）。

　管理の科学的知識の発展という点では，過去に「多くの実務家及び管理の研究家が，管理のプロセスの基底に，ある種の原則のあること」を明らかにしてきた。しかしそうした原則は断片的で，相互に関連しておらず，「体系的に結合させるべき，一般に承認された枠組」が欠如していた。こうした問題意識から，クーンツとオドンネルは「管理の基本的な知識を秩序だてて紹介するための概念的な枠組を提供する」ため，『経営管理の原則』（1955年）を著した（『経営管理の原則(1)』序文）。

　クーンツとオドンネルは，管理とは一般的に「人々を通じて物事を成し遂げる職能」であり，その本質的な課題は効果的な協働の環境をつくり上げること，すなわち「集団の目的を達成するうえに必要な組織的な努力のための内的環境を作る仕事」と定義する。ここから彼らは「管理の基本的な知識を分離するための論理的な枠組」として管理者の職能を「計画化」「組織化」「人事」「指揮」「統制」という一連の過程からなる活動と考え，「管理活動のもたらす結果を予測するに当たって価値があり，一般的な有効性をもった基本的真理」として「管理の原則」を展開した（『経営管理の原則(1)』序文，第1章）。

　クーンツ＝オドンネルの研究は，しばしば誤解されるように「原則」を単に列挙しただけのものではないし，「原則」を「唯一最善の法則」として提示するといったものでもない。彼らは経営管理が環境要因との相互作用において遂行される活動であることを十分に意識しながら，「管理の諸原則」を体系化することで，独自の「管理の科学」を構築しようとしたのである。

　また，経営管理論の理論的発展という点でも，クーンツは学説史上重要な貢献を果たした。彼は，1961年の論文でアメリカにおける管理理論の発展の様相を「マネジメント・セオリー・ジャングル」と評し，多様なアプローチが乱立し，もつれ合った状況にあるとした。クーンツが指摘した問題は経営管理研究においてきわめて根本的なものであったため，多くの研究者や実務家の耳目を

Ⅰ　管理の誕生

惹きつけた。彼は翌62年に「経営の統一理論を目指して」と題するシンポジウムを主催して，自身が属する管理過程学派を基礎として経営管理の統合理論の構築が可能であると唱えた。こうしたクーンツの指摘や試みはアメリカの管理研究の状況にたいする学界および実務界の意識的な再検討と反省の機会を提供したという点で，評価できるだろう。

◆ クーンツ＝オドンネルとの対話 ◆────────────

Q　「『管理』とはどのような活動なのか？」

A　「物理的・生理的・精神的な制約から，文明人は，大抵の場合目標を達成するためには他人と協働することが必要なことを発見した。……協働によって，かつ能率的に協働して目標を達成したいという願望は，企業，軍隊，宗教，慈善その他の社会的な目的と関係のある全ての集団活動にもあてはまるものである。共通の目的を達成するために公式的な組織をつくる場合，管理（マネジメント），すなわち集団の目的を達成するうえに必要な組織的な努力のための内的環境を作る仕事が存在する。これは非常に重要である。集団活動の調整に当たっては，管理者は計画し，組織化し，人事を行い，指揮し，統制することになる。」

(『経営管理の原則(1)』大坪檀訳，ダイヤモンド社，1965年，7頁)

▶1955年の『経営管理の原則』の初版において，クーンツとオドンネルは管理を「人々を通じて物事を成し遂げる職能」と定義したが，その後，版を改める中で，管理とはむしろ「協働環境の創出」であるとして，上のような定義へと表現を改めた。さらに，「協働環境の創出」という管理者の職能を把握するためには「環境の設計には目標を設定し，これを計画することが前提となること，組織によって仕事の分担を明確化し，体系化すること，人々を適切に評価し，選択し，訓練すること，忍耐強く，教え，導き，指導すること，業績を評価すること，計画からの逸脱を是正する手段を求めることが行われるものであること」(「知性あるリーダーシップへのたたかい」クーンツ『経営管理の原則(4)』大坪檀訳，ダイヤモンド社，1966年に補論として所収，145頁)を理解しなければならない。計画化，組織化，人事，指揮，統制という一連の管理職能

クーンツ＝オドンネル

はこのように理解されるのである。
　さらに，ここでクーンツとオドンネルは「管理」は企業のみならず，現代のあらゆる組織体の運営にとってもっとも重要な職能であると捉えている。すなわち，組織体の「管理」は現代文明の維持と発展によって必要不可欠の営為なのである。ここに現代社会を「組織社会」と捉えるボールディング（K. E. Boulding: 1910-93）と同様の認識をみて取ることができる。今日に生きる私たちの社会にとってもこうした「管理」のあり方はより一層重要になっているといえるだろう。

Q　「なぜ管理の『原則』が重要なのか？」

A　「管理の諸原則は管理の手法に非常な影響を与えているわけで，管理の簡素化と改善に大いに役立っているのは明らかである。人間が協働するあらゆる分野において，集団的な努力の能率というものは，機械の能率よりはるかに遅れており，したがって，管理の原則を応用することによって人類進歩の促進を図ることができることになる。……管理の原則が開発され，証明され，使用されうるようになれば，管理の能率は必ず改善されることになる。……管理者が経験からエッセンスを抽出し，異なった条件に存在する基本的な因果関係を捜し出し，これを認識することができるならば，この知識を新しい問題の解決に応用できることになるわけである。換言すれば，原則という点から処理すれば解決策は簡単になるわけである。経営管理学を原則の概念的な体系として理解することの価値は，そうすることによって，わからない問題を発見し理解しうるようにしてくれることにある。理論によってたえず変化しつつある環境の中で発生する将来の問題を解決することができるわけである。」

（『経営管理の原則（1）』大坪檀訳，ダイヤモンド社，1965年，14～15頁）

▶仕事を効率的に進めるために，あるいは直面する問題を効果的に処理するためにどのようにすればよいかということを，私たちは経験的に学ぶし，先輩や上司やさまざまな人々の経験から知ることができる。しかし，日常生活におけるこうした経験的知識は相互に関連づけられてはいないし，それらを体系化するような理論的基礎ももち合わせてはいない。
　管理研究の初期はまさにこうした状態であった。企業経営の現場での経験をもとに，多くの実務家によって経験的な原則が蓄積されてきたけれども，体系的な理論的枠組

I 管理の誕生

みが欠如していた。そのため，管理の質の向上や能率の増進，実務家に真に有益な管理の知識の提供，さらに有能な経営管理者の育成に必要な知識の伝達という点でいかにも不十分であった。組織体の「管理」が現代社会にとって文明的な意義を有する活動であることを考えれば，こうした状態は決して放置することはできない。管理の諸原則を統一的な概念的枠組みのもとに体系化し，そこから管理理論を構築するというクーンツとオドンネルの試みは，「管理の科学化」を進めることによって，実務家の管理能力の向上を実現するというプラグマティックな意図に導かれていたのである。

Q　「『マネジメント・セオリー・ジャングル』とはいったいどのような状況なのか？」

A　「現代経営管理理論の醸成期には，学問的な文献や研究が欠けていたのに，今や学問の殿堂においては，研究や執筆活動が氾濫し，その埋合せが行われている。これは興味あることであり，かつまた経営管理理論が未熟な青年期にあることの兆候以外のなにものでもないと思うのであるが，この氾濫に大変な量の異物と混乱が混じっているのである。F・テーラーの工場経営の管理に関する秩序ある分析，一般的な経営管理という観点からH・ファヨールが経験を反省して煮つめたもの，この二つから今や経営管理に関する研究は初期の時代を終わり，経営管理理論に対するアプローチとアプローチする人々によるジャングルの時代に入っていると思う。……経営管理の改善によって，大きな社会的な潜在能力の生まれてくるのをみてとっている実務家や観察者を困惑させているものは，むしろ経営管理理論のアプローチに色々な種類があり，混乱と破壊を招くジャングル戦がまき起こされているということである。」

(「経営管理理論のジャングル」クーンツ『経営管理の原則(4)』大坪檀訳，ダイヤモンド社，1966年，163～165頁)

▶1961年，クーンツは *Journal of the Academy of Management* 誌に "The Management Theory Jungle" と題する論文を発表し，アメリカにおける管理理論研究の状況に警鐘をならした。クーンツによれば，管理研究の領域には6つの主要な学派（school）が存在するが，各学派の間で，術語の用法や「管理」という概念の定義事体に相違と混乱がみられることや「原則」について誤解が存在すること，研究者相互の無理解といったことから「ジャングル」がもたらされていると指摘した。彼のこの論文は翌年の管理理論の統一に向けたシンポジウムにつながった。このシンポジウムにはそれぞれの

学派の代表としてデール（E. Dale: 1917-96），レスリスバーガー（→89頁），シュライファー（R. Schlaifer），サイモン（→139頁）といった研究者が参加し，クーンツの主張にたいする検討や批判，討論がおこなわれた。そのうえでクーンツは，自らが属する**管理プロセス学派**の枠組みを基礎として，各学派の研究成果を取り込む「折衷的なアプローチ」によって管理理論の統合が可能になると考えたのである。はたして今日の経営学研究の現状はクーンツが思い描いたとおりになっているだろうか。

◆ **用語解説** ◆

(1) **管理プロセス学派**　クーンツとオドンネルはファヨールに始まる自分たちの理論的アプローチを「管理プロセス学派」と名づけ，「経営管理を組織化されたグループによって，人々と協働し，人々をとおして物事をおこなうプロセスと考える」アプローチと定義した。その特徴は，管理者の職務のプロセスを分析し，管理のための概念的枠組みを設定し，原則を提示することで管理の理論を構築しようとするところにある。

◆ **より深く学ぶために** ◆

〈基本文献〉
『経営管理の原則(1)〜(4)』大坪檀訳，ダイヤモンド社，1965〜66年
『経営管理(1)〜(5)』大坪檀訳，マグロウヒル好学社，1979年
〈入門・解説書〉
『マネジメント思想の進化』D. A. レン，佐々木恒男監訳，文眞堂，2003年
『経営学史事典』経営学史学会編，文眞堂，2002年

（山中伸彦）

I　管理の誕生

COLUMN　品質管理

デミング

(William Edwards Deming: 1900-1993)

　デミングは，品質管理の優れた指導者として，第二次世界大戦後のわが国の産業復興に貢献したアメリカ人として知られている。現在でもおそらくわが国の一線のビジネスマンのほとんどが，彼や彼の名を冠した「デミング賞（品質管理に秀でた企業等に贈られる）」の名を聞いた経験がある，といっても過言ではなかろう。

　ウィリアム・エドワード・デミングは，1900年にアメリカのアイオワ州に生まれた。エール大学で物理学の博士号を取得した後，アメリカ農務省，国勢調査局で勤務している。彼の名が知られることになったのは，第二次世界大戦中にコントロール・チャートの考案者として知られるシューハート（W. A. Shewhart: 1891-1967）とおこなった統計的手法を用いた武器製造の品質向上の共同研究である。この研究によって，アメリカでは統計的品質管理の重要性が認識されるようになり，彼は1946年にニューヨーク大学の教授にも就任している。主著に *Out of the Crisis* (1986) などがある。

　デミングと日本とのかかわりをみると，彼は1948年にマッカーサーの招聘によって，統計調査のために初来日している。しかし，彼の名が日本の産業界に知られるようになったのは，なんといっても，1950年に再来日しておこなった品質管理にかんするセミナー以降であろう。このセミナーで，彼は統計的品質管理の基本を経営者やエンジニアたちに講義し，わが国の品質管理にかんする実務や研究に大きな影響を与えた。これによって，戦後の日本の産業界が国際競争力の源泉としてきた高品質・高信頼性と生産性の両立を支える礎を築き上げることに大いに貢献することになったのである。

　その後，日本の驚異的な経済復興においてデミングの果たした役割は，国際競争力の低下に苦しむ1980年代のアメリカでも大いに注目されることになった。アメリカでは，彼は日本での経験も活かして，自らの理論を深化させ，統計的手法を基礎とした品質管理の対象を経営全般に広げることで，あらゆる組織体の競争力の強化を目指すようになる。こうした彼の考え方は，TQM（総合的品質管理）に通じるデミング哲学と呼ばれ，そのエッセンスはデミング14原則として知られている。

（西岡　正）

II
人間の発見

マネジメントの原理	◎	フォレット
人間関係論の思想	◎	メイヨー
人間関係論の構築	◎	レスリスバーガー＝ディクソン
欲求階層説	◎	マズロー
X理論・Y理論	◎	マグレガー
達成動機	◎	マクレランド
人はなぜ働くのか	◎	ハーズバーグ
日本の経営	◎	アベグレン
組織と個人の統合	◎	アージリス
システム4	◎	リッカート
組織文化と人間行動	◎	シャイン

科学的管理法の登場以来，産業心理学の導入によって人事管理への注目が高まるが，内容的には職務分析，心理的検査，人事考課，教育・訓練・昇進にかんする基本方針の作成などであり，主なねらいは労働者の科学的選抜というものであった。職場における人間問題は，ホーソン実験（1924～32年）を契機に科学的管理法とはまったく異なる形で人間関係論として開花する。G. E. メイヨーらを中心におこなわれたウエスターン・エレクトリック社ホーソン工場での調査から得られた知見は，企業を社会的組織とみなし，組織には「能率の論理」にもとづく公式組織と「感情の論理」にもとづく非公式組織が存在し，両者を調和させることこそ管理者の職能だというものである。また科学的管理法で仮定された「経済人」仮説にかわり，人間関係論は「社会人」仮説という人間観を提示した。
　科学的管理と人間関係論の理論的中間に位置するのが，M. P. フォレットの「状況の法則」にかんする理論である。すなわち彼女によれば，組織における権限は機能とともに存在するものであり，管理プロセスとは，人間によって管理されるのではなく，事実によって管理されるものであり，また上から課せられた管理ではなく，多数の管理の相互関連を意味する（命令の非人間化）というものである。かくして管理や指導の基本は，人々の喚起，相互作用，統合，そして創発機能を内容とする動態的管理にある。
　人間関係論の研究分野は1950年代に入り行動科学として継承され，リーダーシップ，動機づけ論，さらには組織開発論として多彩な展開をみる。A. H. マズローの欲求階層説，D. マグレガーのＸ理論・Ｙ理論，D. C. マクレランドの達成欲求論，F. ハーズバーグの二要因（動機づけ・衛生）論など社会心理学を中心とする行動科学者たちの方法論的特徴は，経験科学的であり，仮説検証的かつ記述科学的であるとともにその学際性にあった。

・マネジメントの原理・

フォレット

（Mary Parker Follett: 1868-1933）

◆ 人と業績 ◆

　経営学の巨人ドラッカー（→219頁）は，メアリー・パーカー・フォレットを評して「マネジメントの予言者（prophet）」と表現する。マネジメントの予言者。この意味は，いまだ20世紀の曙の時代にあって，彼女が「マネジメント」を単なる人間操作の手法・技法ではなく，現代社会の政治，経済，社会を決定づけるきわめて重要な社会的機能，役割であることを，誰よりも早く，誰よりも広く，誰よりも明確に見通した哲学者，政治学者，経営思想家であったことを示している。

　フォレットのマネジメント理論の根底をなす組織原理は，企業などの産業組織だけでなく病院，教会などあらゆる組織の集団原理を解き明かすものである。しかし，それだけにとどまらない。彼女の組織原理は，これら単位組織のみではなく近隣社会，コミュニティ，さらには国家にいたるまで，あらゆる人間集団を貫く20世紀以後の新たな集団原理，組織原理を説くものとなっている。

　フォレットのマネジメント理論の射程の深さ，スケールの広さは，どこからくるのか。それは彼女の生きた時代背景と彼女自身の社会問題にたいする取り組み方，行動力からくる。

　フォレットは1868年，アメリカ，マサチューセッツ州ボストン市近郊の小さな町クインジーで生まれた。日本でいえば明治元年の生まれである。フォレット家は，イギリスのスコットランド系とウェールズ系の両系統をもつ古い家柄の出自であり，1800年頃ニューハンプシャー州からボストン地域へ移住してきた家族である。彼女は，セェア・アカデミックから1888年20歳でハーバード大

II 人間の発見

学アネックス（後のラドリッフ校）に入学し，最優等の成績で同校を卒業している。彼女が成人していく過程は20世紀初頭であり，世界的規模で産業化，工業化，都市化が急激に進んでいく時代である。欧米では民主主義，個人主義が喧伝され，産業化のもとに自由で平和な新時代が約束されるはずであった。

しかし，現実はどうか。工業化の進展にともない街路では遊楽にふけるアイデンティティを失った青少年がたむろし，コミュニティは崩壊しつつある。また，産業界では労使が対立し，相互不信の中で闘争が繰り返される毎日である。さらに政治的には人類始まって以来の世界的規模の大戦争，第一次世界大戦が勃発し，国家間の対立，相互不信が高まっていく。しかも，1917年にはロシア革命が起こるとともに，欧州諸国では群れと化した大衆が専制政治に迎合し始める時代である。フォレットは，こうした国家，社会，産業界，コミュニティ，近隣社会のあらゆる領域で人間の相互不信，対立，争いが繰り返される時代に，彼女の青春期，成人期を生きている。

フォレットのマネジメント理論の骨格は，こうした政治，経済，社会問題を直視することから形成されていく。しかし，彼女は最初からビジネス領域のマネジメントに興味をもっていたわけではない。出発は政治学である。彼女は大学時代に政治学研究に関心を示し，アメリカ議会政治にかんする書物を出版している。だが，注目すべきはその後の彼女の行動である。真の民主主義を実現するには，政治学による観念的な抽象論議ではなく，具体的な地域社会の中に入って，近隣住民の主体的参加による民主的な集団形成を実現するしかないと考えるにいたる。大学卒業後，彼女は約20年間にわたって地域で悩む青少年にたいするソーシャル・ケース・ワーカーとして問題解決型の独自の社会奉仕活動を続けている。それは，地域社会，近隣集団における人間不信，対立，争いを自ら実践的に解決していく社会活動であり，それまでの政治学の抽象論議からの決別でもある。日常生活に根ざした社会活動を通して，フォレットは「集団と個人」「組織と個人」のあり方，人間協働のあり方を実践的に体得していく。

フォレットが社会活動から産業界のマネジメントに関心を抱き始めるのは1920年代以降である。彼女がソーシャル・ケース・ワーカーの実践活動を通し

て導き出した新たな人間協働の原理，人間集団の原理は，単に近隣集団やコミュニティだけでなく，産業界にも共通する人間協働，人間集団形成の普遍原理であることが注目され始める。当時の代表的な産業界の団体であるテイラー協会やニューヨーク人事管理協会から講演依頼が相次ぐとともに，フォレットは当時の進歩的な経営者たちとの交流を深めていく。

ビジネス界の経営者たちとの交流の開始は，フォレットにとって大きな転機となる。これまで時事問題や解決困難な課題を経済学者や国会議員と論議する場合，フォレットにとって彼らの意見は抽象的で漠としており，現実問題を十分把握しきれていないとの不満があった。しかし，企業経営者との会合での議論はそれとは大きく異なる。彼らは抽象的な理論や独善的な意見を語るのではなく，実際に何をおこなってきたか，何を新たに創造しつつあるかを語り，人間集団の開拓的な仕事について自らの経験を語っている。フォレットは，ビジネス界の一部の意欲的な経営者たちが挑戦している新たな人間協働，人間集団の創造こそ，現実的であり，未来を切り開くものであると確信するにいたる。フォレットいわく，「企業経営は，私にとっては新しい国に行ったり，新しい山々に鉄道線路を敷設したりするのと同じように素晴らしい経験を与えてくれるように思えます」。さらに彼女はいう。「企業にとって最もすぐれているものであるとして発見された組織と管理の原理は，政治にも，また国際関係にも適用できます」と（『組織行動の原理』24頁）。

フォレットが築いた新たな人間協働の原理，マネジメントの原理が，単なる人間操作の技法・技術ではなく，社会科学として，現代の学として「経営学」「マネジメント理論」を位置づけるものであることが理解できよう。

あらゆる人間集団間の対立，闘争，相互不信が，国際関係であれ，地域社会であれ，産業分野であれ，あるいは家族間であれ，現代社会を特徴づけるものであり，その結果，戦争が繰り返され，地域犯罪が日常化し，労使対立，家庭内紛争が日常化していく。なぜ，このような対立，闘争が繰り返されるのか。フォレットは，これらの現代的諸問題の発生の根源は，近代以降の人間集団の形成の仕方，人間協働の新たなあり方，新たな集団原理が，いまだ形成されていないためだと捉える。近代以降，集団を形成する諸個人の知識，能力，職業

II 人間の発見

は従来の社会には想像できなかったほど徹底分化し、専門化していく。それぞれが個性をもち、異なった知識、能力をもった者の協働が一般化するのが近代である。そこには、おのずと意見の違い、知識の違いによる人間相互の対立、すなわち「**コンフリクト**」が生じてくる。専門分化した人間間の協働、互いの相違を前提とした集団形成に必ず生じるこうしたコンフリクトにどのように対処するのか、そこにどのような人間協働の新たな原理を見出すことができるのかが、現代社会の課題であるとフォレットは捉える。彼女は、これらの問題の解決の道を探るため、まず、政治学の領域へ、そして実践的解決法を求めて社会奉仕活動へ、そして最後にビジネス領域のマネジメントの中にその解決法を求めていく。国家から社会へ、そしてビジネスへという道のりである。

　フォレットは、現代の人間協働のあり方、組織形成の新たな原理を、実践的かつ創造的に模索、開拓しているのは企業経営者であり、この企業経営のマネジメントの実践から得るものが大であるとの認識にいたる。しかも、彼女は、ビジネス領域で実践され、得られた人間協働の新たな原理、マネジメントの原理は、社会領域、政治領域、さらには国際関係の領域まで射程に入れた組織原理、集団原理になりうると説く。したがって、フォレットのマネジメント論は、単にビジネスの領域だけでなく、社会、国家さらには国際問題をも解き明かす組織原理、集団原理となっている。そして、こうして得られた組織の原理、集団の原理をもって、近代社会に代わる現代社会の「新しい国家」像を描いていこうというのである。

　フォレットのマネジメント論は、こうした拡がりと深みをもつ。フォレットがこの世を去ってすでに70年以上が経過する。経営学、マネジメントの研究・著作の多くが技術論、人間操作の学としてひた走ろうとする現在、彼女の著作がマネジメント理論の名著として現在でも読み継がれているのは、彼女がマネジメントを、社会全体を見通せる現代の学として位置づけた最初の経営思想家であることに由来する。最後に、再びドラッカーのフォレット評を引用したい。

「フォレットはマネジメントという天空にあって一際輝いている星であった。」

（『M・P・フォレット　管理の予言者』3頁）

◆ フォレットとの対話 ◆

Q 「集団と個人とはどちらが大切なのか？ また，就職したら会社の中で私の個性は失われてしまうのではないか？」

A 「われわれは，一方に個人をおき，他方に社会をおくことは出来ない。つまり，個人と社会の完全な相互関係を理解しなければならないからである。それぞれがバラバラでは何の値打ちもないし，個人なくして社会なく，社会なくして個人なし，であるからである。個人は，社会的過程によって創造され，日々，社会的過程によって養われており，自力で自らを形成した人などいない。われわれが個人として持っていると考えているものは，社会から得て個人に蓄積されたものであり，社会生活の土台になるものである。われわれは，いつも，環境から吸収し続けている。」

(『新しい国家』三戸公監訳，文眞堂，1993年，59～60頁)

▶フォレットは，「社会と個人」「集団と個人」「組織と個人」という二項対立的な考え方は幻想にすぎないという。また，実在するのは社会（組織）なのか，あるいは個人なのか，という問いも意味をなさない。両者とも等しく実在する，もっと正確にいえば，唯一実在するものは，両者を創造する「お互いの関係」であるといい切る。

　人間は生まれもって個性をもっているわけではない。社会から影響を受けながら自分を形成していく。また，逆に社会（組織）も固定した実体ではなく，個人から影響を受けながらつねに変化していく。個人と社会がともに永遠にお互いを形成し，お互いを創造し合う無限の相互作用こそが，社会（組織）にたいする個人の関係であるとフォレットは説く。

Q 「会社や組織は，メンバーのそれぞれが多様な考えや行動をとっていたのでは秩序は保てなくなるのではないか？」

A 「画一性（uniformity）ではなく，統一性（unity）こそわれわれの目的であらねばならない。多様性を通じてのみ統一性を達成できるのである。諸相違は全滅させるものでも，吸収してしまうものでもなく，統合されねばならない。無政府状態というものは，組織されていない，関連性を持たない相違のままの状態のことを意味している。調整され，統合された相違は，完全な社会

Ⅱ　人間の発見

秩序をもつことからわれわれの理想的なものに属する。われわれの対立者を避けることを，われわれは望んでいるのではなくて，『速やかに彼と合意する』ことを，われわれは望んでいる。しかし，われわれは，合意する技術を学ばねばならない。われわれを分かつものとして相違を考える限り，われわれは相違を嫌うようになるであろう。われわれを統一するものとして相違を考えるなら，われわれは相違を大切にするようになるであろう。違ったものを自分達から締め出すのではなくて，違ったものを持っているがゆえに，われわれは相違を歓迎すべきであり，その相違を通して生活をより豊かなものにするがゆえに，われわれは相違を歓迎する必要がある。……より大きな概念の中に寄せ集められていく全ての相違は，社会を育て，豊かにするものである。無視されたままでの相違は，社会という土壌では育ちはするが，結果的には社会という土壌を腐らせてしまうこととなる。」

(『新しい国家』三戸公監訳，文眞堂，1993年，36頁)

▶組織や集団は，それを構成しているメンバーのそれぞれの意見や知識が異なるからこそ創造的な組織になりうるとフォレットは説く。人間集団，組織の形成の仕方は，似たもの同士，つまり「類似性」による場合と，互いに異なる者，つまり「異質性」によって形成される場合とがある。類似性をあまりにも重視する組織からは創造的なものは生まれてこない。フォレットは，それぞれの知識や意見の相違性，多様性，異質性があるからこそ，それらが**統合**されることによってより創造的な新たなものが生み出されていくと説く。分業，専門化が徹底化した現代にあって，相違性，異質性をいかに創造的に統合することができるかが，マネジメントにとっての最大の課題となる。

Q 「大学のクラブや職場などの集団の中で，リーダーは命令をどのように出せばうまくいくのか？」

A 「命令を与える場合に，あまりにも高圧的になることと，ほとんど命令らしい命令を与えないというこの二つの両極端をどのようにして避けることができるか。……私の考えている解決方法は，命令を与えるということから個人的つながりを取り除き，関係者全部を統合して状況の法則の研究を行ない，その状況の法則を発見してその法則に従うことである。……

ひとりの人間が個人として他の人間個人に命令を与えるべきでなく，双方と

もその特定の状況から命令を取り出すことに同意すべきである。もし命令が単に特定の状況の一部分になっておれば、ある者が命令を出し、ある者がその命令を受けるといった問題は起こらないわけである。つまり、双方ともその状況自体によって与えられる命令を受容する。雇主は状況によって与えられる命令を受容するし、被用者も状況によって与えられる命令を受容する。このようにすれば、工場全体にわたる経営管理全体に少しは異なった雰囲気をもたらすようになるのではないだろうか。」

(『組織行動の原理』米田清貴・三戸公訳, 未来社, 1972年, 83～84頁)

▶フォレットは、このことを「命令の非人間化」と呼ぶ。組織、集団の中では上司と部下、命令する者と、それに従う者という関係が成立する。ある意味で人間くさい、上下関係、支配・服従関係であり、生身の人間による生身の人間支配（命令の授与）である。フォレットは、命令ということから、こうした個人的な要素を取り除くべきだとする。組織の中でどのような仕事、業務を実施すべきかは、置かれている状況の客観的分析によっておのずと明らかになる。フォレットはこのことを「状況の法則」の発見という。上司であれ、部下であれ、属人的な要素に従うべきではなく、発見された事実としての全体状況の法則に従って行動すべきであるとする。フォレットは、これが「命令の非人間化」であり、ひいては「命令の再人間化」につながるという。

Q 「フォレットのマネジメントの考え方は、テイラーの科学的管理と共通するのか？」

A 「命令を非人格化する傾向があるということが、科学的管理の最大の貢献のひとつだと思う。ある見地からは、科学的管理の本質は状況の法則を発見しようと企てることである、ということができるであろう。科学的管理の下にあれば、経営幹部も作業員と同じように命令を受ける立場にある。というのは、いずれも状況の法則に従うからである。われわれの仕事は、どのようにして人びとを命令に服従させるようにすることができるかということでなく、特定の状況の有機的な一部分としての命令を最もうまく発見できるようにするための方法をどのようにして考え出すかということである。」

(『組織行動の原理』米田清貴・三戸公訳, 未来社, 1972年, 84頁)

▶フォレットのマネジメント論は、テイラーの科学的管理, とりわけテイラーリズム

Ⅱ　人間の発見

に共通するマネジメントの哲学，思想をもつ。テイラーの「経験から科学へ」というマネジメントにたいする精神革命論は，その基底でフォレットの「状況の法則」の発見につながっている。本書の「テイラー」（→19頁）の項を参照することをお勧めする。

◆ 用語解説 ◆

(1) **コンフリクト［conflict］**　対立，闘争，葛藤とも訳されるが，フォレットは，コンフリクトを人間相互の意見の「相違」，利害の「差異」と捉える。複数の人間が集まれば，意見の相違，差異があるのは当然であり，むしろ健康の証しではないかとフォレットは捉える。意見の違い，差異だけを表面的に考えれば，そこには対立，争いしか生まれない。フォレットは，むしろ，このコンフリクトを新たな考え，新たな意見が異なる次元で創造される契機と捉えるべきであるとする。人間集団，組織とは，意見の異なる者，知識の異なる者が集まって形成されるのであるから，このコンフリクトをどのような次元で理解し，利用するかがマネジメントのエッセンスであるとフォレットは捉える。
(2) **統合［integration］**　意見の相違や考えの違いが生じた場合の解決策のひとつとして「統合」がある。フォレットによれば，統合とは相対立する両者の意見，考えを無視するのではなく，両者の意見を新たな別の次元へと導く創造的解決方法であり，もっとも建設的かつ創造的な解決方法であるとする。私たちは一般に「統合」による問題解決ではなく，他者の意見にたいし自らの意見を押しつける「抑圧（支配）」という解決方法や，互いに自分の意見を控えて「妥協」する方法をとる場合が多い。これらの方法をとるかぎり，両者の不満は残ったままであり，建設的な解決にはならない。

◆ より深く学ぶために ◆

〈基本文献〉
『組織行動の原理――動態的管理』米田清貴・三戸公訳，未来社，1972年
『新しい国家――民主的政治の解決としての集団組織論』三戸公監訳，文眞堂，1993年
『M・P・フォレット　管理の予言者』三戸公・坂井正廣監訳，文眞堂，1999年
〈入門・解説書〉
『フォレット』（経営学――人と学説）三戸公・榎本世彦，同文舘，1986年
『管理とは何か――テイラー，フォレット，バーナード，ドラッカーを超えて』三戸公，文眞堂，2002年
『マネジメント思想の進化』D.A.レン，佐々木恒男監訳，文眞堂，2003年

（齋藤貞之）

• 人間関係論の思想 •

メイヨー

(George Elton Mayo: 1880–1949)

◆ 人と業績 ◆

　ジョージ・エルトン・メイヨーは，1880年にオーストラリアのアデレード市に生まれた。メイヨー家が医者の家系であったこともあり，メイヨーは当初医学の道を志したが道半ばで挫折し，心理学に関心を向けるようになった。メイヨーは，1910年にアデレード大学から心理学の学士を取得し，翌11年にはクイーンズランド大学で論理学，倫理学，心理学の講師として教鞭をとることになった。その後1922年に，メイヨーはオーストラリアでの精神病理学の研究がロックフェラー財団に認められ，同財団の支援のもとでアメリカにわたり，ペンシルベニア大学の研究員として産業疲労の研究に従事することになった。1926年にメイヨーは，ハーバード・ビジネス・スクール産業調査部の准教授に就任し，1947年に引退するまで産業社会研究に従事した。この間メイヨーは社会科学の分野においては初めての本格的な臨床実験となった**ホーソン実験**に途中から参加し，その成果をもとに職場の人間関係と生産性との関係を明らかにした人間関係論の思想的基盤をつくった。メイヨーは，ハーバード・ビジネス・スクールを退官した後イギリスにわたり，1949年に他界している。

　メイヨーは，人間の協働関係が崩壊している産業社会を批判し，原始協同社会でみられた協働関係を産業社会においても確保し，社会集団における自発的な協働を維持することが社会の安定につながると主張し，その担い手を管理者に求めた。

　メイヨーは，現代産業社会が解体する2つの徴候を見出している。ひとつの徴候は，不幸な個人の数が増大しているというものであり，もうひとつの徴候

Ⅱ 人間の発見

は，集団が形成された際に他の集団と協同しようとせず，それぞれの集団は敵対的関係にあるというものであった。メイヨーは，この根源を19世紀の経済学における人間観の誤りに見出したのであるが，そこでの人間観は，①自然的な社会は組織されない個人の群からなる，②すべての個人は，自己の利益を確保するために行動する，③すべての個人は，自己の利益を確保するという目的を達成するために論理的に思考する，というものであった。

メイヨーはこのような人間観を批判し，人間は協働を通じて個々人の欲求を満たそうとする協働本能をもっているという新たな人間観をうちだした。その際メイヨーは，社会集団は本来人間の目的を達成させるために物事を取り扱う**技術的技能**と，他人とのコミュニケーションを通じて，共通の仕事に協力して取り組む関係を確保する**社会的技能**という2つの基本的な能力を有していることを指摘した。そのうえでメイヨーは，技術的技能と社会的技能を同時に発達させる社会を**確立した社会**と定義し，そのような社会においては構成員が安定感や帰属意識をもちながら協働関係を維持していると主張した。

メイヨーは，産業社会が成立する以前の原始協同社会においては，確立した社会が半ば無意識的に維持されていたのにたいして，現代の産業社会においては，無意識的に技術的技能と社会的技能が同時に発達している情況にはなく，それどころか技術的技能の発達に比べて社会的技能の発達が著しく遅れていることを明らかにした。このような社会をメイヨーは「不適応社会」と定義した。

そこでメイヨーは，現代の産業社会が抱えている問題を解決するためには，これまでの不適応社会から，技術的技能と社会的技能を同時に発達させ両者の均衡を維持するために意識的に対応する**適応社会**に移行することが必要であり，そのことが現代産業社会を解体から救うことになると主張した。そのうえでメイヨーは，このような適応社会を発展させ，技術的技能と社会的技能の均衡を維持する役割を経営者や管理者にもとめ，彼らが意識的に人間の自発的な協働を維持する関係を確保することによって，安定した社会が実現すると主張した。

メイヨーはこのような社会観を人間関係論に具現化させたのであるが，その中心的な問題は，管理者が意識的に労働者の自発的な協働を維持する人間関係を構築することによって，職場の生産性を向上させるというものであった。こ

の考えは1930年代に理論化され、後にメイヨーの後継者であるレスリスバーガー（→89頁）らによって具体的な管理技法として確立されることになったのであるが、このような人間関係論の理論と技法は、1930年代から50年代にかけてアメリカの産業界に広く普及することとなった。これはまさに時代の要請と一致するものであったことを見逃してはならない。というのも、メイヨーが人間関係論の思想的基盤を確立した1930年代は、ニューディール政策を契機として労働組合運動が活発に展開し、いわゆる「ニューディール型労使関係」が確立された時代であったからである。ニューディール期に整備された一連の労働法制によって、それ以前アメリカの大企業に多くみられた労使協調を基盤とする会社組合（company union）が禁止されたことにともない、それらの企業は新たな対応を迫られることになったのである。すなわち、敵対的労使関係を回避しようとする企業は、労働者の自発的な協働関係を確保するというメイヨーの理論を積極的に受け入れようとしたのである。メイヨーが提唱した理論の骨子は部分的に現在の人的資源管理に受け継がれていることにもみられるように、メイヨーがその後の経営管理および人事管理の発展に多大な足跡を残したことは揺るがない事実であるが、その一方で反組合の思想的基盤を提供した理論家として捉えられている側面もあるので、この点を客観的に評価することも必要であろう。

◆ メイヨーとの対話 ◆

Q 「産業社会はどのような問題に直面しているのであろうか？」

A 「われわれの現代の主要な悩みは、かつてわれわれを有効に協働するように訓練してくれた社会規範が崩壊したことである。……現在の状態は、……社会が平衡を失ったとでもいうべきである。直面した問題が人間的、社会的問題であって、経済上の問題ではないという事実を慎重にみてとり、対処する施政者は、現在非常に少数である。世界中の各大学は科学上の専門家を発見して教育するためには、実にりっぱに整備されているが、新しい施政者を発見

II 人間の発見

し,教育することに心をむけはじめた大学は,まだ見あたらない。」

(『新訳 産業文明における人間問題』村本栄一訳,日本能率協会,1967年,203頁)

▶メイヨーは,産業文明が発展する以前の時代には,人々が協力して働く共同体が存在し,それは,人々の日常の行動を秩序づける共通の価値観ともいうべき社会規範にもとづいて運営がおこなわれていたと主張する。しかし,産業文明が発展するにしたがって,効率を重視する経済上の問題が重視され,その一方で,協働関係を軸とする人間的および社会的問題が軽視されるようになった結果,現代の産業社会は社会規範を失い,無秩序や無規範が支配的になった**アノミー**に陥っていることをメイヨーは指摘している。そこで,メイヨーは,このように混乱した社会を,人々が協力して働く社会にするためには,政治家や企業の経営者が,その役割を担わなければならないとしたうえで,彼らを教育する機関を大学にもとめている。さらにメイヨーは,そのような人々を教育する体制が決して十分なものではないこと自体が,現代の産業社会がかかえている大きな問題であることを指摘している。

Q「産業社会が解体するとすれば,どのような徴候がみられるだろうか?」

A「第一に,不幸な個人の数が増大するという徴候である。何らの直接の,又現実の社会的義務もなく,自分自身の殻に閉じこめられて,人人は不幸な,憑かれた個人的偏見の犠牲となる。……第二に,近代的工業社会における解体のいま一つの徴候は,……原始的社会に比してグループの組織が低い水準にあることに関連するものである。各種のグループが形成された場合,それらが全く他のグループと協同しようとする熱意を有しないことは,不幸にして,われわれの知る工業社会において全く特徴的な現象である。」

(『アメリカ文明と労働』藤田敬三・名和統一訳,有斐閣,1951年,8頁)

▶社会解体の第1の徴候として示されている不幸な個人とは,社会に適応できず強迫観念にとりつかれた人のことをいうが,具体的な形としては,精神病,自殺,犯罪といった形として現れる。第2の徴候として示されている低い水準にある組織とは具体的にいえば,科学や技術の急速な発達によって,社会的一体感や協働意欲を喪失し,敵対的な関係が蔓延する組織のことを指している。

メイヨー

Q　「人間が協力して働くことを妨げる要因としてどのようなことがあげられるだろうか？」

A　「人間の作業における協働がつづくというのは，原始社会においても文明社会においても，つねに人間相互の関係およびその態度を規制する非論理的な社会規範の発達に依存するものである。単に生産に関する経済学上の論理だけを強調することは，──とくにその論理がしばしば変わるものとすれば──，このような社会規範の発達を妨げ，そしてついには作業グループのなかに一種の人間の敗北感をひき起こすこととなる。この人間の敗北感は，低い水準における社会規範をつくることとなり，経済理論に対する反発を生ずるにいたる。その兆候の一つが『制限』である。」

（『新訳　産業文明における人間問題』村本栄一訳，日本能率協会，1967年，128頁）

▶人間が他の人々と協力して働くために必要な条件は，他人とコミュニケーションをとり合い，他人の態度や考えに対応するように訓練された社会的価値基準を人々が共有することである。そのことをメイヨーは「非論理的な社会規範」と表現している。ところが，経済的および物質的な論理が非論理的な社会規範に先行して発達するとき，人々は，経済的および物質的な論理にたいして，集団で生産を意図的に制限するという形で抵抗するようになり，本来の社会規範に比べて消極的な社会規範が形成されるのである。

Q　「職場の人間関係は，職場の構成員の勤労意欲にどのような影響を与えるだろうか？」

A　「職場を構成している個人は，単なる個人ではなく，一つの集団を構成し，その集団の内部において錯綜した各個人の関係，上役との関係および仕事ならびに会社の方針にたいする関係をもっている。ある特定の集団内のいわゆる『社会的不適合』という顕著な事件は，その個人のもともとの非合理性に関連するよりも，むしろ仕事にたいする，あるいは個人相互の常軌の関係に関連するものである。それほど有能でもなく，とくにすぐれた社会適合性をもっているというわけでもないが，その人に適し，その人を支持してくれる人間的環境のなかに働いているときは，有能にして正常な振舞いをするものであ

Ⅱ 人間の発見

る……。その反対に、きわめて有能にして正常な人が、不適当な環境のうちに働くときは、有能でも正常でもないように振る舞うものである。」

(『新訳 産業文明における人間問題』村本栄一訳,日本能率協会,1967年,122〜123頁)

▶「その人に適し、その人を支持してくれる人間的環境」とは、職場の人間関係が良好な状態にあることを示している。メイヨーは、職場における人間関係が、職場を構成する個々人の働き方に非常に大きな影響を与えるものであると考えている。そのうえで、メイヨーは社会に適合するか、しないかといったことは、個々人の行為が無駄なく能率的におこなわれているか、おこなわれていないかということによって決まるのではなく、職場の人間関係が良好な状態にあるか、良好でない状態にあるかということによって決定づけられると主張している。したがって、ここでは、職場の人間関係が良好な状態にあれば、個々人の能力が発揮され、正常な行動が保証されると述べられている。

Q 「産業社会が安定的なものになり、人々が安定感や満足感を得ながら協力して働くためにはどのような情況が望ましいのであろうか？」

A 「もし技術的技能が急激かつ迅速な作業方法の変革をもたらすものであるとすれば、これと均衡を保つために社会的技能を発達せしめ、生活方法においても、それに適合した社会的変化をとげねばならない。」

(『アメリカ文明と労働』藤田敬三・名和統一訳,有斐閣,1951年,41頁)

▶産業社会が安定的なものになり、社会の構成員が社会にたいして安定感、帰属感、満足感を得るためには、主に経済的および物質的な目的を達成するために必要な能力である技術的技能が発達するのと同時に、人々が自発的に協働する能力である社会的技能を発達させなければならず、しかも現代社会においてはそれを意識的に調整しなければ均衡の維持は実現できないというのがメイヨーの主張である。

Q 「産業社会においてはどのような管理者が望まれるのであろうか？」

A 「その管理者とは、比喩的にいえば、彼の対処すべき状況の局外に立つことの出来る人である。すなわち、将来の管理者は、人間的―社会的諸事実を現実的に理解し得るのみでなく、自らの感情や偏見にとらわれないことが必要である。彼は細心な訓練を経なければ、この能力を取得することはでき

ない。—その訓練とは，適切な技術的技能，作業の体系的秩序ずけ，並びに協同的組織に関する知識を包含するものでなければならない。」

(『アメリカ文明と労働』藤田敬三・名和統一訳，有斐閣，1951年，167頁)

▶メイヨーは，現代の産業社会は，技術的技能の発達と社会的技能の発達が無意識的に均衡していたこれまでの社会とは異なり，両者を意識的に調整しなければ均衡状態を保てないことを一貫して主張しているが，意識的にそれらを調整する担い手を経営者および管理者に求めている。メイヨーは，企業の経営者はこれまで経済的目的を達成することに力点を置いていたが，これからの経営者はそれに加えて意識的に組織の構成員の自発的な協働を確保するための具体的な知識を有し，それを活用していかなければならないと主張しており，この点がメイヨーの思想の根幹的な部分であるといえよう。

◆ 用語解説 ◆

(1) **ホーソン実験**［Hawthorne experiments］　アメリカのシカゴにあるウエスターン・エレクトリック社のホーソン工場において，1927年から32年にかけておこなわれた実験のことをいう。この実験に先立ち，作業をおこなううえで物理的条件が生産性にどのような影響を与えるかということについて調査するために照明実験（1924～27年）がおこなわれた。広義ではこの実験を含む。この結果，照明の明るさがどのように変化しても被験者の生産性はほとんど変わらなかったので，被験者の心的な情況が生産性に影響を与えたことが明らかになった。そこでこの問題をさらに分析するために，主に継電器組立実験，面接計画，バンク配線作業観察実験といった一連の実験がおこなわれた。この実験に途中からハーバード・ビジネス・スクールのメイヨーやレスリスバーガーといった研究者が参加し，実験成果を理論化したが，職場の生産性や作業能率に影響を与えるものとして，職場の人間関係の重要性，とりわけインフォーマルな人間関係が明らかにされ，後に人間関係論が発展する契機となった。

(2) **技術的技能と社会的技能**［technical skill and social skill］　技術的技能とは，人間の目的，とりわけ経済的目的を達成させるために物事を取り扱う能力のことをいう。これにたいして社会的技能とは，他人の考えや態度に対応する能力のことをいうが，具体的には他人とのコミュニケーションを通じて，共通の仕事に自発的に協力して取り組む関係を確保する能力のことを指す。

(3) **確立した社会と適応社会**［established society and adaptive society］　かつての原始社会にみられたように，技術的技能と社会的技能が半ば無意識的に均衡状態を保ち

II 人間の発見

ながら発達し,構成員も安定感と帰属感をもつことができた社会のことを確立した社会というのにたいして,技術的技能の発達と社会的技能の発達を意識的に均衡状態に保ちながら,科学や技術の変化に対応していく社会のことを適応社会という。メイヨーは,適応社会を発展させる担い手を経営者にもとめている。

(4) **アノミー [anomie]** フランスの社会学者であるデュルケーム (É. Durkheim: 1858-1917) によって初めて用いられた言葉である。アノミーとは,人々の日常生活や行動を秩序づける共通の価値規範が失われ,無秩序,無計画性,そして混乱が支配的になった社会のことである。言い換えれば,人々が集団のために自己の役割を全うするという生活に終止符が打たれた状態のことをいう。

◆ より深く学ぶために ◆

〈基本文献〉

『新訳 産業文明における人間問題』村本栄一訳,日本能率協会,1967年
『アメリカ文明と労働』藤田敬三・名和統一訳,有斐閣,1951年

〈入門・解説書〉

『やさしく学ぶマネジメントの学説と思想』渡辺峻・角野信夫・伊藤健市編,ミネルヴァ書房,2003年
『労務管理入門(増補版)』奥林康司・菊野一雄・石井修二・平尾武久・岩出博,有斐閣,1992年
『アメリカ経営組織論』角野信夫,文眞堂,1995年
『新版 人間関係と経営者』桜井信行,経林書房,1971年
『経営管理論の時代——テイラー主義からジャパナイゼーションへ』J. シェレドレイク,斉藤毅憲ほか訳,文眞堂,2000年
『マネジメント思想の進化(第4版)』D. A. レン,佐々木恒男監訳,文眞堂,2003年
『現代ビジネスの革新者たち』D. A. レン/R. G. グリーンウッド,井上昭一・伊藤健市・廣瀬幹好監訳,ミネルヴァ書房,2000年

(佐藤健司)

・人間関係論の構築・

レスリスバーガー=ディクソン

(Fritz Jules Roethlisberger: 1898-1974／
William John Dickson: 1904-)

レスリスバーガー

◆ 人と業績 ◆

　フリッツ・ジュールス・レスリスバーガーは，1898年にアメリカのニューヨークに生まれた。レスリスバーガーは，1921年にコロンビア大学から文学士，22年にはマサチューセッツ工科大学から理学士をそれぞれ取得し，1922年から24年にかけて，メキシコの鉱山会社で化学技師として実務に従事した。その後，ハーバード大学の哲学系大学院に入学した際にメイヨー（→81頁）と出会い，彼のもとで精神病理学などの研究をおこない，1927年にハーバード・ビジネス・スクールに勤務することになった。同年に彼はメイヨーとともにホーソン実験（→87頁）に参加し，実験の理論化に従事した。レスリスバーガーは1967年にハーバード・ビジネス・スクールを退職するまで一貫して人間関係論の理論構築に従事することによって，人間関係論が学界および実業界に普及することに多大な貢献を果たし，76歳で他界した。

　ウィリアム・ジョン・ディクソンは，ウエスターン・エレクトリック社ホーソン工場で従業員関係研究部門の主任を務めていたが，レスリスバーガーがホーソン実験の理論化をおこなう際に，主に実務的側面から彼を支援する役割を担っていた。

　レスリスバーガーはメイヨーの思想を継承・発展させ，人間の協働を確保し維持するための具体的な方法を提案し，人間関係論の理論構築に多大な貢献を果たした。

　レスリスバーガーは，ディクソンとともにホーソン実験で得られた成果を理論化した *Management and the Worker* (1939) を著した。そこでは，組織の経済

Ⅱ　人間の発見

的目的を達成させる前提として，組織において協力関係を形成する基盤となる人間の感情の問題が重要であることが明らかにされた。レスリスバーガーは，感情の問題を明らかにするためには，人々の行動は感情に動機づけられたものとする人間的情況の把握が必要であると主張した。すなわち，人間的情況は個々人をとりまく社会的環境ともいうべき社会的脈路から把握されなければならないことが指摘され，個人と個人間の相互作用という2つの側面から人間的情況を把握する必要があるということが明らかにされた。

個人の把握については，個人の企業内での社会的情況と企業外での社会的情況を把握することが必要であるとされ，個人間の相互作用については，2種類の社会組織を把握する必要があることが明らかにされた。このような社会組織を具体的にいえば，ひとつは，企業が経済的目的を達成するために規則を成分化し，組織図に明示される**フォーマル組織**（formal organization）であり，もうひとつは，集団内に自然発生的に形成され，組織図に明示されない**インフォーマル組織**である。レスリスバーガーは，それぞれの組織は固有の価値基準を有しており，相互に依存する関係にあることを指摘したうえで，両者が均衡してはじめて効果的な協働関係が確保されると主張した。

レスリスバーガーは，この点を踏まえたうえで企業の経営者は，商品を生産しそれを販売することによって利益を上げなければならない経済的役割と，企業に働く人々および集団を効果的に協力させていかなければならない社会的役割を担っていることを指摘し，職場の協力関係を具体的に構築する担い手をライン管理者である監督者に求めた。すなわち，監督者は職場でのコミュニケーションを良好に維持し，人々の自発的な協働を確保する責務があることが指摘され，その責務を果たすためには職場の人々にたいして命令的な態度をとるのではなく，職場の人々が意見や質問を出しやすい雰囲気をつくらなければならないことが明らかにされたのである。

このようにレスリスバーガーは，監督者の具体的な役割を明示するとともに，職場の人々の態度やそれを規定する要因を認識する手段として，職場の人々が自由に意見や不満を表現する場として企業内に**人事相談制度**を導入することを通じて，職場の人々の協力関係を確保するための具体的な方法を提案したので

レスリスバーガー＝ディクソン

ある。

◆ レスリスバーガー＝ディクソンとの対話 ◆

Q　「経営組織が直面している人事についての問題にはどのようなものがあるのだろうか？」

A　「……経営組織が当面する人間問題は要するに，組織の共同目的達成に向かって人々を協力させるにはどうしたらよいか，という問に尽きる。」

（『経営と勤労意欲』野田一夫・川村欣也訳，ダイヤモンド社，1969年，131頁）

▶レスリスバーガーは，経営組織における人事問題についてこれまで考えられてきた項目として，①雇用と職場配置の問題，②教育訓練の問題，③作業条件，職場安全，保健にかんする問題，④賃金支払いにかんする問題，⑤昇進にかんする問題，⑥従業員の福利厚生にかんする問題，⑦団体交渉の問題をあげている。レスリスバーガーは，これらの問題についてはこれまでに多くの見解が述べられているとしたうえで，経営組織における人間問題を上記の諸問題とはまったく違った角度から示そうと試みた結果，経営組織の目標および目的を達成するための具体的な方法として，人々が協力して働く問題を取り上げたのである。

Q　「経営組織において人間が協力して働くためには具体的にどのような問題があげられるだろうか？」

A　「(1)組織内部のコミュニケーションに関する問題，良好なコミュニケーションによってはじめて，従業員は組織の経済目的に対する彼らの義務と責任を自覚することができ，同時に，彼らの作業方法や作業条件に関する彼らの感情を表明することができる。(2)組織内部の均衡状態維持の問題，このことは，従業員がその欲求に従って，進んで職務の遂行に協力しうるような態勢をととのえるために必要である。(3)個々人を集団へ適応せしめる問題，これは，集団への適応に困難を感じている従業員に対して，彼らの情況への適応がヨリ円滑にゆくような手段を講ずることである。」

（『経営と勤労意欲』野田一夫・川村欣也訳，ダイヤモンド社，1969年，131頁）

▶経営組織における人間問題を取り上げる際には，経済的目的を達成するためにコス

II 人間の発見

トや能率の論理を考える側面とそれを達成するために人々の自発的な協働を確保しなければならない側面の双方に目を向ける必要がある。とりわけレスリスバーガーは，自発的な協働確保の問題をコストや能率の論理の前提になるものとして捉えている。ここでは，その協働確保のための具体的な方法が取り上げられている。第1のコミュニケーションの問題は，経営者側と従業員間のコミュニケーションによって，具体的情況を理解することを示している。第2の組織内部の均衡状態維持とは，組織と組織の構成員それぞれの要求が調和する状態を維持することを示している。第3の問題は，集団への適応に困難を感じている従業員に，面接などを通じて，彼の置かれている情況を企業内および企業外の脈路から把握することによって問題を解決することを指している。

Q「人々が協力して働く際に，インフォーマル組織はどのような役割を果たすのだろうか？」

A「経営組織内においてこれらのインフォーマル組織は，きわめて健全かつ正常な役割をになうものである。それらは組織の成員である人々に，安定感，帰属感，一体感といったものを起こさせている。人人の効果的な協働は，大部分インフォーマルな行動規範および常軌に依存している。それらのものなしには，いかなる組織もたんに強制と支配とによって維持されうるにすぎないのであって，それらこそ，社会的協力のための効果的な基盤を提供するものなのである。さてインフォーマル組織が個人のために果たす機能は二つである。つまり集団の行動規範に従う個人は，一方では一定の安定感を得，他方では一定の満足感を得ている。それゆえ，インフォーマルな組織それ自体では決して〈悪い〉ものではないことを銘記することが必要である。それどころかむしろ，それは健全な社会生活のために大いに資するところがあるとさえいえよう。」

(『経営と勤労意欲』野田一夫・川村欣也訳，ダイヤモンド社，1969年，144頁)

▶レスリスバーガーは，ホーソン実験で得られた成果からインフォーマル組織を理論的に明らかにしたが，この実験でみられたインフォーマル組織は，その組織独自の行動規範に則って，フォーマルな経済的目標にたいして生産制限をおこなうというものであった。この点のみをみれば，インフォーマル組織は経営側にとって「悪い」存在であるが，レスリスバーガーは，これをフォーマルな組織目標に合致するように活用

レスリスバーガー＝ディクソン

していけば効果的な組織になると捉え，それを積極的に活用するための提案を試み，インフォーマル組織を経営側に協力させる担い手として現場の監督者にその役割をもとめる一方で，人事相談制度として具体化されることになったのである。

◆ 用語解説 ◆

(1) **インフォーマル組織 [informal organization]**　非公式組織ともいう。ホーソン実験で，その存在が明らかにされたことをきっかけに，その組織の効果的な活用が企業経営者に注目されるようになった。インフォーマル組織は，趣味，出身地，相性等の理由で自然発生的にできる集団のことを指し，フォーマルな規則によって成文化されず，組織図に明示されないインフォーマルな人間関係を示したものである。インフォーマル組織の特徴は，それが組織固有のインフォーマルな行動規範や感情の論理を備えており，構成員はこれらの行動規範や感情の論理によって行動が規制されるが，そのことによって彼らは安定感や帰属感をもちながら人間的な満足感を得ることができると考えられていることにある。

(2) **人事相談制度 [personnel counseling system]**　日常的に仕事上の不満や個人的な悩みを抱えている従業員が，専門的な知識を有しかつ専門的な訓練を受けた相談員に自由に話をすることによって，従業員による自発的な問題解決や不満解消の支援をおこなう制度のことをいう。この制度を通じて従業員が会社への信頼感や勤労意欲を高めることによって，職場の摩擦や軋轢を減らすことを目的としている。この制度は，ホーソン実験の面接計画において従業員が面接官に仕事上の不満や問題を述べていく過程で，それらが自然に解消されていったことが明らかにされたことに由来する。

◆ より深く学ぶために ◆

〈基本文献〉
　『経営と勤労意欲』レスリスバーガー，野田一夫・川村欣也訳，ダイヤモンド社，1969年
〈入門・解説書〉
　『アメリカ労務管理論史』岩出博，三嶺書房，1989年
　『労務管理入門（増補版）』奥林康司・菊野一雄・石井修二・平尾武久・岩出博，有斐閣，1992年
　『マネジメント思想の進化（第4版）』D. A. レン，佐々木恒男監訳，2003年
　『ホーソン・リサーチと人間関係論』進藤勝美，産業能率短期大学出版部，1978年

（佐藤健司）

II　人間の発見

・欲求階層説・

マズロー

(Abraham Harold Maslow: 1908–1970)

◆ 人と業績 ◆

　アブラハム・ハロルド・マズローは，ロシア系ユダヤ人の移民で，樽製造業を営んでいたサミュエル・マズローとその妻ローズの最初の子（7人兄弟）として1908年4月1日，ニューヨークのブルックリンで生まれた。両親は，ユダヤの習慣に従い，先祖の名にちなんで彼をアブラハムと名づけた。幼少の彼は内気な読書家で，夫婦仲が悪かった家庭生活，特に母親にはなじめず，また周囲の反ユダヤ的雰囲気もあって，図書館で余暇を過ごすことが多かった。ブルックリンのボーイズ高校からニューヨーク市立大学へ進学し，父の意向から法律家を目指したが，法律にはなじめず第2学期の半ばで退学してしまった。しかし向学心は強く，従弟のいるコーネル大学へ移ったが，そこでも彼は1学期いただけで再びニューヨークへもどってしまった。こうした曲折の後，結局彼はウィスコンシン大学へ行き，心理学への関心を深めていくこととなった（1928年）。

　ウィスコンシン大学では，行動主義者でサルの研究をおこなっていたハーロウ（H. F. Harlow: 1905–81）に師事した。彼はここでサルの認識や行動にかんするいくつかの研究によって博士号を取得した（1934年）。その翌年，彼はコロンビア大学で助手となり，1937年にニューヨーク市立ブルックリン大学の講師に就任した。

　ニューヨークでは，ナチスから逃れてきた著名な心理学者たちと接触することができ，彼の学問に多くの刺激と影響を与えた。たとえばゲシュタルト心理学のゴルトシュタイン（K. Goldstein: 1878–1965）からは「自己実現」，新フロイ

ト主義のアドラー（A. Adler: 1870-1937）からは「自尊欲求」という概念を引き継ぐことになるし，また人類学者のルース・ベネディクト（R. Benedict: 1887-1948）とは，北部ブラックフート・インディアンの生活調査に参加することができた。

　ブルックリン大学での実り多き14年の間に，彼は「人間の欲求にかんする理論」（1943年）を含む代表作を発表しているが，その後1951年，マサチューセッツ州にあるユダヤ系大学ブランダイス大学に招かれ，初代の心理学部長となった。ここで主著となる『人間性の心理学』（1954年）や『完全なる人間』（1962年）を出版し高い評価を得るが，教育活動には次第に失望していく。1962年，カリフォルニアにあるノンリニアー・システム社の開明的な経営者アンドリュー・ケイに客員研究員として招かれたのが契機となって，1965年『完全なる経営』が出版されることとなった。すでに彼の**欲求階層説**に依拠したマグレガー（→102頁）の『企業の人間的側面』（1960年）が出版されていたが，Y理論やドラッカー（→219頁）の批判を含む彼独自のより現実的な経営理論が展開された。晩年は1969年，ブランダイス大学の定年を前にして，企業経営にかんするマズローの斬新な考え方に共感したサガ食品会社のウィリアム・P・ローリンの個人的な招きにより好条件の特別研究員となった。サガは多くの大学や病院の食堂をはじめとする食品サービスを展開する会社であったが，急拡大の結果，従業員の士気が低下しつつあったのである。マズローはここでの快適な生活において遠大な研究計画を立てていたが，1970年6月8日，心臓発作により突然に亡くなった。62歳であった。

　マズローの心理学への貢献は，パブロフ（I. P. Pavlov: 1849-1936）の条件反射の実験に発し，ワトソン（J. B. Watson: 1878-1958）によって確立された行動主義と，フロイト（S. Freud: 1856-1939）に発する精神分析という2つの流れを，ヒューマニズム心理学として統合したことである。あるいは「第三勢力の心理学」とも呼ばれる。ウィスコンシン大学で彼が学び，サルの実験心理学に適用していたのは行動主義の考え方であった。他方，ニューヨークではゲシュタルト心理学や新フロイト主義の精神分析から大きな影響を受けた。しかし，決定的に行動主義と決別することになったのは長女の出生によるところが大きい

Ⅱ 人間の発見

(1938年)。彼は「あんなにも夢中になっていた行動主義が，父親になってみると，あまりにも馬鹿げた，とても耐えられないものに思えてきた」といっている。つまり，行動主義の心理学は人間の主体的な営みまでも環境によって条件づけられているという非現実的な研究であると思われたのである。また，精神分析にたいしては，それがあまりに病的で異常な精神の研究に偏っているとして，より健全な人間の心理にかんする研究を目指していった。こうして彼は，行動主義，フロイト主義，ゲシュタルト心理学などを統合する新境地を切り開くこととなった。まず，ミッテルマン（B. Mittelman: 1899- ）との共著『異常心理学原理』(1941年) の 1 章に正常な人格，健全な人格の特質にかんする論述をあて，次いで有名な欲求階層説の発表（1943年）へといたった。それ以後，彼は自己実現的な人間，「完全なる人間」とはどのようなものか，またその実現可能性の条件を研究し，その一環として新たなマネジメントの理念をも提示することとなった。

　マズローの経営学への貢献は，まずマグレガーに X 理論・Y 理論の心理学的基礎を与えたことである。つまり欠乏欲求を動機づけとする X 理論的管理から自己実現欲求・成長欲求を動機づけとする Y 理論的管理へという主張を展開させたことである。次いで，新たな社会心理学的分野として『完全なる経営』を著したことである。ところがこの中でマズローは，マグレガーの X 理論から Y 理論へという一方的な楽観論を批判し，現実には X 理論にとどまり，退行するような事例があることを指摘している。つまり，環境によって人は成長欲求をあきらめ，生存に必要な欠乏欲求のために防衛的になることがある。したがって，実際の経営は状況の変化に応じて柔軟に対応すべきであるという。しかし究極的には，Y 理論的管理を求めていることにはかわりがない。マズローは，「社会変革はゆっくりとした歩みを取るものであり，……」といっている。かつてフェビアン派社会主義に共鳴したマズローの独自の理想社会，**ユーサイキアン・マネジメント**（心理的に健全な管理社会）への道であった。

マズロー

◆ マズローとの対話 ◆

Q 「人間の健全な欲求の発達とはどのようなものか？」

A 「人間がパンのみによって生きているということは，パンのないときには事実である。しかし，パンが豊富にあり，人間の食欲がいつも満足されている場合には，人間の欲望はいったいどうなるであろうか？
　すぐに他の（より高次の）欲求が出現し，生理的空腹よりも優位にたつ。また，そのような欲求が満足されると，再び新しい（より高次の）欲求が出現する。以上がわれわれのいう人間の基本的欲求はその相対的優勢さによってヒエラルキーを構成しているということである。」

(『人間性の心理学』小口忠彦監訳，産業能率短期大学出版部，1971年，93頁)

▶マズローによると，人間の健全な欲望のあり方とは，低次の欲求が満たされるとより高次の欲求を求めるようになるということである。もっとも低次の欲求は，生理的な欲求，たとえば食欲である。しかし空腹が満たされれば，それ以上のパンやご飯の存在は将来的な満腹の保障である。したがって生理的欲求が満たされれば，次に課題となるのは現在と将来にかんする安全への欲求である。安全が保障されるのであれば，他者との連帯あるいは愛，つまり社会的欲求を求めるであろう。しかし，人は他と同じではなく個性を求めるものであり，他より，より優越したい，あるいは優越していると認められたいという欲求がある。それを自尊欲求とか承認欲求という。だが，本当にやりたいことはたとえ誰が認めなくても本人にとっては喜びである。したがって，もっとも高度な人間の欲求とは，自己実現の欲求である。
　自己実現の欲求は，その他の欲求とは基本的に性格を異にする。低次の欲求は欠乏欲求（D価値）であり，必須不可欠ではあるが，それが満たされればそれ以上に求められることはない。しかし，自己実現欲求は成長欲求であり存在欲求（B価値）である。どんなに満たされても満ちるということがない。自己が実現すればするほど，一層より高度な完成を求めてやまないのである。さらにいえば，より低次の基本的な欲求が最低レベルにあるとしても，自己実現の欲求に目覚めているかぎり，意識としてはとりたてた欲求とはみなされず，自己実現へと邁進するものなのである。いわゆるハングリー精神である。だから，基本的な欠乏欲求が必要最低限に満たされているかぎりは，「人はパンのみにて生きるにあらず」ということになる。

Ⅱ　人間の発見

Q　「自己実現の欲求とはいかなるものか？　また，自己実現のできる仕事とはどのようなものか？」

A　「欲求がすべて満たされたとしても，個人が自分に適していると考えられることをしていない限り（いつでもでないとしても）新しい不満や不安がすぐに起こってくるであろう。人が究極的に平静であろうとするならば，音楽家は音楽を作り，画家は絵を描き，詩人は詩を書いていなければならない。人間は自分のなりうるものにならなければならない。このような欲求を自己実現の欲求と呼ぶことができるであろう。……この言葉は人の自己充足への欲望で，すなわちその人が本来潜在的にもっているものを実現しようとする欲望を意味する。この傾向は人がより自分自身であろうとし，なりうるすべてのものになろうとする欲望とも言いうるであろう。

　これらの欲求が明確に現れるのは，通常，生理的欲求，安全，愛，承認の欲求などが前もって満たされた場合である。」

（『人間性の心理学』小口忠彦監訳，産業能率短期大学出版部，1971年，101頁）

▶生存に必要不可欠な基本的欲求が満たされるべきことは，今日の先進国においては基本的人権として建前上は保障されている。したがって，私たちはいかにして自己実現を図るか，しかも単なる趣味や余暇においてではなく，できるだけ職業において，それによって同時に生計が立てられ，社会的に自立できるということが望ましい。だから，今日の社会や経営はそのような生きがいや働きがいのある仕事を人々に提供しなければならない。

　それでは，自己実現のできる仕事とはどのようなものであろうか。マズローによると，その仕事を通じて至高経験にいたるようなものである。至高経験とは最高の成熟，個性化，充実の瞬間であって，もっとも健康な状態である。また，自己と他者，主観と客観，利己と利他等の二項対立を超えた三昧境であって，宗教的には神秘的体験ともいうことができる。現実の仕事において，かかる経験がどのようにしてやってくるかは確証できないが，興味深く充実した仕事とその仕事をし遂げたときの達成感は，おそらくこのような至高経験ということができるであろう。そうした意義ある仕事は望ましいものではあるが，誰でもが就くことができるというものではない。今日の一般的な職業生活は，そうした高い基準からすると必ずしも満足できるものとはいえない。たとえば，近年では新卒の学生は思うような就職ができず，卒業後フリーターで暮らすという人も多い。もちろん，若いうちはそれでも何とかやっていくことはできるし，

また本人もそのほうが自由でいいという向きもないわけではない。さらには，そうした形での雇用の流動化は最終的には新しい時代の要請への構造改革を促すから好ましいという意見もある。雇用が不安定だからといって自己実現が不可能だというわけではないが，低次欲求，特に安定欲求はつねに脅かされていて仕事に集中することができず，重要な技能をも磨くこともできないというのでは，自己実現どころではないということになる。バブルがはじけて以来のわが国の雇用情勢は，マズローの欲求階層説からすると後退を余儀なくされてきたといえよう。

Q「マグレガーおよびドラッカーへの批判，成長とともに退行の条件をも検討すべきか？」

A「はっきりさせておくべきことがある。それは，経営管理の文献をひもとくと，ドラッカーをはじめとする経営学者たちが，恵まれた状況や幸運というものを前提として論を展開しているということだ。」

(『完全なる経営』金井壽宏監訳，大川修二訳，日本経済新聞社，2001年，67頁)

「進歩的な経営管理を実践できるかどうかは，さまざまな条件に左右される。したがって，成長へと向かわせる条件だけでなく，退行に向かわせる条件についても，注意深く検討する必要がある。」

(『完全なる経営』金井壽宏監訳，大川修二訳，日本経済新聞社，2001年，78頁)

▶マグレガーのX理論・Y理論によってマズローの欲求階層説を知った多くの人々は，マズローのこのようなコメントに接して驚いたことであろう。健全な心理への道を説いてくれるのではなく，成長への道は退行への条件を合わせ検討するのでなければ十分に実りのあるものとすることはできないといっているからである。しかし，マズローが心理学の第三勢力としてのヒューマニスト心理学を形成する過程を追うならば，今日の社会においては精神分析で扱われるような異常な心理が蔓延するがゆえに，逆にいえば人間の健全性がいかに確保しがたいものであるかという認識に立つがゆえに，対極にある健全な人間性の発達とはどのようなものか，という規範的課題を探求させたということがわかるのである。さらにナチスに追われた心理学者たちとの交流を通じて，彼らの社会病理にたいする問題意識を共有したであろう。マズロー自身の経験したユダヤ人としての疎隔感からも，その共感は他人事とは思われなかったであろう。なかでも，ナチスへの大衆の支持は，結局は責任を負わなければならない自由からの逃走であったとするフロム (E. Fromm: 1900-80) の見解を知らなかったはずにない。

II 人間の発見

こう考えると，マズローがY理論に手放しの支持を表明することができなかったのもわかるのである。

Q　「ニートとは何か，退行に向かわせる条件とは？」

A　「良好で進歩的な状況が一部の人間には退行的効果，すなわち悪影響を及ぼす可能性があることも充分考慮しなければならない。……何パーセントかの人間は責任を引き受けることができず，自由を恐れ，自由のためにかえって不安に陥るというのが現実の姿なのだ。……やり方が決まっていない状況や自由な状況，すなわち各人の力量だけで対処しなければならないような状況に置かれた人間は，時としておのれの力量不足を思い知ることになる。そのため，無気力や無節操，ものぐさ，不信，不安，鬱状態などに陥る者も出てくる。」

(『完全なる経営』金井壽宏監訳，大川修二訳，日本経済新聞社，2001年，79頁)

▶マズローの理論からすると，近年話題のニート (Not in Education, Employment or Training, 学校へ行かないのに，就職しようとしないばかりか，手に職をつける努力もしない人々) の出現はどのように理解されるであろうか。このような成長欲求，自己実現欲求を放棄したかのような存在が，豊かな社会において出現するということをマズローは予測したであろうか。社会が豊かになればより高次の欲求に目覚め，自己実現へと向かうはずではなかったか。むしろ豊かな社会が，成長欲求，自己実現欲求を必要と感じさせないほどの自足を生んでいるのであろうか。あるいは自己実現の欲求水準が高くなりすぎて，就くことの可能な仕事では満足できなくなっているのであろうか。あるいは，経営が要求する仕事の内容が高度かつ異質になりすぎて責任を負いがたくさせているためであろうか。かかるミスマッチもたしかにあるであろうが，また近年の雇用情勢の一般的悪化も若者にあきらめの境地を作り出しているのかもしれない。いずれにしろ，かつて会社人間，仕事人間といわれたわが国において，失われた10年あるいは20年の雇用情勢は，Y理論からX理論への退行の道であったように思われる。それともこれは，新たな知識社会におけるY理論状況創出のための通らなければならない必須の踊り場だったのであろうか。

◆ 用語解説 ◆

(1) **欲求階層説（欲求5段階説）**　人間の欲求には低次の欲求から高次の欲求まで5段階にわたる欲求レベルがあり、低次の欲求が満たされるとさらにより高次の欲求を求めるようになるという理論。すなわち、低次のものから、生理的欲求、安全欲求、社会的欲求、自尊欲求あるいは承認欲求、そして自己実現の欲求の5段階である。低次の欲求は欠乏欲求であり欠乏すれば強く求められるが、満たされれば意識されず、より高次の欲求を求めるようになる。しかし、自己実現の欲求は成長欲求であり、人間の完成には限りがないとする。

　マグレガーは、この理論を基礎として低次の欲求にもとづく管理前提であるX理論と、自己実現の欲求にもとづくY理論を提唱し、これからの管理はXからYへであると主張した。

(2) **ユーサイキアン・マネジメント[Eupsychian Management]**　マズローの造語であり『完全なる経営』の原題である。接頭辞Eu-は「よい」とか「優れている」という意味であり、psycheは魂とか心という意味であるから、「優れた心の経営」ということになる。マズローによるとユーサイキア（eupsychia）とは「千人の自己実現者が外部から一切干渉を受けない島に暮らした場合に生まれる文化」を想定したものであるという。あるいは「心理学的な健康を目指す動き」をも意味するので、もっとも健全な心理状態にある経営や社会の究極的な目標を描こうとしたものである。要するに、ありえないユートピアではなく、目指すべき実現可能な究極の心理的健全状態を意味する言葉である。

◆ より深く学ぶために ◆

〈基本文献〉

『人間性の心理学――モチベーションとパーソナリティ』小口忠彦監訳、産業能率短期大学出版部、1971年
『完全なる経営』金井壽宏監訳、大川修二訳、日本経済新聞社、2001年
『完全なる人間――魂のめざすもの』上田吉一訳、誠信書房、1998年

〈入門・解説書〉

『マズローの心理学――第三勢力』F. ゴーブル、小口忠彦監訳、産業能率短期大学出版部、1972年
『真実の人間――アブラハム・マズローの生涯』E. ホフマン、上田吉一訳、誠信書房、1995年

（高橋公夫）

Ⅱ 人間の発見

・X理論・Y理論・

マグレガー

(Douglas McGregor: 1906–1964)

◆ 人と業績 ◆

　ダグラス・マグレガーは，1906年アメリカ，ミシガン州デトロイトで生まれ，慈善事業にたずさわる両親を手伝いながら育った。大学は，まず1923年からデトロイト市立大学（現ウェイン大学）で，26年からオバーリン大学で学んでいる。ただしこのときは，学士号をとることなく一度大学を離れ，4年ほどバッファロー・グレイ自動車会社で働いた。その後再びデトロイト市立大学に入り直して学士号を取得，つづけてハーバード大学大学院（心理学専攻）で1935年に博士号を取得して，研究者の道を歩む。その後はいくつかの大学を経て順調に経歴を重ね，1948～54年にはアンチオーク大学で学長も務めたが，1964年，58歳という若さでその生涯を閉じている（『ダグラス・マグレガー略歴』『新版リーダーシップ』D. マグレガー著，W. G. ベニス／E. H. シェイン編，高橋達男訳，産業能率短期大学出版部，1974年，参照）。

　彼の著書はその死後にはさらに2冊出版されたものの，生前において出版された単独の著書はたった一冊である。だがその一冊のインパクトは経営学におけるマグレガーの地位を不動のものとするほど巨大であった。『企業の人間的側面』（1960年）がそれである。

　マグレガーは，この書において，それまでの上からの権限による管理に代えて，統合と自己統制による管理を提唱した。もちろん，こうした管理はすでにドラッカー（→219頁）らが主張したところのものである。そのことを踏まえたうえで，マグレガー理論の有する若干の特徴をあげるとすれば，それは，**統制**とは適切な人間の本性についての仮定，人間行動の理論にもとづいてなされる

べきものだと主張し，現実の管理者がもつ人間観の転換を訴えた点にある。

　人間を統制するというとき，漠然と具体的方法を考えてもうまくはいかない。一般に技術が自然法則に則さなければうまく機能しないのと同様に，人間を統制するには，従業員の人間性に則する必要がある。外面的にどれだけいい方法を採っても，人間の本性についての仮定が誤っていれば効果はないのであり，逆に適切な人間の理論を受け入れていれば，具体的な方法は自然と応用・改善が進んでいくものである。彼はこのように主張して，統制方法の背後にある人間についての仮定，およびそれにもとづく管理観を明確な形で打ち出した。それがX理論とY理論である。

　マグレガーがX理論と呼ぶものは次のような理論である（『新版　企業の人間的側面』38〜39頁）。①普通の人間は生来仕事がきらいで，なろうことなら仕事はしたくないと思っている。②この仕事はきらいだという人間の特性があるために，たいていの人間は，強制されたり，統制されたり，命令されたり，処罰するぞと脅されたりしなければ，企業目標を達成するために十分な力を出さないものである。③普通の人間は命令されるほうが好きで，責任を回避したがり，あまり野心をもたず，何よりもまず安全を望んでいるものである。

　こうした人間観・管理観は古典的管理論のものであり，その根底にはいわば，「大衆は凡庸」という考え方がある。しかし人間は必ずしもこうした存在ではない。彼はマズロー（→94頁）の欲求階層説を援用しながら議論を展開する。すなわち，人間は生理的欲求や安全の欲求といった低次の欲求をもつが，同時に社会的欲求，自我の欲求（自尊の欲求と他尊の欲求），そして自己実現の欲求という高次の欲求をもあわせもつ存在である。X理論とはこのうちの低次欲求に注目するものである。だが現代では，「大多数の国民の教育水準，態度と価値観，やる気を起こす原動力，依存度などがかわ」り（同上，50頁），多くの人間が高次の欲求をもつようになってきて，X理論は通用しなくなりつつある。こうした状況の中で，人間の高次欲求に注目したものがY理論である。

　Y理論とは次のような理論である（同上，54〜55頁）。①仕事で心身を使うのはごく当たり前のことであり，遊びや休憩の場合と変わりはない。②外から統制したり脅かしたりすることだけが企業目標達成に努力させる手段ではない。

Ⅱ 人間の発見

人は自分が進んで身を委ねた目標のためには自ら自分にムチ打って働くものである。③献身的に目標達成につくすかどうかは，それを達成して得る報酬次第である。④普通の人間は，条件次第では責任を引き受けるばかりか，自ら進んで責任をとろうとする。⑤企業内の問題を解決しようと比較的高度の想像力を駆使し，手練をつくし，創意工夫をこらす能力は，たいていの人に備わっているものであり，一部の人だけのものではない。⑥現代の企業においては，日常，従業員の知的能力はほんの一部しか生かされていない。

以上がY理論であり，マグレガーによれば，こうしたY理論に立つ場合の経営原則は，**統合の原則**である。またそれによって自己統制による組織運営が可能になると主張した。こうした統合と自己統制による管理として，具体的には，目標設定，スキャンロンプラン，参加，スタッフの専門職能，「農業的」方法による管理者の育成が提示されている（同上，285頁）。

X理論・Y理論という区分は，大きなインパクトを管理論・組織論に与えた。これはまず，いわゆる官僚制組織，機械的組織の人間観・管理観と，有機的組織の人間観・管理観を想起させるという意味で非常にわかりやすい。そしてまた，性悪説に立ってこそ成立しうると考えられる管理論にあって，性善説に立つべきことを主張したこともインパクトが大きかった理由であろう。

◆ マグレガーとの対話 ◆

Q　「管理者の統制がうまくいかないのはなぜか？」

A　「統制ということは，相手の人間性を自分の望みに合わせるのではなく，自分のほうが相手の人間性に合わせたやり方をすることだと認識してはじめて，統制力を向上させることができるのである。もし統制に失敗したなら，その原因は自分の選んだやり方が適切でなかったことにある場合が多い。自分の見通しどおりに動かなかったと従業員を責めてみたところで，自分の経営力が向上するものではないようだ。」

（『新版　企業の人間的側面』高橋達男訳，産業能率短期大学，1970年，13～14頁）

▶統制がうまくいかない原因を問われれば，従業員ではなく管理者自身であると考えるのがマグレガーの特徴である。つまり，そうした場合，管理者がもつ人間観の適切性が問われるのであり，再検討が求められるのである。頭からX理論を想定して行動するのは，人間の本質的な理解とも現実的な理解ともいえない。そのような勝手な思い込みで統制に失敗しているとすれば，誰に責任があるかは自ずから明らかであろう。

Q 「管理者が従業員に依存することになってもいいのか？」

A 「しかし人に依存しないということが最終目標ではない。この社会のだれ一人として，ぜんぜん人をたよりにしないで生きていけるものではない。『相互』依存関係ということが現代の複雑な社会の最大の特徴である。人生のあらゆる面で何事かを成そうとすればお互いに依存するものである。」

(『新版　企業の人間的側面』高橋達男訳, 産業能率短期大学, 1970年, 30頁)

▶従業員の人間性に合わせることが統制だとしたら，それは管理者が従業員に依存することを意味しよう。だが，そうであるとすれば，管理者が従業員に依存して統制が成り立つかという問題が生じる。マグレガーが指摘するのは，人間はつねに「相互に」依存しているのであり，依存しないことはありえないということである。統制とは依存しないことではなく，依存関係の中で何をするかだということをこの言葉は示している。

Q 「管理者がY理論に立てば必ず統制できるのだろうか？」

A 「権限による人の統制方法も場合によっては良いこともあるのは明らかである。特に，目標を心底から納得させることができない場合はそうである。Y理論の考え方は権限の妥当性を否定するものではないが，権限があらゆる目的あらゆる場合に通用するということを否定するものである。」

(『新版　企業の人間的側面』高橋達男訳, 産業能率短期大学, 1970年, 65頁)

▶Y理論を主張したマグレガーだが，さすがにY理論ですべてうまくいくとは考えていなかった。彼の言にもあるとおり，目標を心底から納得させることができない場合には，権限による統制が相変わらず有効だと考えていたのである。

Ⅱ　人間の発見

◆ 用語解説 ◆

(1) **統制**［control］　マグレガーにあって，統制とは人間行動の理論に即してなされるべきものである。彼は統制の手段として，権限，説得，援助の3つをあげている。権限は有効な罰則をもつことによって統制手段となるものである。説得は相談したり協議したりすることである。援助とは「自分の専門家としての知識と実績を相手の思うように使わせる」（『新版　企業の人間的側面』22頁）ということである。いうまでもなく，権限による統制がX理論にもとづく統制方法であり，説得，援助はY理論にもとづく統制方法である。

(2) **統合の原則**［the principle of integration］　X理論に立つ場合，その組織作りの原則は権限行使による命令・統制であり，「階層原則」である。それにたいしてY理論に立つ場合の原則は，「統合」であるとマグレガーは述べる。それは，「従業員が企業の繁栄のために努力することによって各自の目標を『最高に』成し遂げられるような条件をつくってやることである」（同上，56頁）。具体的には，従業員にたいして組織目的にコミットメントさせ，そのうえで権限委譲を進めるべきことが主張された。こうした統合の原則に従ったとき，自己統制が実現されるのである。

◆ より深く学ぶために ◆

〈基本文献〉
　『新版　企業の人間的側面』高橋達男訳，産業能率短期大学，1970年
〈入門・解説書〉
　「人間性の追求」北野利信・友安一夫『経営学説入門』北野利信編，有斐閣新書，1977年
　「人的資源論」松山一紀『非合理組織論の系譜』田尾雅夫編，文眞堂，2003年
　「人が働く理由を知っていますか？」高橋伸夫『虚妄の成果主義　日本型年功制復活のススメ』日経BP，2004年

（山下　剛）

・達成動機・

マクレランド

(David Clarence McClelland: 1917-1998)

◆人と業績◆

　デービッド・クラレンス・マクレランドは，アメリカの心理学者で，主として動機づけの研究に従事し，マレー（H. A. Murray: 1893-1988）によって開発された動機リストとその測定技法としての**課題統覚検査**を用いて，アトキンソン（J. W. Atkinson: 1923- ）らとともに，達成動機を測定する方法を開発した。また，達成動機と社会の経済的繁栄の関係を国際比較の方法で考察し，資本主義の発展を社会の構成員の達成動機の高さという観点から説明しようとした。主著として，達成動機の測定に貢献したといわれる *The Achievement Motive*（1953，アトキンソンらと共著），達成動機が経済成長をもたらすという仮説検証の実証研究である『達成動機』（1961年），達成欲求・親和欲求・パワー欲求とリーダーシップの動機のプロフィールを解明した『モチベーション』（1985年）などがある。彼の生涯は以下のとおりである。

　マクレランドは，1917年5月20日に，ニューヨークのマウント・バーノンで生まれた。コネチカット州のウェスレアン大学を卒業した後，ミズーリ大学で修士号を，エール大学で心理学の学位を取得し，1942年から56年までウェスレアン大学で教鞭をとった。その間，1943年から45年までペンシルベニア州の米国フレンド奉仕委員会（American Friends Service Committee: AFSC）に属し，また，1952年から53年までフォード財団のプログラム・ディレクターも兼務している。1956年以後はハーバード大学に移り，1962年から67年まで社会関係学部の学科長を務め，1987年には同大学心理学部の名誉教授となった。そして，1998年3月27日に，マサチューセッツのレキシントンで亡くなっている。

Ⅱ 人間の発見

マクレランドのマネジメントにかんする仕事には，大きく4つのテーマ，①人間の動機（human motives）の理論の構築，②動機づけ変更の定義（the definition of motivational change）で，この理論を構築するための経験的な支援，鼓舞的なプロジェクトの樹立，③課題統覚検査のような操作的な検査方法の開発，④職務―コンピテンシーの研究があったが，ここでは達成動機についての所論をみることとしたい。

マクレランドの視点では，人間の動機とは，「個人の行動を喚起し，方向づけし，選択する，ゴールの状況をめぐって繰り返し現れる関心」（『モチベーション』17頁）のことである。彼は，既述のようにマレーの仕事にもとづき，達成動機，パワー動機，親和動機の3つの特定の動機に焦点を当てた。彼によれば，達成動機とは「ものごとに真剣に取り組み，その課題をきちんとした形で達成しようとする動機」（同上，訳者まえがき），パワー動機とは「ほかの人たちに影響を及ぼすことを目指す動機」（同上），そして，親和動機とは「ほかの人たちとの肯定的で，影響力を伴う相互関係の構築，維持，修復への意欲」（同上）のことである。彼の仕事の中心は，1940年代から60年代までは達成動機にあったが，1960年代後期から90年代にはパワー欲求へと移行している。

マクレランドらの仕事の意義は，上述の動機の個人的パターンの重要性を確立したことにある。人間は，一定の水準で，各種の動機をもつ。しかし，その相対的な優位性は人それぞれである。人間の動機の強さのパターンは職業的な業績を暗示する。たとえば，高い達成欲求，低い親和欲求，中位のパワー欲求は，成功した企業家の特質である。他方，高いパワー欲求，中位あるいはそれより低い親和欲求，中位の達成欲求，さらに高度な活動抑制（自己統制など）は効果的リーダーや中間レベル以上のマネジャーの特徴である。彼は，個人の動機の研究のほかに，社会における一連の動機についての傾向の研究を始め，賛美歌，神話，児童書などの文化的表現様式と，経済の上昇や下降，社会的移動，戦争などの国家的出来事との結びつきを経験にもとづき立証した。

マクレランド

◆ マクレランドとの対話 ◆

Q　「達成動機が高い人とは，具体的にはどのような特徴をもった人か？」

A　「達成要求の高い子供たちは《中位程度の危険》を冒し，自分の手腕が成功をもたらしたのだという気持ちになれるような位置に立って，輪を投げるのである。もしペッグに近いところに立つならば，図［省略——引用者］の中の滑らかにされた成功確立曲線が示すように，たしかに，輪がペッグにうまくかかる可能性ははるかに大きくなる。しかしそのかわり，輪がペッグにかかったことから生じる達成の満足感は，あまりえられないであろう。反対に，ペッグからあまりに遠いところに立った場合には，ペッグから中位程度の距離に位置して輪を投げた場合に比べて，輪がペッグにかかる可能性も小さくなり，また，かりにうまくいっても，それは《幸運》のせいだと考えることになるであろう。ペッグから中位程度の距離に位置して輪を投げる子供たちは，事実上，まったく保守的に（危険がまったくない）行動することも，賭博的に（極端な危険）行動することもなく，達成の満足感を最もえやすいようなやり方を好んで求めるいわゆる実業家のように行動していることになるわけである（中程度の危険とは，この輪投げ遊びの例ではおよそ３回につき１回の成功率である）。」

（『達成動機』林保監訳，産業能率短期大学出版部，1971年，301〜302頁）

▶この引用は，マクレランドの有名な「輪投げの実験」の観察結果を記述した箇所である。この実験では，実験参加者に適当だと思う距離から輪投げをするよう指示された。多くの人は，あるときは近く，あるときは遠く，気ままに輪を投げた。だが，達成動機の高い人たちは，簡単すぎるほど近くもなく，不可能なほど遠くもなく，どこから投げるとうまくいくかを考えて距離を測るようにみえた。彼らは，ほどほどに難しいが達成可能な目標を設定したのである。

　達成動機の高い人のもうひとつの重要な特徴は，彼らがフィードバックを強く求めるということである。マクレランドは，ここで，面白いことをいっている。「実業界においてなんら経験のない大学生の間でさえも，金銭的報酬は，ことに達成要求の高い人に対しては，成功の程度を示すシンボルとなっていた。だが，逆説的に，同じ大学

Ⅱ　人間の発見

生が，金のためにいっそうがんばって働くということはないのである。彼らが金を欲しがるのは，主としていっそう高度な達成へのシンボルとしてである」（同上，341頁）。つまり，達成動機の高い人にとっては，金銭的報酬は成功の証として意味がある，というのである。

要するに，達成動機の高い人の特徴とは，マクレランドの言葉に従えば，「**達成ニーズ**の高い人たちは中程度にチャレンジングな課題を選択し，すぐれた成果を収める傾向，自分の成果に対して個人的に責任を取る傾向，自分がどれだけ成果を上げているかについてのフィードバックを求める傾向，さらに物事をさらに新しい，効率的な方法でこなそうとする傾向が見出されている。……その結果，最終的には達成動機は経済的発展に対して鍵を握る要件である，という結論に導く方向にすべての研究が向かうことになった」（『モチベーション』105頁）ということになる。

Q　「では，達成動機の高い人は，優れた管理者になれるか？」

A　「一般的には，リーダーシップ動機型の人々は――それが男性でも女性でも――組織の権威をより顕著に尊敬し，規律や自制を好む。事実，彼らは働くことが好きだ。このことは非常に興味深い。なぜならば，一般的には達成ニーズが高い人のほうが働くのが好きだと思われるかもしれないが，そうではないからだ。……達成ニーズが高い人々はより効率を高めるために仕事から離れたがる。それに対して，リーダーシップ動機症候群あるいはまた管理されたパワー動機症候群と呼ばれる人々は，さまざまなものを管理する立場にいることで働くことを楽しんでいるように思える。彼らはまた，他人に対してより大きな社会的関心を示す。彼らは，他人と１万ドルのギフトの一部を分かち合うだろうという。そして，彼らは正当な報酬により強い関心を持っているという徴候があり，死に対する最も的確な比喩は他殺と感じる傾向がある。つまり彼らが組織の権威を尊敬し，自分自身を規制し，他人に関心を持つならば，彼らが正当な報酬を得ることは非常に妥当であると考えるようになるのだ。」

（『モチベーション』梅津祐良ほか訳，生産性出版，2005年，175頁）

▶上記引用中の「リーダーシップ動機型の人々」とは，**パワー・ニーズ**が親和ニーズより高く，また活動抑制も高い人々のことである。マクレランドは，達成ニーズの高い個人は低い個人よりも企業組織における昇進が目覚しいが，あるレベル以上の階層

になると，達成ニーズと昇進の間にはまったく相関がみられなかった，と述べている。そして，その理由として，あるレベル以上のマネジャーの仕事では，高い達成ニーズを備えた個人が示す「自分の仕事を完璧にこなす」ことよりも，ほかの人材に影響を及ぼすこと，すなわち高いパワー・ニーズが要求されるからであると結論している。つまり，達成ニーズが高いだけでは立派なリーダーにはなれない。リーダーにはパワー・ニーズが要求されるというのである。「パワー・ニーズが高く，肯定的で，職務遂行型の人が『ベスト・リーダー』に最も選ばれやすかったのだ。……パワー・ニーズが高いということが，肯定的な職務遂行的な行動様式と組み合わされると成功的なリーダーになるのである」(同上，151頁)。

◆ 用語解説 ◆

(1) **課題統覚検査** [Thematic Apperception Test: TAT] 「人間的な営み・体験を示唆する絵を被験者に示し，その絵から，登場人物の欲求（要求），そしてその将来を含めた物語を構成させ，空想された物語の内容から被験者のおもに欲求の体系を明らかにする投影法性格検査」(『心理学辞典』中島義明ほか編，有斐閣，1999年，神村栄一稿)。
(2) **達成ニーズ** ある優れた目標を立て，それを高い水準で完遂しようとするニーズのことで，マレーは，達成動機にかかわる欲求の内容として，困難なことを遂行し，自然・人間・思想を支配・操作・組織すること，またこれらをできるだけ早く，自力でおこなうこと，困難を克服し高い水準に達すること，自己に打ち勝つこと，他者と競争して勝つこと，才能をうまく使って自尊心を高めること，をあげている。
(3) **パワー・ニーズ** ほかの人たちに影響力を及ぼすことを目指す無意識の駆動力のことである。

◆ より深く学ぶために ◆

〈基本文献〉
『達成動機――企業と経済発展におよぼす影響』林保監訳，産業能率短期大学出版部，1971年
『モチベーション――「達成・パワー・親和・回避」動機の理論と実際』梅津祐良ほか訳，生産性出版，2005年
〈入門・解説書〉
『達成動機の理論と実際』林保編著，誠信書房，1967年
『行動科学の展開（新版）』P. ハーシィほか，山本成二ほか訳，生産性出版，2000年

(西川清之)

II 人間の発見

・人はなぜ働くのか・

ハーズバーグ

(Frederick Herzberg: 1923-)

◆ 人と業績 ◆

　人は、なぜ働くのか、このテーマを一貫して追求してきたのがハーズバーグである。仕事と人間の本性にはどのような関係があるのか、仕事をする場合、人をこころの底から突き動かし、仕事に駆り立てていく要因とは何か。第二次世界大戦の末期、ダッハウ強制収容所にいた体験をもつハーズバーグは、戦後まもない1950年代から開始した職務にかんする実態調査を踏まえて、これらの課題を明らかにしていった心理学者であり、経営学者である。

　フレデリック・ハーズバーグは、1923年マサチューセッツ州リン市の貧しい家庭に生まれた。彼は、苦学をしながら大学、大学院（ピッツバーグ大学大学院）に進み、心理学を専攻。卒業後はピッツバーグ市の精神衛生局の研究主任を務め、1957年にはクリーブランド市にあるウエスターン・リザーブ大学に赴任、後に同大学の心理学部長に就任している。彼は大学に移って以後、ピッツバーグ時代に7年間にわたって実施した職務の精神衛生にかんする実態調査の資料を整理し、それを説明する理論を構築することに没頭した。ハーズバーグの名を有名にさせた「動機づけ―衛生理論（M（Motivation）＝H（Hygiene）理論）」は、この過程で誕生する。

　当時、産業界では「管理」(management) とは、人をいかにコントロールするか、管理者側の要求する仕事や作業をヤル気のない労働者に脅迫と誘惑、アメとムチとの使い分けでいかに実行させるか、という考えが横行していた。しかし、ハーズバーグは、人が仕事をするのは、人間的に成長し、精神的健康を得たいという内発的な積極的動機があるのではないかという疑問をもつ。

ハーズバーグ

　人間はなぜ，働くのか。ハーズバーグは，仕事にたいする職務態度についての数々の実験をおこない，統計的な分析をとおしてこのことを証明した。これを要約したものが有名な「満足要因と不満要因の比較」（図1参照）である。ハーズバーグの「動機づけ―衛生理論」のエッセンスは，極論すれば，この図を理解できればおのずとわかる。

　人間が仕事をする場合，いろいろな要因によって動機づけられる。給与，対人関係，作業条件，昇進，仕事そのものなど，実に多様である。従来の理論ないし産業界の常識では，これら仕事への動機づけとなる要因は，それが満たされないと不満が生じ，それが満たされると満足して仕事に励むという前提で捉えられていた。職務態度にたいする一元的理解である。たとえば，給料は低ければ不満が生じる結果，人は働かなくなる。逆に，給料が上がれば満足が生じ，より精を出して仕事に励むようになる。はたして，そうか。

　ハーズバーグは，実験にあたって被験者に次の2つの質問をする。「職務上で何があなたを満足させるか」，また「何があなたを不満にするか」。この実験の意図は，仕事にあたって，職務満足をもたらす要因と職務不満をもたらす要因とは，実はそれぞれ独自の性質を有する独立したものであり，二元的に捉えるべきではないのか，という仮定を検証するものであった。

　図1の中の各箱の長さは，面接実験者が述べた内容の中でそれらの要因が現れた度数を示しており，箱の幅は，よい職務態度または悪い職務態度が持続した期間を，短期間と長期間の区別で示している。図1で，人間の満足，不満足を生み出す要因は大きくは2つのカテゴリーに分類されることがわかる。

　上段の5つの要因，つまり仕事への達成感，業績の承認，仕事そのもの，責任の付与，昇進は，これらが満たされれば人間は高い満足感を示し，逆にこれらが満たされない場合には，それほどの不満はいだかない。ハーズバーグは，これらの要因は満足要因であり，仕事への積極的動機づけを引き出す要因であるため「**動機づけ要因**」と呼ぶ。

　下段の5つの要因は，上段と逆の結果がでている。会社の政策と経営，監督技術，給与，対人関係，作業条件などは，これらが満たされないと不満が生じるが，逆にこれらが満たされたからといって，それほどの満足は得られない。

113

Ⅱ　人間の発見

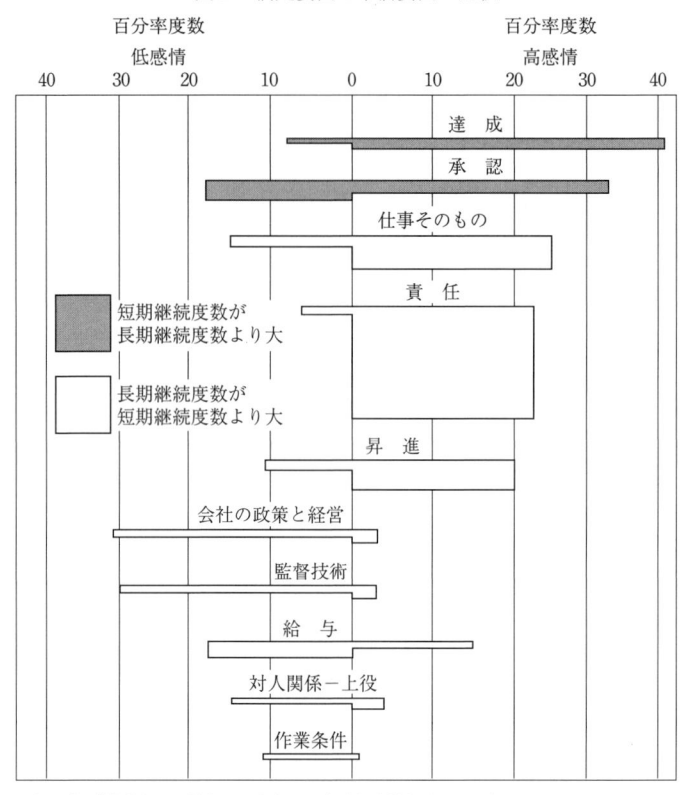

図1　満足要因と不満要因の比較

百分率度数　　　　　　　　　百分率度数
低感情　　　　　　　　　　　高感情
40　30　20　10　0　10　20　30　40

達　成
承　認
仕事そのもの
責　任

■ 短期継続度数が長期継続度数より大
□ 長期継続度数が短期継続度数より大

昇　進
会社の政策と経営
監督技術
給　与
対人関係－上役
作業条件

（出所）『仕事と人間性』北野利信訳，東洋経済新報社，1968年，86頁。

仕事そのものへの動機づけには結びつかないのである。ハーズバーグは，これらの要因は，不満要因であり，これを「**衛生要因**」と名づける。「衛生」（hygiene）という言葉の命名が興味深い。衛生とは，医学用語であり，ひとが病気にならないように予防する効果はあるが，人間を健康にするわけではない。これと同じように，給与などの「衛生要因」は，これが満たされないと職務態度が悪化するが，満たしても積極的な職務態度に必ずしも結びつかない。

　ハーズバーグは，「動機づけ要因」と「衛生要因」による職務態度のこうした二次元論的理解を「動機づけ─衛生理論」と命名した。

従来，管理という場で，「衛生要因」に焦点をあてたマネジメントがおこなわれてきた。不満をいかにやわらげるかを中心としたマネジメントである。ハーズバーグは，人間は，動物であるから「衛生要因」は満たされなくてはならないが，人間的欲求である「動機づけ要因」によってこそ，人間は成長し，仕事それ自体の中に創造力を発揮し，喜びを見出していく存在であると説く。

ハーズバーグは，その後，「動機づけ―衛生理論」という理論仮説を実践活動に移していく。職務拡大，職務充実運動がそれである。彼は「職務充実の父」とも呼ばれている。

◆ ハーズバーグとの対話 ◆

Q　「衛生要因は，なぜ，人間の精神的成長に結びつかないのか？」

A　「児童の精神的成長に関する周知の例によって説明してみよう。児童が自転車に乗ることを覚えるとき，かれは有能性を示し，彼の技能を拡大することによって行動レパートリーを拡大した——精神的に成長した。児童が自転車乗りを学習している過程で，両親は献身的な父母の示しうるあらゆる熱意や愛情をそそいでその子を愛することができる。かれらは練習用にいちばん安全で衛生的な場所を準備することによって，子供をけがから守ってやれる。彼らはまたあらゆる種類の刺激や報奨を与え，最高の専門教師をつけてやれる。しかし，いくらそのようなことをしても，児童は絶対に自転車に乗ることを覚えないであろう——かれに自転車を与えてやらないことには。衛生要因は精神的成長への妥当な貢献要因ではない。成長目標を達成するには，課業の中味が要求される。……このアプローチによって望みうるのは，あなたの扱いにたいするかれの不満を回避することだけである。創造性を伸ばすには潜在的に創造的な課業がそこに実行を待っていることが必要である。」

（『仕事と人間性』北野利信訳，東洋経済新報社，1968年，88頁）

▶衛生要因は，仕事の環境的側面であり，それ自体は仕事によって成長する物的環境を整えることには貢献するが，仕事を通して創造性を発揮し，成長しようという要因

Ⅱ 人間の発見

としては貢献しない。この児童の例で示されるように，いくら自転車を練習するのに安全な場所（衛生要因）を提供しても，自転車を与えて運転をする機会（動機づけ要因）を与えなければ，自転車に乗れるようになり，自転車乗りが楽しみになるように成長しない。ハーズバーグは，衛生要因は精神的成長への妥当な貢献要因ではないと主張する。

◆ 用語解説 ◆

(1) **動機づけ要因** 動機づけ要因とは，職務上の満足を引き出す「満足要因」であり，前向きの態度，満足，モチベーションに導く要因である。動機づけ要因には，仕事への達成感，業績の承認，やりがいのある仕事，職務責任の増加，成長と能力開発の諸機会があり，「職務内容」に直接かかわる要因である。ハーズバーグは，この要因は，仕事にたいして努力し，よりすぐれた業務遂行をしようという方向へ積極的に動機づける効果があるため「動機づけ要因」と名づけたという。

(2) **衛生要因** 「動機づけ要因」と対極にある職務態度を決定する要因である。衛生要因とは，それが満たされないと職務上の不満が現れる「不満要因」であり，この要因を満たすと不満を取り除くことはできるが，必ずしも仕事にたいする前向きのモチベーションを導き出せるわけではない。この要因には，会社の政策と経営，監督のあり方，作業条件，給与額，対人関係などがあり，職務内容そのものではなく，「職務環境」という仕事をおこなう周囲状況にかかわる要因である。ハーズバーグは，医学用語にならって，病気になることを予防することの意味から，この要因を「衛生要因」と名づける。

◆ より深く学ぶために ◆

〈基本文献〉

『仕事と人間性』北野利信訳，東洋経済新報社，1968年

『能率と人間性──絶望の時代における経営』北野利信訳，東洋経済新報社，1978年

〈入門・解説書〉

『マネジメントの世紀 1901〜2000』S. クレイナー，嶋田充輝監訳，東洋経済新報社，2000年

『経営学100年の思想』宮田矢八郎，ダイヤモンド社，2001年

(齋藤貞之)

COLUMN　日本の経営

アベグレン

(James Christian Abegglen: 1926–2007)

　日本型経営に関心をいだく外国人研究者といえば，イギリス人のドーア（R. Dore: 1925- ），そしてここで紹介するアメリカ人のジェームス・クリスチャン・アベグレンが代表的だろう。

　アベグレンが日本にかかわりをもつようになったのは，1943年半ば，アメリカ海兵隊の新兵訓練を終え，研修プログラムで日本語の基礎を学んだときである。そして海兵隊の偵察兵として太平洋戦争に加わるのだが，その傍らで日本兵の捕虜と会って日本語の上達に努めた。1954年に彼はフォード財団の研究員になり，ハーバード大学でライシャワー教授から日本語を学んだ。1955～56年には企業調査のため来日し，各地の工場をまわって経営幹部や従業員たちと面談した。その調査結果をまとめたのが有名な『日本の経営』（1958年）である。

　同書において，アベグレンはひとつの驚きを隠していない。当時の欧米には工業化についてのモデルがあって，それによると，工業化の進展は合理的な世界観と人間関係，個人の重視，効率性と成果の強調などによるものであり，したがって工業化はそれ以前の社会の大きな変革をともなうはずであると考えられていた。ところが，このモデルが日本にはあてはまらない。彼は次のように述べる。「日本は近代工業の技術を導入したが，同時に，日本人の伝統的な習慣と態度に合わせ，近代産業を導入する以前からあった社会制度に合わせて，独自の企業組織を作り上げたように思える」（『日本の経営（新訳版）』177頁）と。つまり日本社会は，旧来の組織や関係を解体してしまったわけではなく，むしろそれらの多くを温存し，その基礎のうえに工業化社会をつくりあげたのだ，というわけである。終身雇用（実際の表現は「終身の関係」）・年功序列・企業内組合という「三種の神器」も，そのような文脈で語られている。

　自らも企業経営に携わりながら彼は日本企業にかんする研究を続け，上智大学で教鞭をとった。1997年にはアメリカの市民権を放棄して日本国籍を取得している。
　近著『新・日本の経営』（2004年）でアベグレンは日本人にこう呼びかけている。「日本の経済と企業は，健全性を維持しようとするのであれば，英米流の制度と価値観の猿真似をするべきではない。そして，自国を卑下し否定的にとらえる日本の習慣によって，日本的経営の強みを損なう結果にならないよう注意しなければならない」（『新・日本の経営』23頁）と。　　　　　　　　　　　　　　（嵯峨一郎）

Ⅱ 人間の発見

・組織と個人の統合・

アージリス

● ● ● ● ●

(Chris Argyris: 1923-)

◆ 人と業績 ◆

　アージリスは，マグレガー（→102頁）らとならぶ行動科学の代表的論者のひとりである。彼の初期の主たる関心事は，組織と個人の関係を解明することにあった。初期の代表的著作として，『組織とパーソナリティー』（1957年），『新しい管理社会の探求』（1964年）をあげることができるが，その名前は，現在ではむしろ，ショーン（D. A. Schön: 1930-97）との共著，*Theory in Practice* (1974)，*Organizational Learning* (1978) の著者として知られている。これらは，今日の「学習する組織」の先駆的文献となっている。彼の生涯は，以下のとおりである。

　クリス・アージリスは，1923年7月16日，アメリカ，ニュージャージー州のニューアークに生まれた。彼は，ギリシャとニュージャージー州で成長したため，いくつかの点で難しい少年時代を送った。たとえば，学校時代はマイノリティ・グループに属し，最初，彼の英語の運用能力には問題があった，といわれている。しかし，このような経験は，彼に2つの辛抱する性格を身につけさせた。ひとつは，自分の欠点をみつけるために自分自身を注意深く検討する性癖，もうひとつは，自分を変えるために熱心に働くという願望である。彼は，第二次世界大戦中は米軍通信隊の将校として従軍した。その後，クラーク大学で心理学を，ペンシルベニア大学，カンザス大学で経済学を，そしてコーネル大学では組織行動を学び，1951年に学位を得ている。学位を取得すると，ソルボンヌ大学，ライデン大学，ロンドン大学，ケンブリッジ大学それぞれで講師を歴任し，1960年にはエール大学教授となっている。次にハーバード大学に移

り，1971年以来，教育と組織行動のジェームズ・ブライアント・コナント記念教授であった。また，彼は，コンサルタントとしても著名である。

　アージリスがその年齢の早い段階で展開した自己分析の能力は，個人的に，また集団的に，まず，個人要求と組織要求の間の基本的な不一致に向けられた。

　では，アージリスらのもうひとつの仕事，「学習する組織」とは，どのようなものか。簡単にみておこう。彼は，学習を促す組織に向上しようと企業が努力する過程で犯す間違いとして2つを指摘しているが，そのひとつについては，「第1の間違いは，学習を『問題解決法』と極めて狭い範囲で定義しているため，外的環境の問題を発見し，対応することに的を絞っていることである。確かに問題解決は重要である。しかし本当に学習を進めたいのなら，管理者も従業員も自分の内面を見つめなければならない。自分の行動を批判的に内省し，企業の問題に無意識に影響を及ぼしている側面を見つけ出し，行動を変革していく必要がある。特に，問題を定義し，解決する過程で取っているその方法こそが，実際には問題の原因となっていることを理解しなければならない」（「防衛的思考を転換させる学習プロセス」『ダイヤモンド・ハーバード・ビジネス』1991年11月号，36頁）と述べている。そして，彼らは，この重要な違いを説明するために，**シングル・ループ学習**と**ダブル・ループ学習**という2つの言葉を作り出した。そして，アージリスは，高度な専門技能を備えた専門職は，シングル・ループ学習には優れているが，ダブル・ループ学習は不得意であるという。なぜか。それは「個人の**防衛的思考**」「防衛的組織慣行」のためで，これが企業が学習について犯す第2の間違いの特徴を明確に示す，と述べている。こうしてアージリスは，学習と知識の伝達を中核に，行為の科学を樹立しようとする。

◆ アージリスとの対話 ◆─────────────────────

Q　「人は，なぜ，公式の組織原則に抵抗するのか？」

A　「公式組織の原則が，個人に与える衝撃に関する証拠を集めると，健康なパーソナリティーの成長傾向と公式組織の要件の間に，いくつかの不

Ⅱ 人間の発見

適合があると結論される。もし公式組織の原理が，理想的に決められている通り適用されると，従業員は，次のような環境で働くようになるだろう。すなわち，(1)彼らは日常の労働についてほとんど自己統制が許されない。(2)受身で，依存的で，従属的であるように期待される。(3)短期の展望を持つように期待される。(4)いくつかの表面的に浅い能力を，絶えず完全に使い，しかもそれを高く評価するように教えこまれる。そして，(5)心理的失敗に陥るような条件で生産するように期待される。すべてこれらの特色は，健康的な人が望むとされているものと適合していない。これらの特色は，われわれの文化の幼児の欲求にはるかに多く適合している。したがって，もしも成熟した成人が一日八時間，未成熟な仕方で行動する気になれば，組織は喜んで高い賃金を払い，十分な先任権を与える。もしもこの分析が正しければ，この避けることのできない不適合は，(1)従業員が，ますます成熟するにつれ，(2)公式構造（上記の原理の上に建てられた）が最高の公式組織の能率にますます鮮かに，そして論理的に，しっくりされるにつれ，(3)従業員が命令の末端にさがるにつれ，そして(4)職務がますます機械化されるにつれ（すなわち組立て流れ作業の特色をとる），増大する。」

(『新訳　組織とパーソナリティー』伊吹山太郎ほか訳，日本能率協会，1970年，109～110頁)

▶人格は発展してゆく有機体であるから，健康で成熟した個人の成長には，ある基本的な方向がある。それをひとつのモデルとして示せば，子供から大人への過程で，「健全」な人格は，①受身から能動へ，②依存から独立へ，③少数の行動様式から多様な行動様式へ，④浅く移り気な興味から複雑で深い興味へ，⑤短期展望から長期展望へ，⑥従属的地位から同等または上位の地位へ，⑦自己意識の欠乏から自己統制へ，といった「未成熟」から「成熟」への連続的過程によって発達する傾向がある。理論的には，健康な成人であれば，上記7つの人格の「成熟」面を彼らに許すような職務が提供されているとき，その労働に最適の人格を得るであろう。では，人はなぜ，公式の組織原則に抵抗するのか。それは，それらの原則の中に，人の抵抗を呼び起こすような何かが内在しているからである。それらの原則とは，①課業（労働）分化，②命令の連鎖，③指令の統一，④管理の限界である，とアージリスはいう。

　要するに，アージリスは，人が公式組織に抗するのは，組織がそこで働く人を一人前の大人──独立的で活動的で自己意識的存在──としての処遇をしていないからだ，というのである。

アージリス

Q 「ダブル・ループ学習とは，どのような学習か？」

A 「学習には二つの形態がある。皮相的なシングル・ループ学習と深層的なダブル・ループ学習である。シングル・ループ学習は一面的な質問を発して，単純な答えを引き出す。筆者が好んで引き合いに出すのは，環境温度と設定温度を比較して適宜に熱源スイッチを開閉するサーモスタットである。作動は完全に二者択一式だ。一方，ダブル・ループ学習には，さらにもう一段階，あるいは数段階が必要な場合が少なくない。マスコミで使われる，いわゆる関連質問を行うのだ。例えばサーモスタットなら，ダブル・ループ学習では現在の設定温度が最も効率的な室温であるのか，もしそうだとすると，今使用中の暖房器がはたしてその室温を維持するのに最も効率的な暖房器であるのかといった疑問を抱くことになる。さらに現在の設定温度が選定された理由も追究する。つまり，ダブル・ループ学習は，客観的な事実について疑問を提出するだけでなく，事実の背後にある理由や動機も検証する。」

(「学習する組織へのブレークスルー」熊谷鉱司訳『ダイヤモンド・ハーバード・ビジネス』1994年11月号，5～6頁)

▶アージリスとショーンは，2つの基本組織モデルを考案した。モデル1組織は，シングル・ループ学習に特徴づけられる。これは，彼らによれば，「組織の誤りを見つけ，それを正せば，組織が現在のポリシーを推し進め，目標に到達することができる場合」(『究極のビジネス書50選』10頁) である。これにたいして，モデル2組織はダブル・ループ学習を強調する。これは，彼らによれば，「組織の誤りが見つかり，それが根本的な規範やポリシー，目標の修正などによって正される場合」(同上，11頁) と定義される。この2つの学習形態を図式化すれば図1のようになる。図中の支配的変数 (Governing Variables) とは，①目標を設定し，それを達成しようとすること，②勝利を最大化し，敗北を最小化しようとすること，③否定的感情を抑えること，④できるかぎり合理的であろうとすること，を意味する。

Ⅱ　人間の発見

図1　シングル・ループ学習とダブル・ループ学習

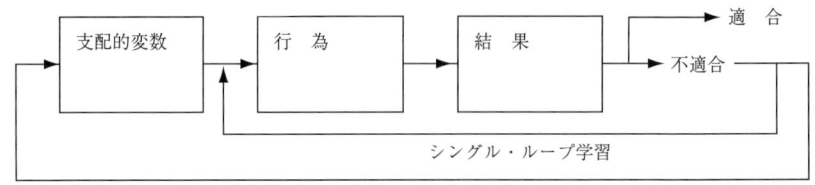

```
┌─────────────────────────────────────────────────┐
│                                                 │
│  ┌────────┐    ┌──────┐    ┌──────┐   →適　合   │
│  │支配的変数│───→│行　為│───→│結　果│          │
│  └────────┘    └──────┘    └──────┘   →不適合──┤
│       ↑           │                             │
│       └───────────┘                             │
└─────────────────────────────────────────────────┘
                    シングル・ループ学習
           ダブル・ループ学習
```

（出所）C. Argyris, *On Organizational Learning*, 2nd ed., Blackwell, 1999, p. 68.

◆ 用語解説 ◆

(1) **シングル・ループ学習**［Single-loop learning］　この学習では，フィードバックは行為を変更するために利用される。
(2) **ダブル・ループ学習**［Double-loop learning］　この学習では，フィードバックは行為がもとづく根底の仮定を問うために利用される。
(3) **防衛的思考**　危険，脅威と考える変化を撃退するという特定の目的のために，従業員やその集団によってとられる思考のことで，これが働くと一種の思考停止の状態になり，学習を阻害する壁となる。

◆ より深く学ぶために ◆

〈基本文献〉
　『新訳　組織とパーソナリティー』伊吹山太郎ほか訳，日本能率協会，1970年
　『新しい管理社会の探求』三隅二不二ほか訳，産業能率短期大学出版部，1969年
　「防衛的思考を転換させる学習プロセス」梅津祐良訳『ダイヤモンド・ハーバード・ビジネス』1991年11月号，36〜49頁
　「学習する組織へのブレークスルー」熊谷鉱司訳『ダイヤモンド・ハーバード・ビジネス』1994年11月号，4〜13頁
〈入門・解説書〉
　『究極のビジネス書50選』S.クレイナー，橋本光憲監修，斉藤隆央訳，トッパン，1997年
　「アメリカ経営学の発展（2）」『マネジメント入門』西川清之，学文社，1996年，第7章

（西川清之）

• システム４ •

リッカート

(Rensis Likert: 1903-1981)

◆ 人と業績 ◆

　レンシス・リッカートは，1903年8月5日，ユニオン・パシフィック鉄道の鉄道技術者の子としてアメリカのワイオミング州で生まれた。彼は，鉄道技術者のインターンとして働いていた1922年に際会したストライキにおいて，労使間のコミュニケーションの断絶に深い印象を抱いたことが，後の研究への導きになったとされている。そこで彼は，ミシガン大学で社会学と経済学を学んだ（1926年）後，コロンビア大学大学院で心理学を専攻し博士号を得た（1932年）。しばらくニューヨーク大学で心理学を教えた（1930～35年）後，生命保険マネジメント協会で研究部長を，戦時期には農務省で農業調査部長などを歴任し，1946年，ミシガン大学へ移り調査研究センターを設立して所長となった。調査研究センターは1948年，レヴィン（K. Lewin: 1890-1947）の死により主催者を失ったMITのグループ・ダイナミックス研究センターを誘致し，統合して社会調査研究所となった。以後彼は定年（1970年）までここにとどまり，多くの研究者を指導して主要業績をまとめ上げた。定年後は夫人（Jane Gibson Likert）とともにリッカート研究所を設立し，研究指導を続けたが1981年没した。

　リッカートの初期の業績は，リッカート・スケールと呼ばれる態度測定法を開発したことである（1932年）。これは通常5つの選択肢からなるアンケート調査で，彼はこの調査法を利用して経営の考え方や監督行動のような特定の要因（原因変数）が従業員の態度・期待・動機づけに与える影響（媒介変数）と，さらにそれらが生産性やコスト・収益のような結果変数に与える影響を実証的に研究し，よりよい管理監督様式の探求に向かった。

Ⅱ 人間の発見

　かかる原因と結果の因果関係の究明において，新たな枠組みを導入したのがホーソン実験（→87頁）であった。つまり，作業条件の改善（原因変数）は直接に作業能率（結果変数）に影響を及ぼすのではなく，主観的なモラールの形成という媒介的変数に反映された後に，作業能率に影響を与えるものであることがわかったのである。ところがリッカートによると，モラールと生産性との間には負の相関，すなわち，態度が非好意的にもかかわらず生産的というケースもあることが明らかにされた。つまり，人間関係論のモラールは受動的なものであり，必ずしも従業員の参加的欲求をも満たしうる積極的なものではなかった。そこでリッカートは，原因変数，媒介変数，結果変数の相関関係を研究し，一貫した変数間の相互関係のパターンを析出し，管理監督様式を独善的専制型，温情的専制型，協議型，参加型に分類した。後には，言葉のニュアンスからくるバイアスを避けるために，システム1からシステム4までの数字で管理システムの発展をいい表した。

　態度調査の結果として，高い生産性を維持した管理監督様式とは，仕事中心ではなく従業員中心の監督，こまごまとした職務組織体系ではなく一般的な協同的動機づけ体系，個人結合型ではなく集団参加型の組織であることを見出し，それをもっとも進化した管理システムであるシステム4として位置づけた。

　システム4の基本概念は，**支持的関係の原理**，集団的方式，高い業績目標の3つである。支持的関係の原理というのは，組織のすべての人々が自分の存在や価値観が承認され支持されているという自覚のもとに，積極的に組織の意思決定に参加し貢献しようという動機づけを得られるような関係性の構築を目指す原理である。つまり，権限関係や階層関係を上下の命令的・一方的な関係としてではなく，相互に承認し合い協力し合う集団的関係性として捉え，上から生産性へと圧力をかける管理ではなく，従業員の主体性を尊重し参加を奨励するような管理の原理である。この原理を活用するならば，上司と部下という個人的結合関係，指令的関係にもとづく管理ではなく，自発的な参加型の集団方式が求められる。いわゆる上司は，重複し合う集団間を結びつける**連結ピン**の役割をはたす。そして各職場集団に支持的関係による効果的な相互作用—影響方式が形成されるならば，自ずと高い業績目標が設定されることになるという。

このようなシステム4への管理システムの発展は，時代の要請であった。つまり，産業社会の高度化による労働の知識集約化やサービス化，労働力の高学歴化や基本的欲求充足への期待などの時代背景の変化にともなうものであった。また，計画と実行の分離にもとづく官僚制の硬直性や非能率，あるいは人間性疎外という問題の解決への道でもあった。

◆ リッカートとの対話 ◆

Q　「能力主義のような個々人の能力にもとづく個別的管理体系と集団における個々人の相互作用を活用した管理体系とではどちらが生産的か？」

A　「作業集団は，われわれがそこで自分の時間の大部分を過ごし，そして，個人的価値観を獲得し維持しようと強く熱望する場所である。であるから，たいていのものがこのグループから認識され，支持され，そして安定感や好意的反応を得るために自分の作業集団の目的と価値とに一致して行動するように強く動機づけられている。このような理由で，『組織内の各人が，高度の集団忠誠心，効果的相互作用技術と高い業績目標を持つところの一つのまたは多くの効果的に機能している作業集団のメンバーであるときにのみ，経営管理によって人間的資源の潜在的可能性を完全に活用することができる』と結論するのである。……

　したがって管理者は，かかる高度に効率的な集団をつくりあげ，そしてこの集団を，その成員を種々な集団に重複的に所属させることによって，一つの全組織へと結合するように努力しなければならない。」

（『経営の行動科学』三隅二不二訳，ダイヤモンド社，1964年，141頁）

▶近年の人事管理のトピックとして，能力主義・成果主義といわれる個別主義管理がさかんに取り上げられるようになった。究極的には個人のエンプロイヤビリティ，雇われ能力というような言葉さえある。能力のない者，成果の上げられない者は解雇されても仕方ないのであって，個人の努力によって雇われる能力を身につけなければならないというのである。こうした個人にすぐさま成果を求める管理思潮においては，リッカートのここでの結論は否定されないとしても，理想主義的に思われるかもしれない。しかしリッカートによると，原価低減や収益改善といった成果指標は短期的で

Ⅱ 人間の発見

みせかけの場合が多く,かかる指標を直接的に改善する要因の変化も,実は態度や期待といった媒介的変数を悪化させることによって,長期的には最終的な成果を台無しにしているかもしれないと警告している。したがって,集団に埋没するのではなく,集団の中の個人の主体的な相互作用を重視したうえで,自ら生産性を改善するような参加を実現している集団型組織のほうが,長期的にはより生産的であるということになる。かかるリッカートの集団の理解は,基本的には自らの実態調査にもとづくものであったが,レヴィンやフォレット(→73頁)の理論から影響を受けている。

Q　「財務的要請は人的資産にどのような影響をもたらすか？」

A　「多くの会社は1957～1958年の景気後退下における原価低減の問題を,全般にわたる原価と人員の削減を独断的に行うことによって処理した。このことは従業員の士気をくじく結果となった。態度は好意的でなくなり,自信と信頼は減少し,一般的に組織の健全性を維持するために原価と浪費を低減しなければならないという各人の責任感は減退した。この会社における相互作用——影響方式は明らかに損傷されたのである。」

(『経営の行動科学』三隅二不二訳,ダイヤモンド社,1964年,250頁)

「なるほど,この方法は会社の現金状態を改善するかもしれないが,それは会社の人的資産の一部を食いつぶすことによって『水増しされた』みせかけだけの収益を得たに過ぎないのである。」

(『組織の行動科学』三隅二不二訳,ダイヤモンド社,1968年,114頁)

▶わが国の1990年代は「失われた10年」といわれるような乱気流の時代であった。特にバブルの崩壊による資産デフレの影響は大規模なリストラを要請することとなった。そうした中,手っ取り早く財務的指標を改善するために,それまでに形成してきた人的資産,組織的資産を食い潰すことをも辞さないといった経営姿勢がみられた。リッカートは,かかる経営が結局は組織を弱体化し,総体としての競争力を失わせ,そして新たな組織形成のための追加的コストを必要とさせるであろうと指摘している。

かかる古典的な「資本の論理」の復活あるいは「新自由主義」の台頭は,今後も主流であり続けるとは考えられない。実際,リーマンショックによりそれは一つの転機を迎えたが,リッカートによれば,そうした資本の効率は真の資本の効率ではなくみせ

かけのものであるという。なぜならば，今日では真の資本は金ではなく人とシステムに化体されつつあり，その形成のためには多くの時間と金がかかるからである。したがって，かつての官僚制的組織の論理への回帰であってはならないが，新たな人と組織の動態的論理，リッカートのシステム4の新バージョン，あるいはリッカートもありうるものと予測している「システム5」が求められるのではないであろうか。

◆ 用語解説 ◆

(1) **支持的関係の原理** [principles of supportive relations]　リッカート理論の中心概念であり，官僚制的な階層的統制方式に代わる経営統合の原理である。リッカートは次のように定義している。「組織体のなかの人間が自分の経歴，価値，欲求，期待との関連において，組織のあらゆる相互作用，人間関係のなかで自分が支持されているという実感を持つこと，さらにいえば，人間としての尊厳性を自覚し，かつ信じ続けること，これを組織体のリーダーシップやその他のやり方によって最大限にもたらせるようにするのが，"支持的関係の原理"である」(『組織の行動科学』53頁，『経営の行動科学』139頁)。
(2) **連結ピン** [linking-pin]　リッカートによると組織の中の個人は複数の集団に重複的に所属し，それぞれの集団のリーダーはより上位の集団のメンバーでもあるというように，上からの情報は自らの集団のメンバーに伝達するとともに，自らの集団の意向をより上位の集団に伝達するという機能を果たすことによって，集団の重複性を連結する役割を果たすというものである。これはさらに，スタッフ部門集団や横の関係にある機能別集団との連結をも期待されている。したがって，システム4の成否はこの連結ピン機能を担う管理監督者のリーダーシップにかかっているといえる。

◆ より深く学ぶために ◆

〈基本文献〉
『経営の行動科学――新しいマネジメントの探求』三隅二不二訳，ダイヤモンド社，1964年
『組織の行動科学――ヒューマン・オーガニゼーションの管理と価値』三隅二不二訳，ダイヤモンド社，1968年
〈入門・解説書〉
『組織行動の科学』角隆司，ミネルヴァ書房，1973年

(高橋公夫)

Ⅱ 人間の発見

COLUMN　組織文化と人間行動

シャイン
(Edger H. Schein 1928-)

　スイスのチューリッヒ生まれ。チェコスロバキアやロシアで少年時代を過ごした後，シカゴに移り住む。父親はシカゴ大学の物理学の教授であった。エドガー・H・シャイン自身もシカゴ大学で学び，1946年に卒業。48年，49年にスタンフォード大学で学士と修士（社会心理学）の学位を，52年にはハーバード大学で同じく社会心理学の博士号を取得している。

　1952年から56年まで，アメリカ陸軍の研究機関で戦争捕虜の洗脳の研究に携わる。マサチューセッツ工科大学（MIT）に移ってからは，1972年から82年まで，スローン経営大学院の組織研究グループの学科長を務めた。現在は同大学院の名誉教授である。

　著作の邦訳書には，『キャリア・ダイナミクス』『組織心理学』『組織文化とリーダーシップ』などがある。これらにおいて，「複雑人」「心理的契約」「キャリアアンカー」「組織文化」といった概念を用いながら，個人や組織の行動に影響を与える要因について，多岐にわたる論理を展開している。

　たとえば，私たち人間には多種多様な欲求があり，それは各人ごとに，また時と状況によっても異なるものである。シャインは，このような「複雑人」として，人間をモデル化する。そのうえで，動機づけの問題を考察している。

　また，個人の動機づけを左右する概念として「心理的契約」を提示する。これは，組織のすべてのメンバーと管理者との間につねに働いている，成文化されていない相互の期待感とされる。両者の期待が釣り合い，一致することが，個人と組織の双方にとって重要なのであるが，そこに「キャリアアンカー」が密接に関係してくる。この自覚された才能と動機と価値のパターンは，個人のキャリアを導き，あるいは抑制して，安定させる力として作用するのである。

　さらに，「組織文化」が組織メンバーの行動に影響を与える。シャインは組織文化を，メンバー間に共有された「基本的仮定」（無意識に当然だと思っている知覚，思考，感覚）と定義する。シャインによると，組織のリーダーがおこなう真に重要な唯一の仕事は，文化を創造し，管理することである。またリーダーとしての独自の資質は，文化を操作する能力なのである。

（江口尚文）

III

組織と環境

バーナード革命	◎	バーナード
意思決定の科学	◎	サイモン
取引費用経済学	◎	ウィリアムソン
一般システム論	◎	ベルタランフィ
技術と組織	◎	ウッドワード
組織の状況適合	◎	ローレンス=ローシュ
不確実性対処モデル	◎	トンプソン
組織デザイン	◎	ガルブレイス
人間感覚への回帰	◎	ミンツバーグ
イナクトメント	◎	ワイク

C. I. バーナード『経営者の役割』(1938年)の登場をもって近代経営学が誕生したといわれる。その理由のひとつは，従来の「支配システム」としての組織観にたいして「協働システム」としての組織観を提示した点にある。すなわちバーナードは，管理を中心とする管理的組織論から組織分析を中心とする組織論的管理論へと転換した（バーナード革命）。近代組織論の始祖と称されるゆえんである。

　他のひとつは，経営学の関心を外部環境への適応ないし「組織と環境」の相互作用的局面へと移行せしめた点にある。すなわち古典理論（科学的管理法，管理過程論）の企業＝閉鎖体系（クローズド・システム）観に代え，バーナードは，開放体系（オープン・システム）としての組織観を提示した。

　バーナードの分析枠および協働システムとしての組織観を基本的に継承したH. A. サイモンは『経営行動』(1947年)において，意思決定の複合体としての組織分析をとおして「情報処理システム」としての組織観を示した。

　またオープン・システムとしての組織観は，1960年代に入り，組織と市場の境界領域を「取引コスト」概念を用いて分析するO. E. ウィリアムソンの組織の経済学およびローレンス＝ローシュ，J. D. トンプソン，J. R. ガルブレイスへとつづくコンティンジェンシー理論ならびに組織デザイン論へと展開する。他方，K. E. ワイク『組織化の社会心理学』(1969年初版)およびH. ミンツバーグの『マネジャーの仕事』(1973年)が登場するが，いずれも「組織はいかに管理されているか」という現実接近的アプローチを採用しており，その後の管理者活動論への路を開いたといえよう。

・バーナード革命・

バーナード

(Chester Irving Barnard: 1886-1961)

◆ 人と業績 ◆

　チェスター・アーヴィング・バーナードは1886年，アメリカのマサチューセッツ州モールデンに貧しいが知的雰囲気をもった機械職人の家に生まれた。5歳のときに母親を失ったのち，母方の祖父の家にひきとられて育った。鍛冶屋であった祖父も貧しかったが，音楽を愛し，哲学を好む温かい雰囲気の家庭であった。グラマー・スクール卒業後，隣町のピアノ工場で働き，週に3ドルを稼ぐ調律師見習いになっている。仕事のかたわら勉強にも精を出し，やがて優秀な成績で名門マウント・ハーモン高校に入学，1906年にハーバード大学に進学する。ハーバードでは経済学を専攻するとともに，ローレンス・ローウェルについて政治学を学んだ。3年間で実験科学を除く卒業要件をすでに満たしていたが，もう1年在学して学士号を取得するよりも就職の道を選択した。

　1909年，ハーバード大学を中退したバーナードは，アメリカ電信電話会社（AT＆T）の統計部員となる。十余年にわたるスタッフ的業務を経て，1922年ペンシルベニア・ベル電話会社の副社長補佐兼ゼネラル・マネージャーとなり，26年に同社の営業担当副社長に昇進，翌27年，41歳のとき，新設のニュージャージー・ベル電話会社の初代社長に就任する。以後，1948年までの21年間，その職にあった。そのほか，彼は数多くのボランティア的活動を体験している。たとえば，デイヴィット・リリエンソールによる原子力委員会の政策策定に関与したり，ニュージャージー緊急救援庁，ニュージャージー少年院，USO（United Service Organizations）慰問協会（会長職3年間），ロックフェラー基金（理事長職4年間）のために働き，またニュージャージー・バッハ協会の会長

III 組織と環境

でもあった。

　学士号こそなかったが，豊富な組織体験と独学をとおして得られた該博な知識を背景に，7つの名誉博士号を有し，歴史に名を残す学問的地位を不動のものにしたのは，バーナードの主著『経営者の役割』(*The Functions of the Executive,* 1938) である。執筆の契機は1937年の11月と12月にボストンのローウェル研究所でおこなうことになった8回の公開講座での講義であった。主著のほかに9つの論文を収録した論文集『組織と管理』(1948年) があるが，そのほか講演あるいは講義内容を印刷したものが残されている。

　バーナードの講義目的は，組織の理論を構築することであり，協働システムの性質を検討するよう人々に刺激を与えることであった。組織分析に先立ちまず「組織における人間とは何か」を問うバーナードの人間観は，組織の中で単に職務を遂行するだけの受身的な人間ではなく，自由意思と感情をもった，一定の選択能力の範囲内ではあるが，環境に積極的に働きかけて目的を達成しようとする自発的意思決定者であった（全人仮説）。そのような人間は協働の有効性を知っている。

　協働は個人能力の限界を超える目的を達成する手段として成立する。バーナードは「少なくともひとつの明確な目的のために，2人以上の人々が協働することによって，特殊な体系的関係にある物的，個人的，社会的構成要素の複合体」(『新訳　経営者の役割』67頁) を協働体系と呼び，その中核概念として「組織」を抽出する。すなわち今日の代表的組織である企業，政府，病院，学校などは，それぞれ異なる特徴をもっているが，このような組織体＝協働システムの差異的要素を排除したところに，いわば共通のエッセンスとして「組織」が存在する。

　バーナードはこのようにして得られた組織，すなわち**公式組織**を「意識的に調整された人間の活動や諸力のシステム」(同上，75頁) と定義しており，その存立条件をこの簡潔な定義のうちに含めた。すなわち組織が「意識的」に調整されたものだとすれば，人々の「合目的的活動」＝「共通目的」が不可欠であり，なんらかの意味で「調整された」ものだとすれば，人々のあいだでの「伝達」機能が確保される必要がある。他方，意識的調整をともなわない自然発生

的な人々の相互作用の総体は**非公式組織**と呼ばれる。また人間の「活動や諸力のシステム（体系）」は人々の「**貢献**意欲」なしでは確保されない。活動がいわばプールされてはじめて組織が成り立つからである。かくして，①伝達（コミュニケーション），②貢献意欲，③共通目的，が組織成立の3条件（「組織の3要素」）となる。

　ところで，協働をとおして得られる経済的利潤や社会的余剰は，個人に分配される部分と組織内部に留保される部分がある。バーナードは個人動機の満足にかかわるものを「能率」（efficiency），組織目的達成にかかわるものを「有効性」（effectiveness）と称し，両者の同時達成（均衡）を組織存続の条件であるとした。能率を経済的目標，有効性を技術的目標と言い換えることもできよう。ところで，組織の能率が確保されれば，有効性が高まり，有効性の高まりは，組織が人々に分配することのできる**誘因**（incentives）の源資の高まりをもたらすという意味において，両者のあいだには補完（ないし因果）関係がある。バーナードは組織の能率で評価される均衡を組織と参加者のあいだの均衡という意味で組織の「対内的均衡」と呼び，組織の有効性で評価される均衡を組織の「対外的均衡」と称している。つまり，組織の維持・存続の条件は組織の内・外均衡の同時達成ということになる。

　管理の基本職能は，組織目的を定式化し，伝達システムを整え，必要な活動を確保すること，そして組織全体の視点に立って有効性と能率の均衡を確保することにある。「組織目的」の定式化には「**道徳的側面（規範）**」と「**機会主義的側面（手段適合性）**」があり，組織の存続のためにはいずれも欠かせない。組織目的と個人動機（貢献意欲）を結合させるプロセスこそ「伝達（コミュニケーション）」であり，組織におけるすべての活動はコミュニケーションに基礎づけられていなければならない。バーナードによれば，①コミュニケーションの経路は明示的であること，②客観的権威が公式的なコミュニケーションによって確保されていること，③コミュニケーションのラインは直接的か，できるだけ短くなければならない。また「貢献の確保」のためには，①「士気」の維持，②「誘因体系」の維持，③協働システムの存続可能性を保証する監督，統制，検査，教育や訓練といった「抑制」の維持が求められる。これらのうち

Ⅲ 組織と環境

「誘因体系」には客観的誘因を提供する「誘因の方法」と参加者の主観的基準を変更させる「説得の方法」が含まれる。

　最後に経営職能の頂点として，バーナードは管理プロセスの全体感覚の重要性を主張した。それは全体としての組織とその組織が生存する全体状況を感じ取る感覚であり，内的均衡にかんしては全体の統合，また外的均衡については，環境適応能力の維持感覚を意味する。そしてこのプロセスを把握する感覚こそ，まさに管理の「芸術」であると述べている。組織が存続するためには，物的効用と社会的効用の両方をつくり出さねばならない。この組織において創造力を起こさせるものは，「道徳的リーダーシップ」である。指導者たるものなんらかの道徳準則をもち，高い責任能力を示し，他者の道徳能力を創造可能にすることが求められる。バーナードの不朽の名著『経営者の役割』が今なお，現代の経営実践にたいして光彩を放ち続けているゆえんである。

◆ バーナードとの対話 ◆

Q　「組織は対立する事実の統合物であり，管理者の機能は対立する諸力の調整であることの意味は？」

A　「一方において，人間行動を普遍的な諸力の表現と説明し，個人をたんに受動的なものとみなし，選択の自由や意思の自由を否定し，組織とソーシャリズムを基本的な立場とする哲学は，広く観察される事実，社会的状況で人々の行動や思考を支配している事実に準拠しているものである。しかし他方，選択の自由や意思の自由を認め，個人を独立な存在とし，物的，社会的環境を二次的付随的条件におし下げるのも，また行動や思考についての，もう一面の事実に合致した哲学である。……われわれの目的にとって必要なことは，いかなる条件のもとで，いかなる関連において，またいかなる目的にとって，この二つの立場のいずれが有効に用いられるかを述べることであり，いかにして双方が同時に適用可能なものと考えられるかを示すことである。協働や組織は，観察，経験されるように，対立する事実の具体的な統合物であり，人間の対立する思考や感情の具体的統合物である。管理者の機能は，具体的行動にお

いて矛盾する諸力の統合を促進し，対立する諸力，本能，利害，条件，立場，理想を調整することである。」

（『新訳　経営者の役割』山本安次郎・田杉競・飯野春樹訳，ダイヤモンド社，1968年，22頁）

▶組織を対立する事実の統合物であり，管理機能（職能）をその調整にあると捉えるバーナードの考えの基礎には，組織を「個と全体」の矛盾対立的ダイナミズムにおいて把握せんとする独自の思考がある。このような思考は有効性と能率という二分法によって組織努力の秩序のための目的や要求（組織動機）および個人を満足させるための個人的目的や要求（個人動機）の対立を統合せんとする論理構成に示されており，また組織における個人を組織人格と個人人格の二重性において把握する視点に端的に現れている。すなわち組織人格とは，職務を遂行する機能的人格であり，組織において役割・機能を遂行するためにいわば「滅私」された非人格的（impersonal）部分である。他方，個人人格とは，かかる人為的に形成された組織人格に対峙する個本来の人格的（personal）部分を指し，人格的全体性を有する。つまり，組織における人間は，個人人格＝全体性を維持しつつ，かつ協働を継続するかぎり，状況に支配された組織人格＝部分性とのあいだで人格的葛藤を余儀なくされることになる。そこに個と全体の対立を統合し，調整せんと試みる管理職能の意義が存在する。

Q「バーナードは管理職能について，それは人々の集団を管理することではないというが，それはどういう意味か？」

A「管理職能は協働努力の体系を維持する作用をする。それは非人格的である。その職能は，しばしばいわれるように，人々の集団を管理することではない。このように狭隘で，便宜的で，厳密にいえば誤った考え方がおこなわれるならば，管理職務の正しい理解がえられるとは思えない。また管理職能は協働努力の体系を管理することであるということさえも正しくない。協働努力の体系は全体として自ら管理するものであって，その一部である管理組織によって管理されるのではない。われわれが問題にしている管理職能は，頭脳を含めた神経系統の，身体の他の部分に対する機能のようなものである。神経系統は，身体が環境により効果的に適応するのに必要な行動を指令して，身体を維持するために存在するが，身体を管理するとはいえない。身体機能の大部分は神経系統とは独立しており，むしろ反対に，神経系統が身体に依存しているのである。」

Ⅲ　組織と環境

(『新訳　経営者の役割』山本安次郎・田杉競・飯野春樹訳, ダイヤモンド社, 1968年, 226～227頁)

▶このような言説の背後にはバーナードの組織観そのものがある。すなわちバーナードによれば, 組織は集団ではなく, 協働の関係であり, それは人間の相互作用のシステムである。このように集団概念を排斥することによって得られた人間の協働システムの維持・存続に深くかかわる経営者の仕事は, システムを管理することではなく, 「組織を活動状態に保つための専門的仕事」であり, システムの大部分は自己管理されているという見解に立つ。この考えは組織における権限の源泉を指示をあたえる人々ではなく, その指示を受容もしくは拒絶する人々の側にもとめる, いわゆる「権限受容説」に結びつく。バーナードによれば, 権限とは「公式組織における伝達(命令)の性格であって, それによって組織の貢献者ないし『構成員』が伝達を, 自己貢献する行為を支配するものとして, すなわち組織に関して, その人がなすこと, あるいはなすべからざることを支配し, あるいは決定するものとして, 受容するのである。……この定義では, 一つの命令が権威をもつかどうかの意思決定は受令者の側にあり, 『権威者』すなわち発令者の側にあるのではない」(同上, 170～171頁)。

このような見解は, 組織における権限関係の形式面(**上位権限の虚構**)より, 実質的側面(機能面)を強調するものであるが, 「全体として自ら管理する」協働努力の体系という視点は, 情報化社会といわれ, ネットワーク時代と称される今日的状況により適合的内容をもつと考えられる。そこでは, ますます巨大化する組織の登場がみられる一方において, 自律性を維持しつつ他の組織との協働関係に入るという, いわば機能対等的な諸関係の増大がみられるのも事実だからである。

Q 「管理職能に含まれるという道徳的リーダーシップとは何か？」

A 「管理責任は, 複雑な道徳準則の遵守のみならず, 他の人々のための道徳準則の創造をも要求するということを特色とする。この職能の最も一般的に認められている側面が, 組織内における『モラール』の確保, 創造, 鼓舞と呼ばれているものである。これは組織ないし協働体系と客観的権威の体系に, 考えかた, 基本的態度および忠誠心を教え込む過程であり, それが個人的利害とか, 個人的準則の重要でない指令を協働的全体の利益に従属せしめることとなるのである。」

(『新訳　経営者の役割』山本安次郎・田杉競・飯野春樹訳, ダイヤモンド社, 1968年, 291頁)

▶バーナードによると、組織成員の行動の規範となる準則には私的準則（private code）と公的準則（public code）があり、組織の中にあっては準則の対立が生じるのが通常の姿である。なぜなら組織成員は、個人的にはさまざまな組織に同時に帰属していると考えられるからである。管理者が失敗するのは、彼の管理能力はもとより、道徳的な複雑性と対立状況への積極的取り組みの欠如に由来する。なぜなら、公的準則と私的準則の対立を調整する知的過程こそ管理者の創造的職能だからである。時代の要請に見合う行動規範としての組織道徳の創造こそ、高度なリーダーシップ機能にほかならない。かくして「組織の存続はリーダーシップの良否に依存し、その良否はその基礎にある道徳性の高さから生じる」（同上、295頁）と述べ、管理職能としての「道徳準則の創造」を強調した。

◆ 用語解説 ◆

(1) **公式組織［formal organization］と非公式組織［informal organization］** 協働システムにおいて職務権限や職責という形で、意識的で主体的な管理の作用を担当する公的役割を与えられるのが、人々の活動システムとしての公式組織である。それ以外の特別に意識された目的がない、個人的な人格的接触や相互作用の総体を非公式組織という。バーナードは公式組織における非公式組織の機能として、①コミュニケーション機能の円滑化、②組織の凝集性の維持、③人格的全体感の保持、の3つをあげている。

(2) **誘因［inducement］と貢献［contribution］** 組織が各個人の動機を満足させるために提供する効用を誘因といい、組織目的達成に寄与する個人の活動を貢献という。人々が組織に参加するのは、誘因（I）−貢献（C）≧0と知覚されるからである。誘因には大別して個人に特定しうる「特殊的誘因」と特定化しえない「一般的誘因」とがある。バーナードは前者として、①物質的誘因、②個人的で非物質的な機会の獲得、③好ましい物的作業条件、④理想の恩恵をあげ、後者として、⑤社会結合上の魅力、⑥慣習への適合、⑦参加の機会、および⑧心的交流の状態をあげている。

(3) **道徳的側面と機会主義的側面** 管理の基本職能のひとつとしての「目的の定式化」には道徳的側面（規範）と機会主義的側面（手段適合性）がある。前者が「物的、生物的、社会的経験の無数の経路を通じて人々の感情に影響を与え、そして協働の新しい特定目的を形成する、態度、価値、理想、希望の部面である」（『新訳 経営者の役割』221～222頁）のにたいして、後者は「目的達成の手段および条件に関係する」（同上、221頁）側面を指す。

機会主義的側面において特に重視されなければならないのは、戦略的要因——すな

III 組織と環境

わち，他の要因が不変のままならば，ある要因を取り除くか，あるいは変化させると，目指す目的を達成するような「制約的」要因——の発見である。バーナードはある畑で穀物の増収をのぞみ，分析の結果，土地にカリが不足していることがわかった場合，カリが戦略的要因であり，その他の要因は補完的要因だという。

(4) **上位権限の虚構** コミュニケーション（命令）の性格をもつ権限が組織において首尾よく機能するためには，命令の受け手（受令者）の側に，誰もがその根拠を疑うことなく許容しうる一定の範囲というものが必要であり，バーナードは「自らの関心の外にある」領域という意味で無関心圏（zone of indifference）と名づけた。ところで，非公式組織は組織の凝集性を維持するという機能をもっており，その意味で公式組織の客観的権威を支持する傾向がある。組織との関連において，純満足を確保している大部分の人々にとって，権限が否定され，組織の利益が損なわれることは，自らの利害に反するからである。こうしてできあがった一種の共同体意識が「権限は上から下に流れる」，あるいは「命令には従わねばならない」という「上位権限の虚構（フィクション）」を形成するのである。

◆ より深く学ぶために ◆

〈基本文献〉

『新訳　経営者の役割』山本安次郎・田杉競・飯野春樹訳，ダイヤモンド社，1968年
『組織と管理』飯野春樹監訳，文眞堂，1990年

〈入門・解説書〉

『バーナード経営学入門』W. B. ウォルフ，日本バーナード協会訳，ダイヤモンド社，1975年
『バーナード「経営者の役割」』飯野春樹編，有斐閣新書，1979年
『バーナード研究』飯野春樹，文眞堂，1978年
『組織論の現代的主張』川端久夫編，中央経済社，1996年
『現代組織論とバーナード』O. E. ウィリアムソン編，飯野春樹監訳，文眞堂，1997年
『経営管理論の時代』J. シェレドレイク，斉藤毅憲ほか訳，文眞堂，2000年

（中野裕治）

・意思決定の科学・

サイモン

(Herbert Alexander Simon: 1916-2001)

◆ 人と業績 ◆

　ハーバート・アレクサンダー・サイモンは，1916年6月，アメリカのウィスコンシン州ミルウォーキーに生まれ，2001年3月にペンシルベニア州ピッツバーグで死去した。1978年にはノーベル経済学賞も受賞した国際的な社会科学者であり，その多彩な研究にたいしては，心理学，政治学，コンピュータなどさまざまな学会から賞が贈られ，1986年にはアメリカ国家科学賞も授与されている。博士号の取得はシカゴ大学（1942年，政治学博士）。イリノイ工科大学を経て，1949年からカーネギー・メロン大学教授，65年には，同大学のコンピュータ学科および心理学講座のユニバーシティ・プロフェッサーとなった。幅広い研究を展開しながらも，サイモンの主たるテーマは，組織における人間の意思決定の過程とその合理性の限界であり，その一方で人工知能のパイオニアとしていくつもの意思決定支援システムの構築に携わった。人工知能への貢献からは1975年にチューリング賞も受賞した。主著『経営行動』の初版の発表は1947年である。

　サイモンの理論は，わが国ではかつてバーナード＝サイモン理論と連記されることが多かったように，バーナード理論の発展といわれていた時期があった。バーナード（→131頁）は管理の本質を意思決定と捉え，目的達成のための環境適応にかんする機会主義の理論を展開するとともに，リーダーシップにおける決定的な要因として道徳性の重要さを強調した。サイモンは，バーナードが到達した点から出発して，意思決定論を中心とした組織論・管理論を展開した。彼は『経営行動』において意思決定を人間の行為の中核と捉え，意思決定の過

III 組織と環境

程そのものを分析し，その合理性と限界を徹底的に解明することによって，管理論のさらなる展開を目指したのである。

サイモンは，意思決定を「それ以上分析することは不可能な基本的単位」ではなく，「何らかの前提から結論を導き出す過程」と捉えている。この結論を導き出すための前提を意思決定前提という。意思決定前提は，善悪・倫理や行為の目的にかかわる価値前提と，事実の認識や目的達成の手段にかかわる事実前提に大別される。サイモンは，後者の事実前提をめぐって意思決定の科学の成立が可能となると論じている。意思決定前提の詳細と意思決定の科学については「サイモンとの対話」でさらに学習しよう。

サイモン理論の重要な側面のひとつは，意思決定の合理性を追求するとともに，そこに明確な限界があることを指摘し，これを克服する手段として組織を論じている点である。サイモンにおいては，組織は個人の意思決定に影響を与える機構だと把握される。こうした組織に参加するかしないかという個人の意思決定の問題（組織均衡論）と，組織に参加した諸個人の意思決定を組織目的の観点からいかに統一的なものにするかという問題（組織影響論）をめぐる理論の展開が，『経営行動』の主たる内容といってよい。

こうしたサイモンの視点は，マーチ（J. G. March: 1928- ）との共著『オーガニゼーションズ』（1958年）において，さらに豊かに展開されている。ここでは組織における意思決定の限界をもたらす二大要因として**動機的制約**と**認知的制約**が語られ，これらを軸に従来の組織論・管理論の再検討をおこなうことによって，組織ないし管理の諸側面を積極的に把握する理論の展開が試みられている。マーチ＝サイモンによれば，テイラー（→19頁）の科学的管理やウェーバー（→3頁）の官僚制論は，人間の動機的要因を考慮していない機械論的な組織モデルということになる。一方，マートン（R. K. Merton: 1934-80），ブラウ（P. Blau: 1918- ），グルドナー（A. W. Gouldner: 1920-80）らの官僚制逆機能論は，動機的制約に着目することによって官僚制組織の逆機能性を分析している点では機械論的な組織論を凌ぐ有機的モデルである。だが，彼らの理論も認知的制約という視点を欠いている点で完全ではない。それにたいして，マーチ＝サイモン理論は，動機的制約・認知的制約の両面から組織における意思決定のコン

フリクトを論じている点で,より高次なものであり,官僚制の逆機能性のメカニズムを分析し,その克服を論じるものとしては,これ以上なく精緻で包括的な組織論といえる。管理における機能的な合理性の実現という点では,ウェーバーの,規則の制定や権限の明確化を中心とするフォーマルな官僚制論よりも,マーチ＝サイモンの**目立たないコントロール**のほうが遙かに合理的であり,機能的であるといえよう。

　サイモンによって樹立された意思決定を対象とする科学は,組織が環境の中で自己の存続をはかるための意思決定の機会主義を理論化していった。こうした問題関心は,1970年代以降,コンティンジェンシー理論として展開されることになる。コンティンジェンシー理論は,環境を組織維持との関連で論じるべき対象として捉え,環境の分析,環境と組織の分析を著しく発展させた。さらにそこから組織文化論・組織風土論やゴミ箱モデルが生まれ,自己組織性論が登場し,環境をいかに認識し,有効な意思決定につなげるかという問題関心から組織認識論・知識創造論が提起された。これが現代経営学のフロンティアであり,その過程で,組織の環境や自己創造が一層精緻に分析され,管理の機能性を高める諸理論が提供されている。こうした点で,サイモンの意思決定の科学は,現代の組織論・管理論の主流を方向づけたといえるであろう。

　だが,バーナードが組織存続の条件として,組織目標の達成と諸個人の動機満足の双方をあげたのにたいして,サイモンは前者の合理性のみを追求した。バーナードが管理の本質としての意思決定の機会主義と道徳性のうち,「リーダーシップの本質は道徳性の創造にある」と後者（道徳性）を重視していたのにたいして,サイモンは価値前提・事実前提のうち,前者（価値前提）を除外して意思決定の科学をうち立てた。それにより,組織目的達成の合理性に問題を限定し,その側面での理論展開を目指していったのであり,その意味で,サイモン理論はバーナード理論の一面的展開である。バーナード自身も,サイモンは自分の後継者ではないといい切っているのである。そして,ウェーバーの官僚制論も,組織論レベルではマーチ＝サイモン理論によって超えられたようにみえながら,ウェーバーの根本的な問題提起,すなわち合理性・機能性の追求が官僚制の抑圧性・隷従性を拡大するという支配論レベルでの問題提起につ

Ⅲ 組織と環境

いては,『オーガニゼーションズ』では積極的に論じられていない。

◆ サイモンとの対話 ◆

Q 「意思決定前提と科学との間には,どのような関係があるのか？」

A 「管理科学はあらゆる科学と同様,事実的な言明にのみに関係する。科学の本体には,倫理的な主張がはいる場所はない。倫理的な言明が出てくる場合には,それは,事実的な部分と倫理的な部分の二つに分離されうる。そして前者のみが科学となんらかの関連を持つ。」

(『経営行動』松田武彦・高柳暁・二村敏子訳,ダイヤモンド社,1989年,320頁)

▶意思決定前提は,善悪・倫理や行為の目的にかかわる価値前提と,事実の認識や目的達成の手段にかかわる事実前提の2つに分けられる。価値前提・事実前提という捉え方は,バーナードの意思決定論における道徳的側面と機会主義の側面の二者が,単純化・明確化されたものである。価値は善悪・倫理にかかわる主観的な問題であり,意思決定の不可欠の前提であるが,科学的な研究の対象からは除外される。これにたいして,事実前提は真実か誤りか,正しいか間違っているかの検証を客観的におこなうことが可能であり,科学的に分析することができる。サイモンは,ここに意思決定の科学が成立しうると論じるのである。ウェーバーも,科学的認識の客観性を論じる際に,経験的な知識と価値判断の区別を主張した。だが,それは科学が事実認識のみにかかわり,価値判断はその射程外におくべきことを意味するものではない。むしろ,価値判断の積極的な考察・批判を科学のもっとも重要な課題とすることが,ウェーバーの主眼であった。しかし,サイモンは,これとは対照的に,価値判断を科学的な分析・批判の対象から除外したのである。

価値前提は主として目的にかかわり,事実前提はおもに手段にかかわる。したがって,意思決定を目的達成にかかわる政策のレベルと,それを実現するための手段の選択をめぐる管理のレベルに区別すれば,意思決定の科学が対象とするのは,目的をいかに達成するかという後者の問題である。ただし,最終目的が主として価値にかかわるとしても,最終目的達成のための手段はそれ自体が目的となり,その目的達成のための手段が生まれ,そしてまたその手段が目的とされるというように,目的と手段の連鎖が形成される。また,企業目的はいくつもの手段に分割して遂行され,それぞれの手段が目標として掲げられることになる。

サイモン

Q 「人間の意思決定に合理性はあるのか？」

A 「管理組織を観察し，あるいはその理論に関係したことがある人にとっては，組織における人間行動が，全部が全部合理的ではないとしても，少なくとも，大部分は合理的であることが意図されている，ということは十分に明らかであると思われる。」

「管理の理論は，特に，意図され，しかも制限された合理性についての理論，すなわち［合理性を——引用者］極大にする知力を持たないために，ある程度で満足する人間の行為の理論である。」

(『経営行動』松田武彦・高柳暁・二村敏子訳，ダイヤモンド社，1989年，21〜22頁)

▶意思決定のプロセスとしては，まず価値前提に導かれて目的が設定されるが，これに続いて，(1)いくつかの代替案が事実前提にもとづいて作られ，(2)それぞれが評価・検討され，(3)その中のひとつの案が目的達成の手段として選択される。ここで重要なのは，意思決定のプロセスが合理的でありながら，その合理性には限界があることをサイモンははっきりと指摘していることである。すなわち，①事実前提の認識が完全にはおこなえないこと，②代替案の作成にも限界があること，③代替案の評価・検討も不完全にしかおこなえないことが，その理由である。したがって，意思決定の合理性を追求する場合には，その限界を意識しながら，可能なかぎり完全・最大限に近いところで満足できるように決定するということになる。こうした行動をとる人間仮説を，サイモンは「経営人」（管理人）（administrative man）モデルと呼ぶ。彼らは「満足基準」にもとづいて意思決定をする。限定（制約）された合理性（bounded rationality）は，こうした人間の意思決定能力の特質を示した語である。

これにたいして，経済学が想定する経済人仮説においては，人間は「最適基準」にもとづいて行動する。すなわち，あらゆる選択肢についてのすべての情報をもち，どの選択対象がもっとも好ましいかを決めるために，いかなる複雑な計算でもおこなうことができる完全な合理性が想定されている人間モデルである。経営人モデルは，経済人モデルよりも現実の人間像に近いが，それでもバーナードの全人仮説とはまったく次元が異なったものであることに注意しなければならない。バーナードは，人間を経済的属性のみならず，非経済的な属性をもつものとして全人仮説（三戸公）を提起し経済人仮説からの訣別を宣言した。これにたいして，経済人仮説と経営人仮説はいずれも人間行動の経済的属性の理論化といえるであろう。サイモン自身も経営人仮説を経済人仮説のいとこと呼んでいる。

143

III 組織と環境

Q 「組織とはいかなるものか？ 個人にたいして，どのような影響を与えるのか？」

A 「組織という言葉は，人間の集団内部でのコミュニケーションその他の関係の複雑なパターンをさす。このパターンは，集団のメンバーに，その意思決定に影響を与える情報，仮定，目的，態度，のほとんどを提供するし，また，集団の他のメンバーがなにをしようとしており，自分の言動に対して彼らがどのように反応するかについての，安定した，理解できる期待を彼に与えるのである。」

「組織のハイアラーキーのより高い階層において達せられた決定は，それが下へと伝達されなければ，現業員の活動になんの影響も与えないであろう。その過程を考察するには，現業員の行動に影響を与えうる方法を調べる必要がある。これらの影響は，およそ二つの範疇に分かれる。(1)組織にとって有利な決定にいたるように態度，習慣，心的状況を現業員自身のなかに確立すること。(2)組織のどこかよそで決められた決定を，現業員に課すこと。第一の型の影響は，従業員に組織への忠誠心と能率へのかかわり合いを教え込むことによって，また，より一般的には従業員を訓練することによってその効果が生ずる。第二の型の影響は，主としてオーソリティに依存し，また助言と情報のサービスに依存する。」

(『経営行動』松田武彦・高柳暁・二村敏子訳，ダイヤモンド社，1989年，序文15頁，本文14頁)

▶意思決定論を軸とした組織論は，どのように展開されるであろうか。サイモンは，いかにすれば多数の組織メンバーに，組織目的達成のための統一的な意思決定と行動をとらせることが可能になるかを論じた組織影響力の理論を展開する。サイモンによれば，組織とは意思決定の機構であり，個人の意思決定に影響を与えることにより，その行為は組織化される。組織により，個人の意思決定の合理性の限界も克服される。組織が個人にたいして与える影響力は，外部的なものと内部的なものに分けられる。

外部影響力としては，①オーソリティ，②コミュニケーション，③訓練の三者があげられる。オーソリティは，組織メンバーの行動を左右する意思決定をおこなう権力であり，それは制裁をともなってはじめて実効性をもつ。コミュニケーションは，価値前提・事実前提をフォーマル，インフォーマルに伝達する手段である。価値前提・事実前提のあり方により，当然，メンバーの意思決定は異なってくる。また，多数の

新しいメンバーに，未知の複雑で不慣れな業務を短時間で教え込むには，フォーマルな訓練が有効である。

意思決定への内部影響力としては，①能率の基準，および②組織への一体化と忠誠心がある。「最小の犠牲で最大の効果を」という能率の基準を共有することは，メンバーに合目的的・統一的な意思決定をおこなわせる決定的な要因である。また，メンバーは組織の目的や価値を自己の心理や態度として内在化することから，組織への愛着や忠誠心をもつことによって，外部から強制されなくても，自発的に組織目的に合った意思決定をすることになる。こうした組織影響論は，マーチとの共著『オーガニゼーションズ』において，より豊かな肉づけがなされている。

◆ 用語解説 ◆

(1) **動機的制約・認知的制約** マーチ＝サイモンは「組織についての命題は，人間についての言明である」との言のもとに，組織内での人間行動を説明する基礎となる３つの人間モデルを提示した。①機械論的人間モデル，②動機・感情をもつ人間モデル，③問題解決能力・学習能力をもつ人間モデル，がそれである。

①機械論的人間モデルでは，組織メンバーは命令・指示を受けて仕事をするのであり，それ以上のものではないとされる。②の人間モデルでは，メンバーは，それぞれ自らの態度・価値・目的をもっており，それを組織にもち込むとみなされる。③では，メンバーは，自ら意思決定者，問題解決者と考えられ，彼らの行動を説明するためには，人間の知覚と思考の過程を理解していなくてはならない。

組織にかかわる人間行動は，これら３つの側面あるいはそれ以上のものを内包している。すなわち，人間は命令にたいして機械的に反応するマシーンの部分（①）だけでなく，動機的側面（②）や認知的側面（③）をももっているのであり，これらを考慮せずに組織を動かそうとしても，予期せざる結果に直面することになる。いわゆる官僚制の逆機能性である。メンバーの個人目的と組織目的は完全には一致しないし，人間の認識能力や学習能力も現実の問題の複雑性にたいして完全ではない。それが，組織における合理的な意思決定の阻害要因となる。前者が動機的制約であり，後者が認知的制約である。これらが組織においてコンフリクトを生むのである。マーチ＝サイモン理論は，こうした制約の中で，組織におけるメンバーの意思決定がいかに動的に展開されるかを理論化したのである。

(2) **目立たないコントロール** 意思決定の観点から組織と管理を論じるサイモンの視点をさらに展開させたマーチとの共著『オーガニゼーションズ』においては，組織が個人の行為を統制する重要な手段として，目立たないコントロールが述べられている。

Ⅲ　組織と環境

　個人の意思決定能力を不完全なものとする二大要因は，①動機的制約と②認知的制約である。こうした制約のもとで，意思決定の合理性を高めようとするとき，問題となるのは意思決定を左右する前提（意思決定前提）であって，意思決定のプロセスそのものではない。すなわち，組織は意思決定の前提をコントロールすることによって，個人を統制するのである。

　組織が意思決定前提をコントロールする方法は，2つある。①命令や規則によるコントロールと，②情報の流れを規定することによるコントロールである。後者を目立たないコントロールという。それは，具体的には，不確実性の吸収，組織用語，仕事のプログラム化，原材料の標準化，手続きのプログラム化，コミュニケーション・チャンネルの使用頻度，コミュニケーション構造，人員選抜基準等によってなされる。組織における個人行為の大部分が目立たないコントロールによって統制されているのであって，命令や規則によって左右される部分は，全体の2割にすぎないという。

　「目立たないコントロール」という言葉自体はサイモンのものではなく，ペロー（Ch. Perrow: 1925- ）が『オーガニゼーションズ』を検討する際に用いた語であるが，サイモン理論を理解するうえで有意義であろう。

◆ より深く学ぶために ◆―――――――――――――――――――――

〈基本文献〉

『経営行動』松田武彦・高柳暁・二村敏子訳，ダイヤモンド社，1989年

『オーガニゼーションズ』（J. G. マーチとの共著）土屋守章訳，ダイヤモンド社，1977年

『意思決定の科学』稲葉元吉・倉井武夫訳，産業能率大学出版部，1979年

『システムの科学』稲葉元吉・吉原英樹訳，パーソナルメディア，1999年

『意思決定と合理性』佐々木恒男・吉原正彦訳，文眞堂，1987年

〈入門・解説書〉

「管理の展開」『現代の学としての経営学』三戸公，文眞堂選書，1997年

『管理とは何か――テイラー・フォレット・バーナード・ドラッカーを超えて』三戸公，文眞堂，2002年

『現代組織論批判』Ch. ペロー，佐藤慶幸訳，早稲田大学出版部，1978年

　　　　　　　　　　　　　　　　　　　　　　　　　　　　　（池内秀己）

・取引費用経済学・

ウィリアムソン

(Oliver Eatōn Williamson: 1932-)

◆人と業績◆

　オリバー・イートン・ウィリアムソンは，アメリカのウィスコンシン州スペリオルで生まれ，1955年にマサチューセッツ工科大学で理学士，60年にスタンフォード大学で経済学修士，63年にカーネギー・メロン大学で経済学博士の学位を取得した。68年にペンシルベニア大学の教授となり，83年にはエール大学教授，88年よりカリフォルニア大学バークレー校の教授となり現在，同大名誉教授。若年の頃，連邦政府でエンジニアとして公務に従事した後，学究生活に入る。2004年，H. C. Recktenwald 賞。
　研究の手法は，新古典派の経済理論に1950年代後半から60年代前半の「**カーネギー学派**」にみなぎっていた組織理論を導入して，企業活動についての動機づけのリアリズムを重視し，企業活動のプロセスを実証的に記述するというものである。
　研究の足跡としては，学位論文（著書）ではバーリ＝ミーンズ（→211頁）がつきつめた「所有と支配の分離」という命題を果敢に取り入れ，組織スラックの概念を活用した経営者の自由裁量モデル（経営者効用極大化）について論じた。そこでは経営者は圧倒的優位な立場に立ち，経営者の個人目標が企業行動に及ぼす影響力は限りなく大きいという。次の著書では，チャンドラー（→233頁）が先導した大企業の多数事業部制（M型企業）と呼ばれる組織形態の変革について取りかかる。企業の多数事業部制は市場と同じように日常的な意思決定を分権化する一方で，集権的な戦略能力や調整能力も維持される。すなわち多数事業部制は外部の環境変化の多様性にうまく適応するために，新古典派の

III 組織と環境

利潤極大化仮説に寄与する組織だとみなされた。またスタッフの増大や情報伝達の歪曲を招きがちな機能別組織（U型企業）と比べると，企業の多角化というニーズにも適合するものでもあった。ウィリアムソンによれば多数事業部制とは，経営陣からは資本市場のミニチュアとみなされた組織形態であった。ここで注目しておきたいことは処女作では，経営者効用極大化と企業利潤極大化が同一視されていたのが，経営者の自由裁量モデルが多数事業部制という組織形態の制約を受けて縮小されたことである。これらの研究成果は，やがて制度環境の諸相を焦点とする取引費用理論としてまとめられた。

取引費用理論の原型はシカゴ学派のコース（R. H. Coase: 1910- ）の先駆的論文（1937年，「企業の本質」『企業・市場・法』宮沢健一・後藤晃・藤垣芳文訳，東洋経済新報社，1992年，第2章）で述べられているように，適切な価格を発見するために「価格メカニズムを利用するには費用がかかる」という考え方にある。その後，ウィリアムソンは約40年近い歳月を経て，「取引費用」という用語として定義した（厳密にいえばコース論文では，「取引費用」という言葉を使用していない）。

市場経済での取引では，取引する相手が誰であるかを探さなければならないし，相手が特定できたなら，交渉し契約を結ぶ必要がある。また，契約通りに実行されているかどうかも監視しなければならない。これらの情報収集のために費やされる労力や時間にともなう負担が，取引費用である。

主著『市場と企業組織』（1975年）では，「私が本書でとりくんだ組織の諸問題が国境を超える問題であることは，明らかであった。確かに，諸国民のあいだの政治的・経済的な相違は重要であり，分析家たちは，こうした相違に対して鋭敏な感受性をもたなければならない。しかし，取引費用の節約が経済学と組織論の研究にとって中心的であるという基本的なメッセージは，国の違いを超えて当てはまる」（日本語版への序文，VI頁）とある。

こうして取引費用理論は提唱され，その後の模索と研鑽を積んだ結果，ウィリアムソンは新古典派経済学を組織理論に統合した新制度派経済学を代表する一方の旗頭となった。ウィリアムソンは新制度派の中で取引費用経済学を唱導している。

ウィリアムソン

　取引費用経済学では企業制度を新古典派の主流のようにブラックボックスにはしない。取引費用の分析は「なぜ組織なのか」ばかりでなく、「なぜ組織ではいけないのか」という問いにも答えるためにすすめられた。だが最終的には生産費用や取引費用も含めた総合的費用を節約することで、効率性が追求されるという理論に帰結した。したがってサイモン（→139頁）の限定された合理性の概念を用いながら、その本質のところでは、サイモンのように新古典派の合理的経済人仮説にたいして正面から異議を唱えるものではない。サイモンは新古典派の「最大化」基準を棄却し「満足化」基準を定式化したが、ウィリアムソンはその立場には否定的である。ウィリアムソンは次のように述べている。「まだ疑念は残るとはいえ、大半の経済学者は満足化は蓄積的で説得的な研究成果をあげておらず、その後の論争において経済学の主流に敗れたと結論している」と。つまりウィリアムソンは主流派の企業を生産関数とみなした考え方とは異なるが、市場か企業かの制度選択についてはミクロ経済学の伝統である「市場の失敗」に依存しているため企業にかんする新古典派理論を扱っていると考えてよい。

◆ ウィリアムソンとの対話 ◆

Q 「市場の失敗は、どうして起こるのだろうか？」

A 「市場の失敗の可能性をもたらす環境の諸要因は、不確実性と、少数主体間の交換関係である。しかしながら、このような環境の諸条件は、もし関連する一組の人間の諸要因と結びつかなければ、かならずしも市場での交換を妨げるとはかぎらない。不確実性が限定された合理性と組み合わさること、および少数性が私のいう機会主義と結びつくことが、とくに重要である。」

（『市場と企業組織』浅沼萬里・岩崎晃訳、日本評論社、1980年、17頁）

▶図1のタイトルは「組織の失敗の枠組」となっているが、実際は「市場の失敗の枠組」のことである。なぜそうなったのかは、ウィリアムソンが市場と組織を同列の概念として使用していたからである。そう考えると「市場の失敗」も「組織の失敗」も同

Ⅲ 組織と環境

図1 組織の失敗の枠組

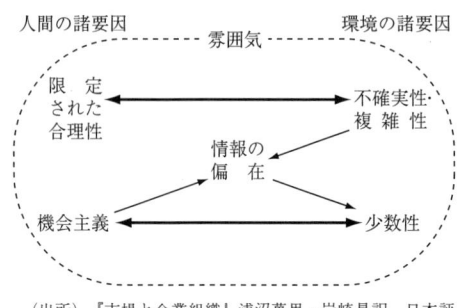

```
人間の諸要因        雰囲気        環境の諸要因
    限定                           不確実性・
    された                         複雑性
    合理性
                    情報の
                    偏在
    機会主義                       少数性
```

(出所)『市場と企業組織』浅沼萬里・岩崎晃訳,日本評論社,1980年,65頁。

義語となる。だがコースもウィリアムソンも自律的適応を生み出す市場と協調的適応をもたらす企業は,同質とはみていない。私たちがふつうに理解する企業は,文献では「内部組織」という表現になっている。

そこで図1に示されるように環境の諸要因は,不確実性と少数性である。そして人間の諸要因は,限定された合理性と機会主義である。不確実性は将来を視野に入れれば,たしかに定まらない偶発的な事象だといえる。少数性は取引当事者が少数のときには,自己中心的な一方の当事者が相手の無知に便乗しやすい状況を生みやすい。この少数性という言葉は後のウィリアムソンの著書 *The Economic Institutions of Capitalism*（1985）では,資産の特殊性という掘り下げた表現に修正されている。

すなわち環境の諸要因と人間の諸要因が組み合わさり,取引費用が増加したときに「市場の失敗」（ウィリアムソンでは「情報偏在」）が現出する。限定された合理性の原理に立てば,あらゆる複雑な契約は不完備なものとなるし,また機会主義から始発するなら,報告は必ずしも信頼できるものにはならない。つまりこの両者が結合すると,契約締結後でも契約上の問題が消滅することはない。もちろん機会主義的な有害性によって,取引が不能となるような事態は回避されなければならない。つまり,**限定された合理性**,**機会主義**,不確実性,**資産の特殊性**こそが,取引費用の発生要因なのである。

そして「市場の失敗」が明らかになったときに,平等で分権的な市場取引から権限関係による階層性をもった企業組織内での資源配分へと移行がおこなわれる。つまり,企業と市場は代替関係にある。しかし取引費用経済学では,企業と市場はともに制度ではあるが,同質ではないとして「情報偏在」を軸に境界線を引いている。同質とみなす考え方は「企業を市場化する」ことになり,企業と市場の代替関係も否定され,企業の目的関数は何か,また企業の社会的責任を問うことも不可能になる。

Q「企業間取引はどのように位置づけられるのか？」

A「要するに,企業間契約に関して経験にもとづく評定がどれほど発達し

ているとしても，企業内評価は，さらにいっそう洗練されたものとなる傾向がある。水平的統合と垂直的統合の両方が，この理由によっておこりうる。」

(『市場と企業組織』浅沼萬里・岩崎晃訳，日本評論社，1980年，60頁)

▶ 『市場と企業組織』では，ウィリアムソンは企業間取引の長期的提携関係について否定的であった。つまり系列取引，下請け取引というような企業間の提携は市場の完全内部化ではない。いわゆる「中間組織」といわれる存在である。企業間取引は緩衝地帯を形成しながら，一見緩やかなようで相互信頼という絆で結ばれたネットワーク・システムとして機能している。しかしウィリアムソンは企業間取引では，たとえば，こっそりと協定違反をおこなうような機会主義の脅威にさらされ，提携は持続不可能だと考えていた。だから市場取引を企業の中に引き入れて，企業組織での統一的なガバナンスに切り替える垂直統合を重視していた。だが，すでに階層化された組織をさらに垂直統合する場合では，新しく増加した取引を管理するための限界費用が市場での競争を通じておこなう取引を超えることがありえる。もしこの限界費用が超過するならば，組織の失敗になる。

ウィリアムソンは企業組織をガバナンス構造とみなしている。資産に特殊性があるならば，ガバナンス構造が機会主義的な行動を抑止するような人的，物的な資産にたいする階層的で裁量的なコントロールを可能にすると考えていた。

しかしその後のウィリアムソンの著書 *The Economic Institutions of Capitalism* (1985) では，結局は資産の特殊性の高低が取引費用の増減を決定し，それにより組織形態も異なってくると考えをあらためた。同じようにそのときどきで，取引費用に対処するガバナンス構造も変化する。

つまり資産の特殊性が高ければ，機会主義的な行動をコントロールするために，ガバナンス構造の強度は増加する。他方，資産の特殊性が低ければ，機会主義的な行動は少なくなるので，ガバナンス構造の強度は緩和されなければならない。

そして，後者のように人的，物的な資産の特殊性が低い場合では，非階層的なガバナンス・メカニズムが企業の外側に関係的契約として認知されることになった。こうして組織形態は，市場，ハイブリッド（長期的契約関係），階層組織，垂直統合というように分類され，整理がなされた。

関係的契約とは，「二者間交渉による取引ガバナンス」契約であり，わが国での簡素な基本契約にかなり似ている。つまり関係的契約は一般的事項だけの取決めであり，当事者間の紛争については，その解決のための方法が定められただけである。こうして企業間取引はハイブリッドとして再定義がなされた。つまり長期継続的な需給関係により，一対の企業の間で頻繁に繰り返しておこなわれている取引を，取引のつど，短期契約の再交渉をするならば，契約にかかわる取引費用はかなり嵩むことになるが，

Ⅲ　組織と環境

「二者間交渉」による相互信頼にもとづく関係的契約が採用されれば，取引費用は節約される。また，効率や適応の面でも優れている。もちろん，機会主義的な行為の誘因が生じた場合には，取引制御のために直ちに垂直統合企業のもとでの統一的ガバナンスに切り替えられることになる。

Q 「どうして不完全な契約になるのか？」

A　「企業は，多数の完全な契約を単一の不完全な契約（雇用契約）をもっておきかえる。そのような不完全な契約は，別々の契約を『交渉し締結する費用』を節約するものとされている。それはまた，変動する市場環境に対する適応を容易ならしめるのであるが，それは，提供されるべき労働サービスが雇用協約には一般的な規定の仕方でしか記述されず，細部はのちの時点で仕上げられるべく残されているからである。」

（『市場と企業組織』浅沼萬里・岩崎晃訳，日本評論社，1980年，9〜10頁）

▶上のウィリアムソンの解答は，コースの論文「企業の本質」で主張されたことの要約である。そのあとの記述では，ウィリアムソンは，コース論文を画期的なものだと称賛しながら，「しかしながら，これらの節約が，いかにして，またなぜ実現されるかを説明する基礎的諸要因は導きだされていないし，また，なぜ，内部組織が完全に市場にとってかわらないかに関するコースの議論は，さらにいっそう不完全である」と続けている。この議論はウィリアムソンに引き継がれた。

　取引費用経済学では，雇用契約も「取引」とみなしている。そこでアルチャンとデムゼッツ（1972年）は，市場での毎日の販売契約と企業内部の雇用契約との間に本質的な違いなどないとした。つまり，「雇った秘書にあの資料をファイルするのではなく，この手紙をタイプしてくれというのは，乾物屋にあのパンではなく，このツナ缶を売ってくれというのと似ている」という。ウィリアムソンが彼らより優れているのは，雇用関係では，被雇用者は事前には完全には知られないような特異な人格的技能をもっているということから，乾物屋と顧客との関係とは違うとしたことである。つまり，ウィリアムソンは，常連客と乾物屋の店主とのある種の命令は雇用契約の履行においてはありえるが，一見客との販売契約の場合には考えられないとした。限定された合理性ゆえ把握不可能な人格的技能のような職務の特性は，公開のスポット市場で労働契約を連続して交渉するというような可能性を排除するものであった。アルチャンとデムゼッツは，雇用契約を連続的な再交渉契約であるとすることにより，組織内部の

権威的関係の機能を見落したか,軽視しすぎた。上のことからウィリアムソンは限定された合理性から不完全な契約は不可避となり,この不完全な契約をともなう市場においては,不完全な契約によって生じる取引費用を節約するために内部組織が発展するという。

そこで取引費用経済学では,法学,経済学,組織論の三者の連携が促進されるべきだとされる。ウィリアムソンによれば,これまで,新古典派の主流では,伝統的に契約と交換の法的な内容についてのあらゆる研究を避けてきたとする。ウィリアムソンは,雇用契約の大部分の取決めが,法的な手続きもなく結ばれている事実を「不完備契約」として定義した。そして,取引費用経済学の主張では,不完備契約が採用されると,市場取引からの撤退となり,組織内部での取引になる。つまり,市場での契約は法的であり,明示的特質をもっている。一方,階層組織では管理に権威的な関係が存在するので,組織内部での暗黙の法は寛容の法であるという。

◆ **用語解説** ◆

(1) **カーネギー学派** 組織研究はバーナード(→131頁)によってそれ以前の理論が整序され,高いレベルの理論体系となった。その後,カーネギー工科大学を根拠地とするいわゆるカーネギー学派の「サイモンおよびサイアート=マーチ」により,組織行動のプロセス研究は革命的進展をとげた。サイモンらの理論(サイモン単独およびマーチ=サイモン)は人間の意思決定の視座から,組織の諸現象を明晰に分析した。また同学派のサイアート=マーチはサイモンの意思決定論を礎石として,企業組織の行動過程をコンピュータでシミュレーションした結果について経験的に記述した。

しかもサイモン『経営行動』(1957年,第2版),マーチ=サイモン『オーガニゼーションズ』(1958年),サイアート=マーチ『企業の行動理論』(1963年)という名立たる業績はタイミングよく集中的に発表されたため,衝撃的であった。ウィリアムソン自身も『企業の行動理論』の第9章「合理的経営者行動のモデル」を分担執筆した。

(2) **限定された合理性**[bounded rationality] 人間の思考能力(計算能力)には重大な制約が存在している。つまり,現実世界で客観的に合理的に解決しなければならない問題空間の大きさに比べて,人間の知的能力はきわめて限られている(サイモンが提唱者)。ウィリアムソンは限定された合理性がもたらす教訓として,すべての複雑な契約は必然的に不完備にならざるをえないという。

(3) **機会主義**[opportunism] ウィリアムソンの人間観では,人間は利己的な打算で動くと仮定し,狡猾無類な策略をめぐらせ行動する傾向があるとされている。'opportunism' という表現はバーナード,サイモンも使用しているが,ウィリアムソンの場合は

Ⅲ 組織と環境

まったく意味が異なる。村上泰亮はウィリアムソンのいう 'opportunism'，あるいは少なくともその「機会主義」という日本語訳は表現としては弱すぎると指摘した。そしてウィリアムソンは敵対と不信の可能性という観点から経済的取引をみていたと記した。

また市場の機会主義を克服するために組織へと移行がなされても，ウィリアムソンは組織の中でも機会主義的行動は存在するという。サイモンが所属組織への従順性，一体感，忠誠心などの動機づけ要因を利他的な人間の本性に求めるのにたいして，対照をなす。

(4) **資産の特殊性**［asset specificity］　たとえば，車専用の部品のように，車以外には転用できない特殊な資産である。このような資産は一般的には，買い手が優位となりがちであり，売り手は買い手の機会主義的行為のリスクにさらされがちになる。

◆ より深く学ぶために ◆

〈基本文献〉

『市場と企業組織』浅沼萬里・岩崎晃訳，日本評論社，1980年
『裁量的行動の経済学——企業理論における経営者目標』井上薫訳，千倉書房，1982年
『現代組織論とバーナード』飯野春樹監訳，文眞堂，1997年
『日本の企業組織革新的適応のメカニズム——長期取引関係の構造と機能』浅沼萬里，東洋経済新報社，1997年
『反古典の政治経済学（下）——二十一世紀への序説』村上泰亮，中央公論社，1992年

〈入門・解説書〉

『新制度派経済学による組織入門』A. ピコーほか，丹沢安治ほか訳，白桃書房，1999年
『組織の経済学入門　新制度派経済学アプローチ』菊澤研宗，有斐閣，2006年
『現代組織学説の偉人たち——組織パラダイムの生成と発展の軌跡』D. ピュー／D. ヒクソン，北野利信訳，有斐閣，2003年

（米川　清）

COLUMN 一般システム論

ベルタランフィ
(Ludwig von Bertalanffy: 1901-1972)

　オーストリア，ウィーン近郊に生まれる。ウィーン大学卒業後，1948年まで同大学教授。その後母国を離れカナダの外国人研究者招聘基金で招かれたのを機に50〜54年オタワ大学，54〜58年南カリフォルニア大学の生理学部教授等を歴任，61〜68年にカナダのアルバータ大学に動物学および心理学部の理論生物学教授として戻る。この間67年アメリカ精神医学会名誉会員に選出され，69年から72年までニューヨーク州立大学理論生物学教授であった。主著に『一般システム理論』(1968年)，『生命——生体論の考察』(1949年) がある。

　ルトヴィヒ・フォン・ベルタランフィは一般システム論（GST—General System Theory）の提唱者である。彼はデカルト，ニュートンに代表される機械論を徹底して批判した。要素還元主義批判といってよい。またS-R（刺激—反応）図式について生物が環境にたいして受動的に反応する現象に限って，生物現象は機械論的であると認める。しかし他の生物現象では，生物内部から生じる反応であるので，機械論的にはなりえないと反論した。

　GSTは，「全体性」についての一般科学である。異なった分野でも，構造上の同型性がみられることがある。システムの同型性とは，たとえば生物学的なシステムと，動物社会，人間社会などの「超有機体」との間には同型性があるということである。これが，システムの一般理論（General Theory of Systems）の思想である。GSTの研究対象は，組織化された複雑性にある。組織，全体性，目標指向性，目的論，文化などの概念は伝統的物理学とは異質である。要素と要素は相互作用していて，有機体は相互作用している要素の複合体として捉えられる。彼は生物を開放システムと規定し，等結果性を開放システムの基本特性だと考えた。閉じたシステムでは，最終状態はかならず初期条件によって一義的に決められてしまう。開放システムではいろいろ異なった初期条件と異なった方法からも同一の最終状態に達する。これが等結果性であり，生物学的調節の現象にとって重要な意味をもっている。階層秩序の一般理論は彼と経済学者ボールディング（E. Boulding: 1920- ）との合作であるが，原子，分子から機械，動物，人，社会—文化的システム，言語，論理学のようなシンボル・システムにいたるまで階層構造化されている。つまり部分—全体システム（部分は全体の一部であり，また全体もさらなる全体の一部であるという考え方）が階層秩序の中に含まれている。　　　　　　　　　　　（米川　清）

III 組織と環境

・技術と組織・

ウッドワード

(Joan Woodward: 1916-1971)

◆ 人と業績 ◆

　ジョアン・ウッドワードは，オックスフォード大学で政治学と哲学および経済学を学び，1936年に卒業した。ダラン大学で中世哲学の修士号を得た後，再びオックスフォード大学に戻り，行政管理の博士号を獲得した。1948年にリバプール大学の講師となり，1953年，サウス・イースト・エセックス工業大学に人間関係調査班が設立されると，そのディレクターとなった。ここで始められた**サウス・エセックス調査**は，後に主著『新しい企業組織』(1965年) としてまとめられた。その研究の継続中に，彼女は母校であるオックスフォード大学の産業心理学講師となり，さらにはオックスフォードのインペリアル・カレッジにおける2番目の女性教授となった。しかし，主著出版後間もなくして他界した。

　ウッドワードの業績は，サウス・エセックス調査を指導して，生産技術と組織構造の関係を明らかにしたことである。また，調査結果の検討により，それまでに教えられてきた古典的な組織の理論や原理が，実態においては限られた条件のもとでのみ適応しうるものであることを明らかにした。つまり，ローレンス＝ローシュ (→161頁) によって名づけられた**コンティンジェンシー・アプローチ**の先駆けとなったのである。

　組織の問題に生産技術が重要であるとされたとき，課題となったのは組織のあり方との関係で生産技術をどのように分類するかということであった。彼女は生産技術を大括りに，単品・小バッチ（一定のまとまった数量ごとの）生産，大バッチ・大量生産，装置生産という3つに分類し，これらは技術の進化の順

序であると考えた。つまり，オーダーメイドの単品生産はもっとも古く単純で，連続生産工程からなる装置生産がもっとも新しく複雑であるとされた。

　３つの生産類型がそれぞれどのような組織構造を形成しているかをみると，２つのパターンがあることが判明した。ひとつは技術進化の過程に沿って次第に変化していくもので，たとえば管理階層数，最高執行責任者が管理している員数，総従業員数にたいする管理層の割合，作業労働者にたいする事務管理スタッフの割合，生産部門における大卒監督者の割合などは大きくなり，反対に，賃金給料の支払いが総売上高に占める比率，間接労働にたいする直接労働の割合は小さくなるのであった。

　生産技術が組織に与える影響のもうひとつのパターンは，単品・小バッチ生産と装置生産という技術尺度の両端に位置する組織が類似しており，大バッチ・大量生産の組織と対照的な相違をみせるパターンである。たとえば，生産部門において末端監督者が管理する員数は大バッチ・大量生産で多く，単品・小バッチ生産と装置生産では少ない。反対に熟練労働者の割合は単品・小バッチ生産と装置生産で多く，大バッチ・大量生産では少なかった。また，単品・小バッチ生産と装置生産では有機的組織体制をとるところが多く，権限・責任の体系が明確でなく，ラインとスタッフの区別もあいまいであり，コミュニケーションも口頭でなされることが多かった。それにたいして，大バッチ・大量生産では機械的な組織体制が多く，権限・責任の体系やラインとスタッフの関係などが厳格に定められていて，文書によるコミュニケーションが重視されていた。

　ついで，生産技術と組織を業績との関連で検討すると，企業業績を平均より良い，平均，平均より悪いと３分類してそれぞれの質問項目の回答を並べてみると，バラツキの中位数に位置する企業の業績が良いことが明らかになった。反対に，こうした中位数から離れた両端に位置する企業は業績が悪かった。このことから業績の良い企業には，それぞれの生産技術に適した特定の組織特性のパターンがあることがわかる。すなわち，単品・小バッチ生産では低くて底の広いピラミッドが良く，装置生産においては高くて底の狭いピラミッドが良いことがわかった。また，業績の良い大バッチ・大量生産企業においては機械

Ⅲ　組織と環境

的で規則的な管理体制をとるものが多かった。したがって，教科書的な官僚制的管理組織の原則が適合しているのは，大バッチ・大量生産の技術体系を備えた企業であることがわかった。

最後に，生産技術の違いが開発，生産，およびマーケティングという3つの主要業務の関係に一定の違いを生じさせていることがわかった。単品・小バッチ生産では受注活動つまりマーケティングから始まり，オーダーに適した製品の開発が続き，その後に生産が開始される。その間の連絡は日常的に頻繁におこなわれており，中核になる業務はオーダーにあわせた開発活動であった。大バッチ・大量生産では，長期を見据えた製品の開発に始まり，生産効率を重視した大量生産が主要業務として続き，そして在庫を抱えてのマーケティングが展開される。各業務の責任者の間では情報交換が必要であったが，適切なコミュニケーションのルートを作り上げるのは難しい問題であった。装置生産では，これら3つの業務がそれぞれ独立して遂行されていることが特徴であった。まず研究所での開発があって，それを継続的な生産に移すためには，あらかじめマーケティング活動による販路の確保が必要であり，重視された。その後に生産がおこなわれ，各業務間の情報交換は日常的に緊密である必要はなかった。

以上のサウス・エセックス調査の考察において，ウッドワードはそれまでに教えられてきたテイラー（→19頁）やファヨール（→11頁）などの伝統的な経営組織や経営管理の理論が，限られた技術的な条件，つまり大バッチ・大量生産においてのみ見出され適応されうる原理や理念であることを明らかにして，その後のコンティンジェンシー・アプローチの先駆けとなったのである。

◆ ウッドワードとの対話 ◆

Q 「オートメーションは組織や管理にいかなる影響をもたらすか？」

A 「われわれはこれまでに，和気あいあいとした建設的な人間関係を作り上げる上で，装置企業タイプの技術的に進んだ企業がいくつかの利点をはじめから持っている姿を考察した。予見できるように，オートマティックな

工場もこういうものを持っている筈である。」

(『新しい企業組織』矢島欽次・中村壽雄共訳, 日本能率協会, 1970年, 280頁)

▶今日のオートメーションは, ロボット技術を応用したFMS (Flexible Manufacturing System) やCIM (Computer Integrated Manufacturing) といった多品種・小バッチ生産でありながら装置生産化した無人運転の連続生産レベルに達している。したがって, ある程度はウッドワードの予測は妥当であったといえるが, オフィスへのITの導入は中間管理者レベルの不要化, いわゆる「中抜き」をもたらしている。そのため装置生産で指摘されたような縦長の組織構造ではなく, よりフラットで有機的な組織構造となっている。

Q 「理論と実際の違いをどう考えるか？」

A 「要するに, 大規模なバッチ生産の企業で実効のある管理措置が, まさに, 日ごろ教えられている経営学の基礎となっている諸原理や理念と一致していたのである。……その後, おのおのの技術的な状況にもっとも適した特定の組織型態のあることが明らかになった。」

(『新しい企業組織』矢島欽次・中村壽雄共訳, 日本能率協会, 1970年, 87頁)

▶ウッドワードの当初の問題意識は, 経営学の諸原理を実証的に検討することによって, 経営教育のカリキュラムを再検討することであったが, 調査の結果, 実際はそれら理論の適応性には限界があることが明らかになった。したがって, その後の課題は技術や組織の多様性をいかに管理するか, という条件適合性（コンティンジェンシー）の研究が要請された。

Q 「コンティンジェンシー・アプローチは, その後どのように展開したか？」

A 「サウス・エセックスにおける調査の主要な結論は, 結局, 同じ原則でも, 情況が違えば, いろいろ違った結果をもたらす可能性がある, ということであって, ……これだけではあまりにも不十分である。」

「組織内の行動を決定する技術以外の変数を突きとめ, 抽出するような研究をもっともっとやる必要がある。もっともこういうことになれば, 一生涯調査と研究をやっていなければならなくなるのだが。」

Ⅲ 組織と環境

(『新しい企業組織』矢島欽次・中村壽雄共訳, 日本能率協会, 1970年, 296, 298頁)

▶コンティンジェンシー・アプローチはその後さまざまな条件適合性の研究がなされたが, 次第に総合化の試みが求められるようになった。しかし結局, 統合理論の確立はなされなかった。普遍理論となれば, もはやコンティンジェンシー・アプローチではなくなるからである。したがって, ウッドワードの「一生涯調査と研究をやっていなければならなくなる」というのは, その後の展開を見事に予見していたといえよう。

◆ 用語解説 ◆

(1) **サウス・エセックス調査** 1953年から63年にわたって, イギリスの新興工業地帯であるサウス・エセックスにおけるさまざまな製造企業100社を対象としておこなわれた産業調査である。研究プロジェクトの課題は, 「経営組織のあり方」にかんするものと決められたが, 調査が進むうちに生産技術と組織構造の関係に問題が絞られていき, 新たな理論的問題提起をすることとなった。その成果は1958年の段階で「経営管理と技術」と題した小冊子にまとめられたが, この出版はそれまでの経営学の理念や法則を否定するものであるとしてセンセーショナルに受け止められた。そこでウッドワードは主著『新しい企業組織』(1965年) に「組織理論の発展 (1953-1963年) に向けて」なる最終章を加えることによって, その後のいわゆるコンティンジェンシー・アプローチの必要性を明らかにした。

(2) **コンティンジェンシー・アプローチ** テイラーは管理には唯一最善の方法 (the one best way) があるものとして科学的管理の原理を説いた。それにたいして, ウッドワードなどにはじまる実態調査は, 生産技術やさまざまな経営環境の違いによって, 実効性のある組織や管理のあり方は多様であることを明らかにした。ローレンス=ローシュはそうした環境や条件に適合した組織のあり方や考え方をコンティンジェンシー・アプローチと呼んだ。

◆ より深く学ぶために ◆

〈基本文献〉
『新しい企業組織』矢島欽次・中村壽雄共訳, 日本能率協会, 1970年
『技術と組織行動』J. ウッドワード編, 都筑栄ほか訳, 日本能率協会, 1971年
〈入門・解説書〉
『経営組織と環境適応』岸田民樹, 三嶺書房, 1985年, 白桃書房, 2006年

(高橋公夫)

・組織の状況適合・

ローレンス＝ローシュ

ローシュ

(Paul Roger Lawrence: 1922- ／
Jay William Lorsch: 1932- ）

◆ 人と業績 ◆

　ポール・ロジャー・ローレンスは，アメリカ・イリノイ州ロチェールで生まれて，家族とともにミシガン州グランド・ラピッドで育ち，地元のグランド・ラピッド公立短大を卒業し，アルビオン大学を卒業した。家計負担の少ないコースを歩み，海軍に勤務し，さらに自動車部品会社の現場での組み立て労働にも従事して，経験と学費を得て，ハーバード・ビジネス・スクールで修士，博士号を修得した苦労人である。人間関係論で著名なレスリスバーガー（→89頁）の門下として，ハーバード大学のドーナム記念講座・組織行動論の教授として1991年の退職まで華やかに活躍した。

　ローレンスはミシガン州の自動車工場での労働不安に心を痛めて，その解決に役立ちうると信じた人間関係論の研究に最初は関心をもっていたが，組織内の人間行動がなぜそのようになり，組織がいかに構造化され機能づけられるかに関心をもって組織行動に研究の中心を移していった。

　ジェイ・ウィリアム・ローシュはアメリカ・ミズリー州のセント・ヨセフに生まれて，アンティオ大学を卒業してから，コロンビア大学で修士号を取得した。陸軍に勤務した後に，ハーバード・ビジネス・スクールで博士号を取得した（1964年）。同スクールの組織行動論の助教授になり，その後人間関係論の記念講座の教授になった。

　ローシュは組織行動の研究者として研究を重ねて，ローレンスとの共著『組織の**条件適応理論**』(1967年) で名を成した。**組織の環境適応**という視点から考察して，組織類型ごとに状況適合が異なるから，唯一最善の組織形態（機械的

161

III 組織と環境

対有機的) も特定の組織構造も存在しないと論じている。組織形態は組織のニーズに条件適合的であることを示した。組織構造は前もって決められた原理にしたがって設計されるよりも,組織の要求や目的に照準を合わせて,多様な視点から論じるという,バーンズ (J. Burns: 1913-),チャンドラー (→233頁),マイルズ (R. E. Miles: 1932-) とスノー (C. C. Snow: 1945-) のような研究者と共通した考えを論じた。

　コンティンジェンシー理論という名で世界的に知られていて,状況適合,条件適応などで表示されてもいるが,個人は組織によって動機づけられ,組織の目的や構造によって統合されることも要求される。この統合の様式は,組織の性質と個人の性質の両方に条件適合的である (『組織・環境・個人』ローシュ＝モース,1975年)。また,一見自由である戦略的選択が,実際は高度に拘束されている。株主,顧客,組織の財務目的にかんする期待が主な拘束であるが,組織の心理や組織文化もまた拘束である。組織の構成要素が再形態され,再結合される縦,横のマトリックス組織も論じている。

　ローレンスとローシュは,プラスチック産業 (6つ),食品産業 (2つ),容器 (コンテナ) 産業 (2つ) を取り上げ,環境適応の仕方やコンフリクト解決の仕方を分析した。その結果,課業環境の不確実性 (情報の不明確性,因果関係の不確定性など) が組織の分化と統合に影響を与えて,それらの適合が高い業績をもたらすと論じた。この課業環境は科学,市場,技術,経済の下位環境に区分され,企業はそれに対応して研究開発部門,販売部門,生産部門を設置して対応する。これらの間の不確実性の差が大きい場合は,課業環境の多様性も高まる。課業環境の多様性に対応して,分化 (職能部門の管理者の認知・感情志向の差異,部門間の公式構造の差異) の度合が決まる。分化を示す指標は,①時間志向,②対人志向,③構造度,④目標志向である。不確実性が高いと,時間志向は長く,課業志向であり,構造度は低い。分化の度合が高いと,統合 (束ねるのに必要な部門間の協力の質) は組織行動的に確保されにくい。

　不確実性の高いプラスチック産業の企業では,研究と生産,および研究と販売の間に交互的相互依存性が必要である。そこでの統合手段は,統合メカニズム (階層,役割,統合部門) と,**コンフリクト解決** (部門内・部門間の影響力

のパターン，コンフリクトの解決様式，影響力の基盤，統合者の認知・評価基準）である。そこでは，徹底した対決議論，技術的能力にもとづく影響力，統合を担う人の中立志向，チーム全体の業績にもとづく評価，が高い業績と関連していた。

したがって，ローレンスとローシュによれば，高い不確実性のもとでは，複雑な統合メカニズム（統合者，統合部門）をもった組織が，垂直的統制と水平的統合の両方によって組織を調整していくことになる。環境，状況に適合した合理的な組織デザインは，環境→組織→人間という環境決定論的な因果関係が適合の鍵になると論じている。

ローレンスとローシュの考え方は，閉鎖的な自然システム・モデル（人間関係論）を脱して，オープンで合理的なモデルを志向しており，環境―組織構造―組織過程の適合性を条件適合的に論じて，その適合が高業績をもたらすという研究である。また，階層以外のさまざまな公式の統制手段を論じ，効率を求めて一層に分化される専門職能と，組織の全体目標に向けての統合・調整の問題とを同時に解決しようとしているのが特色である。

ローレンスとローシュによれば，職能部門への分化も環境の要請への対応であり，統合も環境の要請への対応である。これは環境が対立する要求を組織に課することを示している。内部環境（技術，規模）と外部環境とでは，組織への影響の仕方が異なるが，これは技術が標準的でも，入力と出力にかかわる環境は高い不確実性をもつかもしれないからである。

ローレンスとローシュはシステム的に組織と環境との相互作用を分析して，環境を変数として理論に組み込んでいる。各部門組織はそれぞれ異なる環境に直面していて，各部門の組織構造，メンバーの志向性をそれらの環境に適応して特定化して，分化と統合のプロセスをへて統合化したほうが組織の業績が上がることを実証的に示している。そこでの環境の差異の認識は，①環境変化の速度，②環境の不確実性，③コミュニケーションのフィードバックの時間幅で測定され，環境変数となる。組織の差異については，①組織構造，②メンバーの対人志向性，③メンバーの時間志向性（長短期），④メンバーの目標志向性（長短期）で測定されて組織変数となる。これはオープン合理性モデルを用い

Ⅲ 組織と環境

て，依存性と不確実性を組織理論の枠組みに入れたということである。また，それぞれの環境に適応する組織構造を類型的に解明して，それぞれの状況適合を相対的な「中範囲理論」として論じたものである。

ローレンスとローシュのモデルでは，組織が外部環境の中で効果的に機能を遂行するためには，適切な差別化と適切な統合化をともに達成する必要がある。そこで環境を，①市場的部分環境（販売部門），②技術経済的部分環境（製造部門），科学的部分環境（研究開発，デザイン部門）に分割して対応を調べた。高度に分化された会社では，環境の中で機能するために統合化とコンフリクト解決のための適切な方法をみつけることが急務である。たとえば，高業績の会社のプラスチック産業の環境において効果的に業務をおこなう必要性から，会社は高度の分化を推し進めた。高業績の容器会社の分化の度合は最低で，高業績の食品会社は中間であった。高業績のプラスチック会社は，部門間対立を統合推進係に担当させ，必要とされる分化の度合が非常に高いので，ありとあらゆる統合化手段を動員していた。逆にコンテナ産業という課業環境の不確実性・多様性の低い，しかも業績の低い容器会社では，分化の度合が低いので，その担当係が役立っている論拠はない（アンケートと面接による調査）。

◆ローレンス＝ローシュとの対話◆————————————

Q 「コンフリクト解決とは？」

A 「……対面解決を用いることによってコンフリクトの効果的な解決が可能となり，また，分化と統合の望ましい状態への路が開かれるように思われる。高業績の組織はこの要因を最も明確に満たしていた。中業績の組織はある程度まで，そして低業績組織ではそれが最も低かった。」

（『組織の条件適応理論』吉田博訳，産業能率短期大学出版部，1977年，92頁）

「高業績食品組織においては，コンフリクトを処理する管理者のやり方が環境の要求条件に適合していたため，競争相手である低業績組織よりも，いっそう効果的な統合とより高度な分化の両方を同時に達成できたのである。」

ローレンス＝ローシュ

(『組織の条件適応理論』吉田博訳，産業能率短期大学出版部，1977年，155頁)

「3つの組織すべてにおいて，これらの管理者はその階層の上下を問わず，高度の適性能力と高度の知識の持主として社内の評判を得ていた。……部門間コンフリクトの解決を促進するというタスクを担う管理者が持っていた職位上の影響力は，その適性能力に基づく影響力と一致していたのである。」

(『組織の条件適応理論』吉田博訳，産業能率短期大学出版部，1977年，172～173頁)

「意見の不一致は，オープンな問題解決的方法で処理されているだろうか，それとも，強制とか宥和によって処理される方が多いだろうか。」

(『組織の条件適応理論』吉田博訳，産業能率短期大学出版部，1977年，270頁)

「……対面対決には対人関係能力が必要になることを認識しなければならない。しかし，そこには複雑な問題が潜んでいる。それは，どの程度の訓練をすれば，人々がより効果的に対人問題を処理できるようになるだろうか，という点である。」

(『組織の条件適応理論』吉田博訳，産業能率短期大学出版部，1977年，271頁)

「このコンフリクトを解決するための理論的に最もすぐれた方法は，さまざまな選択基準の重要性を含めて，適切な情報を速やかに，しかも完全に共有することである。このような情報交換に続いて，統一選択基準を最もよく満たす代替案を見つけるため，共有情報に基づいた共同の探索がなされることになろう。」

(『組織の条件適応理論』吉田博訳，産業能率短期大学出版部，1977年，249頁)

▶ローレンスとローシュには，条件適応理論，**組織づくり**，そしてコンフリクト解決についての論述が多い。それぞれが重要なテーマなので省略しにくいのであるが，ここでは今日的な対話として，徹底した議論をつうじてのコンフリクト解決について紹介しよう。それは組織の部門間におけるコンフリクト解決を条件適合的に論じて，組織と環境の関連性の度合に応じて部門の分化と統合の違いを各業界の高業績企業の対応の仕方から，類型を重視して論じることになる。このように対面解決の有効性を論じるとともに，他方で3つの産業の高業績企業におけるコンフリクト解決の共通点として，その環境に適応した，コンフリクト解決の慣行の存在を指摘している。

また，ローレンスとローシュは理論だけではなくて，実践的な技能にも力点を置いており，管理者の経験や習熟の直観，そして組織的学習等の要因を重視している。そ

Ⅲ 組織と環境

して最後の言説は，当事者の双方が満足する紛争解決であり，フォレット（→73頁）の全体的状況を捉えた「統合的解決」を想起させる。

Q 「組織づくりとは？」

A 「見解を異にする個人が協働しようとする場合には，どうしてもコンフリクトが生じる。したがって，組織が統合をどの程度うまくやれるかは，個人がいかにそのコンフリクトを解決するかにかかっている。」

（『組織づくり』高橋達男訳，産業能率短期大学出版部，1973年，22頁）

「あらゆる環境条件のもとで，コンフリクトをうまく解決するための要因は，コンフリクトを解決する方式と，影響力が出てくる基盤とである。ところで，全く異なった環境におかれた各種の組織を調べてみると次のような事柄がわかった。すなわち，個人がコンフリクトをつつみかくさず，組織の全体目標に照らして最善の解決策に到達するまでその問題に取り組んでいるという場合に，コンフリクトがうまく処理されるということである。要するに，有効な組織というものは，コンフリクトを取りつくろったり，権力や影響力をむき出しにして一方の当事者に解決策を認めさせるというよりは，むしろ内部のコンフリクトを議論対決させるものである。」

（『組織づくり』高橋達男訳，産業能率短期大学出版部，1973年，23頁）

▶ローレンスとローシュの『組織づくり』は組織開発（OD）の研究のひとつであって，組織づくりの実例を示しながら問題を検証している。職場ぐるみ訓練の考え方，進め方や，組織づくりの手法・方式，組織づくりの戦略とモデル，対人関係の改善がODでは論じられてきた。ローレンスとローシュは組織づくりの診断と手順を主に論じていて，しかも組織と環境の側面に注目して，不確実性を度合の問題として捉えて，環境における安定と変化の関係や，組織と環境の不釣合いの実例を示している。システム分析のもとで**分化と統合のモデル**を論じるが，ここではコンフリクトをどのように処理していくかである。たとえば，組織と環境との不釣合いを改善するためには，次のような施策を論じる。①組織内の反対圧力を緩和して，あらゆる部門間の矛盾をなくす，②組織単位を，環境の変化に適応させるように調整すること，③重要な環境条件に新たに適応するために，新しい部門を作ること，④業務の拡大に対処するために，部門を再編成すること（同上，47頁），である。このようにローレンスとローシュは，

166

ローレンス＝ローシュ

条件性と適合性に注目して，組織の部門とその環境部門との適合性を改善するために行動科学的手法を用いている。そして，組織づくりにおいても唯一最善の方法はないのであって，コンテナ会社では比較的単純な統合機構を作り，相互依存関係が複雑であるプラスチック会社は，もっと複雑な統合機構を必要としたことを実証的に示している。さらに，組織づくりの策定段階と実施段階でも適合性が異なるという。

Q 「組織の分化と統合とは？」

A 「コンフリクトや意見の食い違いが繰り返して起こるのは人的エネルギーの浪費であり，それは避けることができると考えているように思われる。これに対してわれわれは，大組織におけるさまざまな部門の間には，仕事のやり方や物の見方が違わざるを得ない事情があるから，コンフリクトが繰り返し発生するのは避けられないと考えるのである。……どうすれば，個々のコンフリクトの具体的な内容を管理することができるようになり，また，解決できるだろうということである。換言すれば，必要な分化を犠牲にしないで統合を促進する方法は何かということがわれわれの関心なのである。」

（『組織の条件適応理論』吉田博訳，産業能率短期大学出版部，1977年，16頁）

▶議論対決（confrontation）を有効とするのは，アメリカの文化的土壌のもとでの適合性であって，異文化を無視したものではない。日本では，それは人格を攻撃されたとして，しこりが生じやすい。それゆえ組織文化など状況に合わせて議論対決を用いるのが，条件性，適合性に適うのである。

◆ 用語解説 ◆

(1) **条件適応理論** [contingency theory] オープン・システム論にもとづいて，組織の環境適応を外部環境に合わせて組織を変えるという組織デザインの視点から分析している。自然淘汰にいたる適合の「選択的適合」や，複数の状況要因と組織との全体的な適合のパターンが問題とされる「システム的適合」や，ひとつの状況要因と組織との適合が高業績をもたらす「相互作用的適合」とに区分される。ローレンスとローシュは3番目に相当するといえる。

(2) **組織の環境適応** 組織と環境との相互作用を問題にしたが，主に環境から組織への影響を論じ，環境に合わせて組織を変えることにより環境に適応するあり方を示して

Ⅲ 組織と環境

いる。環境に適合した組織デザインが高業績に導くことを実証的に示し，環境—組織—人間というマクロ的な因果関係を問題にした環境関連的考察である。

(3) **コンフリクト解決** 見解を異にする個人が協働しようとする場合には，コンフリクトが生じる。組織が統合を達成するには，個人がいかにそのコンフリクトを解決するかに依存している。コンフリクトを効果的に解決する行動の型は，環境の要求によってある程度変わるが，しかし環境の要求がどんなに変わろうと，それに関係がなく同一のこともある。環境条件について他よりも精密な知識をもっているグループこそ，組織がコンフリクトをうまく解決しなければならないとしたら，グループ相互間のコンフリクトを解決するにあたって強力な影響力をもつことが必要である。

(4) **組織づくり** 組織システムは生物体のように緊密な相互依存関係にあって，しかも生物的なシステムとは違って，自己変革のできる構造生成的システムである。人間が自分たちの環境を支配する幅を広げるために，組織は柔軟で強力な道具になりうるのであり，半ば計画的で，自己規制と自己修正作用をおこなうので，これが組織の形態上の特性となっている。かくして組織は，相互依存関係の強い形態システムであって，環境変化に対応して分化と統合をなしている。

(5) **分化と統合のモデル** 特定の環境のもとで，組織がその役割を有効に達成するために組織にどのような性格を要求されるかを，この分化と統合の枠組みによって知りうる。たとえば分化は，各グループが環境の担当分野にたいし計画的に対処するために，どのような内部的な特徴をもたねばならないかによって決まる。環境の諸分野（市場，技術，科学的知識，経済的要件，製造上の要件）について同質の確実な情報が得られれば，各部門の公式の組織手続きやメンバーの方針はかなり類似したものになる。

◆ より深く学ぶために ◆

〈基本文献〉

『組織の条件適応理論』吉田博訳，産業能率短期大学出版部，1977年

『組織づくり』高橋達男訳，産業能率短期大学出版部，1973年

『組織・環境・個人——コンティンジェンシーアプローチ』（ローシュとJ. J. モースとの共著）馬場昌雄ほか訳，東京教学社，1977年

〈入門・解説書〉

『企業組織と環境適応』降旗武彦・赤岡功編，同文舘，1978年

『経営組織と環境適応』岸田民樹，白桃書房，2006年

（数家鉄治）

・不確実性対処モデル・

トンプソン

(James David Thompson: 1920–1973)

◆ 人と業績 ◆

　1960年前後から，環境や技術との関連において，組織構造のあり方を考えようという新しい組織論が展開され始めた。すなわち，「唯一最善の組織化の方法はない。最適な組織化のあり方は環境条件に依存する」という命題のもとに総称される諸研究で，一般に**コンティンジェンシー理論**と呼ばれている。ここでは，そのような論者のひとり，後のガルブレイス（→177頁）の「組織デザイン」という考え方にも大きな影響を与えたトンプソンの「人と業績」をみることにしよう。彼の生涯は，以下のとおりである。

　ジェームズ・デービッド・トンプソンは，1920年1月11日にアメリカ，インディアナ州のインディアナポリスに生まれ，1973年9月にテネシー州のナッシビルで亡くなっている。彼は，1953年にノースカロライナ大学で博士号を取得し，その後，コーネル大学，ピッツバーグ大学，インディアナ大学，バンダービルト大学で教鞭をとった。コーネル大学時代の1955年，管理科学に関する体系的な研究を目的とした最初の専門学術誌である *Administrative Science Quarterly* (*ASQ*) の創刊に携わり，初代編集委員長を務め，1973年に亡くなるまで編集委員の地位にあった。現在，*ASQ* は組織論の領域で権威あるジャーナルとして知られている。彼は亡くなるまでナッシビルのバンダービルト大学で教鞭をとった。彼のアカデミック・キャリアはきわめて短いものではあったが，組織理論に関する仕事は，特に相互依存性において，非常に重要なものであり，広く引用され続けている。主著として，『オーガニゼーション・イン・アクション』（1967年）がある。彼の思想の一端を覗いてみよう。

Ⅲ 組織と環境

　彼によって取り上げられる問題は，多岐にわたるが，これらが一貫した視点から捉えられているのがその特徴である。それは，「複合組織にとって不確実性は基本的な問題と考えられ，不確実性に対処することが管理プロセスの本質と考えられる」(『オーガニゼーション・イン・アクション』205頁) という視点である。

　では，なぜ，不確実性への対処が重要な問題となるのか。彼は，その理由を，①合理性の基準と②オープン・システムという２つの要素から説明する。

　合理性の基準とは，組織が成果や能率を志向する合理的存在であるということを意味する。**組織の合理性**の核心は，組織が期待する結果を生み出す能力としての技術的合理性である。理想的なテクニカルな合理性は，因果関係に関する完全な知識と，関連するすべての諸変数をコントロールすることができるという閉鎖性を要求する。

　しかし，組織は環境と継続的に交換関係をもつオープン・システムである。トンプソンは，次のように述べている。「組織的合理性は３つの主要な構成活動を含んでいる。すなわち，(1)インプット活動，(2)テクノロジー活動，(3)アウトプット活動である。これらは相互依存関係にあるから，組織的合理性にとって，これらが互いに適切にかみ合うことが必要である。……これらの構成活動が相互依存関係にあるだけでなく，インプット活動とアウトプット活動の双方も，環境要素との間に相互依存の関係にある。それゆえに，組織的合理性は，クローズド・システムの論理には完全に適合するものではなく，オープン・システムの論理を必要としているのである」(同上，24頁)。

　したがって，組織は，技術的合理性の貫徹を妨げるさまざまな不確定要因 (contingency) の影響を受けることになる。そこで，合理性を志向する組織にとっては，技術的合理性の実現を妨げる不確実性への対処が基本問題となるのである。

　まず，トンプソンは，テクノロジーを，①長連結型 (long-linked)，②媒介型 (mediating)，③集約型 (intensive) の３つに分類し，コア・テクノロジーという概念を用いながら，組織はそのコア・テクノロジーを環境の影響から封鎖するために**境界間単位組織**を設置する，と述べている。そして，その具体的活動と

して，緩衝化（buffering），円滑化（smoothing）もしくは平準化（leveling），予測活動（forecasting），割当活動（rationing）を列挙している。

次に，彼は，組織**ドメイン**の**タスク環境**への依存性について，次のように述べている。「組織が主張し，かつその環境によって認知されているドメインは，組織が環境に依存している点を規定しており，この点において組織は制約要因とコンティンジェンシー要因の双方に直面している。組織がセルフ・コントロールに関して何らかの重要な手段を獲得するためには，この依存性を管理しなければならない」（同上，47～48頁）。

では，組織は，この依存性を管理するために，どのような行動をとるのか。「トンプソンとの対話」で具体的にみてみよう。

◆ トンプソンとの対話 ◆

Q　「複合組織にとっての不確実性の源泉とは何か？」

A　「複合組織にとって，不確実性は3つの源泉から生じてくる。その2つは組織の外部にあり，1つは組織の内部にある。組織の外部に源泉がある不確実性は，次の2つから生じる。(1)一般化された不確実性，あるいは文化一般における原因／結果に関する理解の欠如，(2)コンティンジェンシー要因，すなわち組織の行為の成果は部分的に環境の要素の行為によって左右される。これに対して組織内部の不確実性の源泉は，構成要素の相互依存関係にあるのである。第1のタイプの不確実性に対処することによって，組織の行為を秩序づけるパターンがもたらされる。第2のタイプの不確実性に対処することによって，そのパターンに沿って行為を秩序づけるような自由が組織にもたらされる。そして，第3のタイプの不確実性に対処することで，そのパターンに適合するように実際の行為が秩序づけられるのである。」

（『オーガニゼーション・イン・アクション』高宮晋監訳，鎌田伸一ほか訳，同文舘，1987年，205～206頁）

▶複合組織にとって不確実性が基本問題となる理由は既述した。ところで，組織にと

III 組織と環境

っての不確実性の源泉は，引用に示されているように，①一般化された不確実性，②コンティンジェンシー要因，③組織内部の構成要素の相互依存関係にともなう不確実性，の3つがある。第1の不確実性は，因果関係についての知識それ自体の不完全性のために生じる不確実性のことである。トンプソンは，これを，「個々のメンバーの私的な動機が何であれ，それらは組織メンバーや他の人々が組織の目的と認識できるような組織のドメイン，あるいは責任の集合に翻訳されなければならない。1つあるいはそれ以上の目的が与えられると，組織が最初に直面しかつ最も困難な問題は，一般化された不確実性である。目的が因果関係に関する理解を伴わないと，代替案を認識する基準，結果についての成否を判定する基準，あるいはセルフ・コントロールのパターンが与えられないことになる」（同上，206頁）と説明している。第2の不確実性は，オープン・システムとしての組織の目的達成を直接あるいは潜在的に妨げかねない環境（タスク環境）との相互依存性にともなう不確実性で，環境不確実性と呼ばれるものである。最後の不確実性は，組織内の構成単位間の相互依存性にともなう不確実性である。

Q　「対環境戦略とは具体的にはどういうものか？」

A　「複合組織は自給自足ではありえないが，何を自給自足し，何を他者に依存するかということについての選択権をもっているといえよう。合理性の規範の下では，組織は，もしタスク環境に委ねてしまうと重大なコンティンジェンシー要因となるような諸活動の周囲に，組織の境界を設定しようとする。テクノロジーのタイプが異なれば，異なる種類の重大なコンティンジェンシー要因を提起するから，このような境界拡大の方向は，組織が用いているコア・テクノロジーの種類に従ってパターン化されると考えられる。」

（『オーガニゼーション・イン・アクション』高宮晋監訳，鎌田伸一ほか訳，同文舘，1987年，62～63頁）

▶環境から派生する不確実性に対処するひとつの手段として対環境戦略をあげることができる。組織の対環境戦略の中でトンプソンが特に重視するのは組織の境界の設定である。彼によれば，組織の境界の設定に関する基本的な命題は，組織はタスク環境に放置しておくと，重大なコンティンジェンシー要因になるであろうと思われるような要因を取り込む（すなわち，コンティンジェンシー要因の除去あるいは減少のための組織ドメインの拡大）ように境界を設定することである。いかなる要因が重大なコ

ンティンジェンシー要因となるかは技術のタイプによって異なる。彼があげる3つの技術とそれに対応した境界設定の戦略は表1のように示すことができる。

表1　技術と対環境戦略

技　　術	対環境戦略
長連結型技術：連続的な相互依存性の関係にある技術。(例) 石油精製業, 鉄鋼業	垂直的統合（原材料市場, アウトプット市場の統合）
媒介型技術：標準化された方法でしかも広範囲にわたり, 顧客や受益者を結合。(例) 商業銀行, 保険会社, 電話会社, 職業紹介所	水平的拡大（地域的拡大あるいは集中浸透）
集約型技術：対象を変形するために, 多様な技能を総合的に利用。注文あつらえ型の技術。(例) 総合病院	対象（顧客）の組織への組み込み（隔離）

Q　「組織構造は，どのように生み出されるのか？」

A　「組織内のテクノロジーの必要要件から発生する相互依存関係には，3つのタイプがあるように思われる。それぞれには，それぞれふさわしい適切な調整の方法がある。適切な調整過程の実施を容易にするのが，まさに構造の持っている役割である。集団共有的あるいは一般化された相互依存関係は，標準化によって調整することができ，コミュニケーションならびに決定の努力という点からいえば最もコストがかからないものである。連続的相互依存関係は計画化によって調整することができ，必要とされる努力の程度は中間的なものである。互酬的相互依存関係は相互調節によって調整することができ，コミュニケーションならびに決定に要する努力の程度は最も大きい。」

(『オーガニゼーション・イン・アクション』高宮晋監訳, 鎌田伸一ほか訳, 同文舘, 1987年, 82～83頁)

▶もし，目的が存在し，因果関係が知られ，境界が規制されたとしても，組織はもうひとつの不確実性に対処しなければならない。トンプソンは，それを，組織内部の構成要素の相互依存関係にともなう不確実性と呼び，その関係をテクノロジーの多様性から，①集団共有的相互依存関係（pooled interdependence），②連続的相互依存関係（sequential interdependence），③互酬的相互依存関係（reciprocal interdependence）の3つのタイプに分けている。

III　組織と環境

　相互依存関係のタイプに応じて，調整の方法（標準化，計画化，相互調節）や部門化の方法は異ならなければならない。相互依存関係は，集団共有的，連続的，互酬的の順で複雑になるが，ある組織に互酬的相互依存関係がみられるということは，自動的に，連続的および集団共有的相互依存関係も含まれているということを意味し，また，連続的相互依存関係をもつ組織には，集団共有的タイプの相互依存関係が含まれる。つまり，ガットマン・タイプの尺度を形成しているのである。

　基本的な調整方法は，もっとも単純な集団共有的相互依存関係では標準化が，連続的相互依存関係では計画化が，そして，互酬的相互依存関係では相互調節（mutual adjustment）が用いられる。調整のコストは，標準化，計画化，相互調節の順で高くなるから，組織は互酬的，連続的相互依存関係にある職位を局部化し，条件つきの自律性をもったひとつのグループに集約化することによって，調整コストの最小化をはかる。互酬的ならびに連続的相互依存関係が，グループの適正規模を上まわる場合は，集団からなるクラスターに集約されていく。このようにして，組織内に階層（ヒエラルキー）が形成されるのである。既述の組織の対環境戦略は環境の不確実性をすべて除去しうる性質のものではない。そこで，それだけでは除去することができない不確実性に対処するための手段となるのが組織構造のデザインである。

Q　「環境と組織構造との適合的な関係はどのように考えればよいか？」

A　「組織構造に関するわれわれの主張の核心を要約すると以下のようになる。まず第1に，組織は，そのテクノロジーとタスク環境に固有の制約要因に直面している。これらは組織によって異なるから，組織構造の基礎も異なり，複合組織を構造化するための『唯一最善の方法』は存在しないのである。第2に，このような制約要因の範囲内で，複合組織はコンティンジェンシー要因を最小化し，必要なコンティンジェンシー要因を分離して局部的な処理に委ねることによって対処しようとする。コンティンジェンシー要因は，組織によって異なった形で発生してくるから，コンティンジェンシー要因に対応するための構造にはさまざまなものが存在することになる。第3に，コンティンジェンシー要因が多数存在する場合には，組織は諸能力を自己充足的な組織単位にまとめて，そのそれぞれに対して組織がコンティンジェンシー要因に対処するのに必要な一揃いの諸資源を与えようとする。このことは事実上，組織がコントロールしうる変数は，組織が逃れることのできない制約要因やコンティンジ

ェンシー要因によって左右されているということを意味するのである。テクノロジーやタスク環境が組織をばらばらなものにする傾向が強ければ強いほど、組織はその全体性を守らねばならないのである。」

(『オーガニゼーション・イン・アクション』高宮晋監訳, 鎌田伸一ほか訳, 同文舘, 1987年, 100頁)

▶環境不確実性に対処するための最適な構造は, 環境不確定要因 (contingency) の性質に応じて異なるが, トンプソンはそれを分析するために, タスク環境の特性を, 安定的―変動的, 同質的―異質的という2つの軸で捉えている。タスク環境と組織構造との適合的な関係は表2のように示すことができる。そして彼は, 次のように述べている。

一般に, タスク環境がより異質的であればあるほど, 組織にとっての制約要因はより大きくなるので, 各タスク環境部分に対処するために部門化が細かくかつ自律的になる。またタスク環境がより動態的であればあるほど, 組織にとってのコンティンジェンシー要因はより大きくなるので, 境界間構成単位は分化, 細分化される。こうして彼は, 組織構造の4つのタイプを提示する。

表2 タスク環境と組織構造の適合関係

	安定的	変動的（動態的）
同質的	単純な境界間構成単位 職能別部門ほとんどなし 標準化された手続き, 規則	境界間構成単位の分化 地域別部門 コンティンジェンシー計画
異質的	多様な職能別部門 標準化された手続き, 規則	境界間構成単位の細分化 分権化 コンティンジェンシー計画

このようにトンプソンの理論は, 「不確実性に対処することが管理プロセスの本質である」という主張のもとに, さまざまな組織現象（組織の境界設定, 相互依存性による組織構造のデザイン, タスク環境の現実にたいする適応行動）を, 不確実性への対処あるいはその減少の手段として位置づけたところにその特徴がある。こうして彼は, 「組織を構造化するための『唯一最善の方法』は存在しない」というコンティンジェンシー理論の命題を導き出したのである。

◆ 用語解説 ◆

(1) **コンティンジェンシー理論** [contingency theory]　1960年代に生まれた経営理論で,

Ⅲ 組織と環境

組織業績は組織が環境に適合した場合に良いという主張で，ローレンス＝ローシュ（→161頁）は，こうした研究動向を総称してコンティンジェンシー・セオリー（条件適応理論）と呼んだ。

(2) **組織の合理性**［organizational rationality］ 組織の合理性とは，①組織が直面しなければならない制約要因（適応しなければならない固定的な条件）と，②組織が対応せねばならないコンティンジェンシー要因（組織はこれらを任意にコントロールすることはできない），ならびに③組織がコントロールすることのできる諸変数が，何らかの形でもたらす結果である（『オーガニゼーション・イン・アクション』30頁）。

(3) **境界間単位組織**［boundary-spanning units］ 環境からの攪乱を吸収し，技術コアの合理性の貫徹を補助する機能を果たすもので，それは，緩衝，平準化もしくは円滑化，予測，割当という活動を通じて，技術コアを環境の攪乱から防御する。

(4) **ドメイン**［domain］ ドメインとは，①含まれるテクノロジー，②サービスを提供される人々，および③提供されるサービス，によって規定されるもの（同上，50頁）。組織のドメインは，組織が環境からのインプットに依存していることを示す。

(5) **タスク環境** 目標設定と目標達成に関連，あるいは潜在的に関連しているような環境の部分を指す（同上，34頁）。

◆ より深く学ぶために ◆

〈基本文献〉

『オーガニゼーション・イン・アクション』高宮晋監訳，鎌田伸一ほか訳，同文舘，1987年

〈入門・解説書〉

『経営組織の環境適応』加護野忠男，白桃書房，1980年
『経営組織と環境適応』岸田民樹，三嶺書房，1985年

(西川清之)

COLUMN　組織デザイン

ガルブレイス
(Jay R. Galbraith: 1939-)

　組織を情報処理システムと捉え，環境からくる不確実性をいかに吸収するかという視点から組織構造の類型を体系的に論じたのが，ジェイ・R・ガルブレイスの組織デザイン論である。通常，画一的で反復的な状況では，組織はルールやプログラムによって調整をはかる(1)。プログラム化が困難な例外事項については，上司（階層）が処理する(2)。例外事項が頻繁に起こる場合は，一定範囲内で下位目標を設定（委譲）し当事者が解決する方策が選択される(3)。

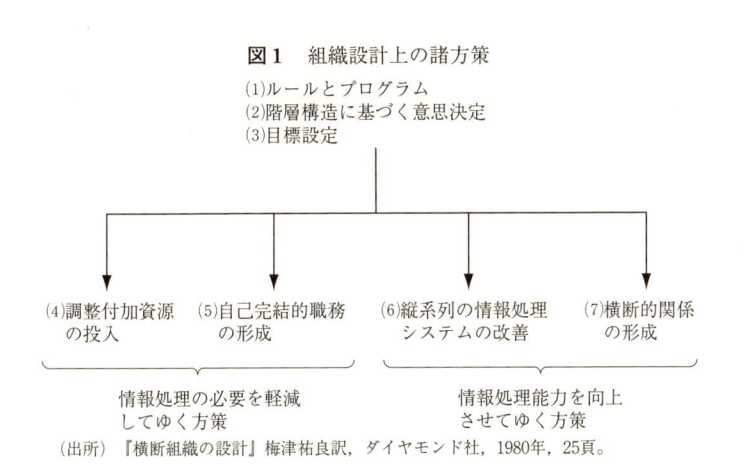

図1　組織設計上の諸方策
(1)ルールとプログラム
(2)階層構造に基づく意思決定
(3)目標設定

| (4)調整付加資源の投入 | (5)自己完結的職務の形成 | (6)縦系列の情報処理システムの改善 | (7)横断的関係の形成 |

情報処理の必要を軽減してゆく方策　　情報処理能力を向上させてゆく方策

（出所）『横断組織の設計』梅津祐良訳，ダイヤモンド社，1980年，25頁。

　さらに課業の不確実性が増大する場合，情報処理の軽減方策の第1は調整付加（スラック）資源の創設(4)である。在庫の積み増しや納期の延期，業績水準の引き下げなどを指す。第2は自己完結的職務＝自立部門の形成。たとえば，事業部制の採用(5)。情報処理能力を大きくする方策の第1は，垂直的情報処理システムの改善で，トヨタのカンバン方式のように在庫をゼロにして，徹底的に無駄を排除するやり方である(6)。第2は，横断組織（水平関係）を確立する方策であり，マトリックス組織がその典型。いずれの方策を選択するかは，企業（組織）の状況判断および戦略的選択の問題である。

（中野裕治）

Ⅲ　組織と環境

・人間感覚への回帰・

ミンツバーグ

（Henry Mintztberg: 1939- ）

◆ 人と業績 ◆

　カナダで生まれる。父親は，一代で小さな製造会社を築き上げた実業家であった。当然，幼い頃は父親の仕事がよく理解できない。だが子供心に，父親の社長という仕事について知りたいとの強い願望をもっていた。「父はオフィスで何をしているのだろう？」。6歳のときに抱いた素朴な疑問が，後にヘンリー・ミンツバーグの研究生活の出発点になっている。

　モントリオールのマギル（McGil）大学の工学部に進むが，学業成績は平凡なものであった。むしろ，体育会の会長や学生新聞の編集委員など，課外活動に情熱を傾けていた。1961年に卒業後，カナダ鉄道のオペレーショナル・リサーチ部門に勤務する。特に興味があって就いた仕事ではない。次第に，システムを工学的に設計することと，その中で働くことは別物だと感じるようになり，在職2年で嫌気がさして退職する。

　そして合格は無理だと思いながら受験した，MIT（マサチューセッツ工科大学）のスローン・スクールに，意外にも合格する。同校で修士号と博士号を取得。1968年からは母校のマギル大学で教鞭をとっている。その他，フランスのINSEAD（欧州経営大学院）など，複数の大学で客員教授を務め，そのかたわら，コンサルティング活動や政府への提言を活発におこなっている。

　ミンツバーグはアメリカをはじめとする西欧諸国では，非常に高い名声を確立しているが，日本ではあまり知名度が高いとはいえない。それは，多作多弁で論点が多岐にわたり焦点を定めづらいためだとか，著作の日本語への翻訳がさほど進まなかったからだとかいわれている。しかしいずれにせよ，私たちが

注目すべき経営学者のひとりであることに間違いはない。

　ミンツバーグは自らを組織理論家と位置づけ，組織とそれを支えるマネジメント過程が，現実にどのように働いているかに興味をもっている。しばらく記憶の中から消えていた，幼少時の「マネジャーは何をしているのか」という疑問は，博士論文のテーマを決める際に甦った。以下，邦訳された著作を追うことで，ミンツバーグの研究を概観してみたい。

　1968年に完成した博士論文は，73年に『マネジャーの仕事』（邦訳1993年）にまとめ直された。表題のとおり，「**マネジャーの仕事**」にかんする研究である。ストップウオッチを片手にマネジメントの現場に飛び込み，マネジャーが実際におこなっていることを一日中観察する。そして詳細に，具体的な言葉や動作，時間まで記録していくという研究方法がとられている。この観察研究により，これまで伝承されていたマネジャーの仕事は，事実と異なることが明らかになった。新たに見出された事実は，「マネジャーの10の役割」として整理されている。

　その後，ミンツバーグの研究は，組織が戦略を策定する過程や，組織の構造・権力へと展開されていく。それらにかんする主要論文を集めて編集されたのが，1989年の『人間感覚のマネジメント』（邦訳1991年）である。興味深い論点が多数織り込まれており，これまでの自身の研究を体系化しようとの意図さえ感じられる。ページ数がもっとも割かれているのが組織の「形」，いわゆる組織構造の類型化についての議論である。ここで類型は「コンフィギュレーション（布置・構成の状態）」と呼ばれる。組織の形は，内部で作用する支配的な力の違いで，それぞれ異なるコンフィギュレーションへと向かうのである。

　1994年の『戦略計画――創造的破壊の時代』（邦訳1997年）は，経営戦略に焦点を合わせている。ミンツバーグによると，戦略は変動的な環境と安定した作業システムの間を媒介する力であり，環境に対処するための組織の概念形成である。従来，戦略という言葉は「環境の中で組織を方向づける計画」を意味してきた。だがミンツバーグは，もうひとつの意味，「環境における組織の一貫した行動パターン」を強調する。それを「**創発的戦略**」と呼ぶ。そして対極にあるといえる，組織の公式的なプロセスの中で計画的に作成される「**戦略計**

III　組織と環境

画」への疑問を投げかけるのである。

　さらに，百花繚乱の状態にある戦略研究の学派を整理したのが，1998年の『戦略サファリ』（邦訳1999年）である。10の学派に分類されて，ミンツバーグ自身はコンフィギュレーション学派に位置している。この学派は，戦略形成を組織が現在の形から新たな形へと飛躍する変革プロセスとみなし，そのプロセスを「**トランスフォーメーション**」と表現する。戦略形成により，組織はあるべきコンフィギュレーションへと変革していくのである。ここでミンツバーグは，分類した10の学派を整合させて，組織の戦略プロセスを総合的に捉えようと試みている。

　さて，これら一連の著作で貫かれているのは，**行きすぎた合理主義**，あるいは過度の分析主義にたいする批判だといえる。ミンツバーグは，自らの研究経歴の出発点として，集計されたデータを机のうえで合理的に分析するのでなく，マネジャーが活動する実際の現場で事実を観察する方法を選んだ。そこから，マネジャーの仕事の全体像を総合的な視点で描き出してみせた。さらにその後の，組織や戦略の研究におけるコンフィギュレーションという概念も，分析的というより総合的な視点である。

　こうした研究上のアプローチだけではない。マネジメントの実践にかんしても，合理や分析より，むしろ直観の重要性を説く。戦略計画への批判はその最たるものである。ミンツバーグにとって組織の戦略は，コンピュータを駆使した詳細なデータの分析により，現場を離れて，オフィスで作成されるものではない。現場感覚での直観にもとづいた，試行錯誤の行動プロセスの中で，創発的に形成されるものなのである。

　ミンツバーグの考え方は，現場で作用するさまざまな力を出発点とするために，ボトムアップ・マネジメント志向だといえる。またその背後にある，分析偏重への疑念は，マネジメントにおける「人間感覚への回帰」を提唱しているともいえる。ただ，野放図に分析を否定して，直観を賛美するのではない。分析に片寄りすぎた現代のマネジメントにたいして，分析と直観のバランスを取り戻すことの重要性を説くのである。

ミンツバーグ

◆ ミンツバーグとの対話 ◆

Q 「組織のマネジャーは，どんな立場にあるのか？」

A 「マネジャーは各自の組織単位とその外部環境の間に立っている。社長であれば，自分の会社を率いながら，ライバル企業，納入業者，行政機関などからなる環境にも常に気をくばっている。職長なら，自分の職場を切り盛りしながら，社内の他の職長やスタッフ部門，社外の納入業者（や他の人びと）にも注意をはらっている。どのマネジャーも複雑な環境のなかで組織を管理しなければならない。そのため，現職のマネジャーは，マネジャーとして一揃いの役割を演じなければならず，結果的に，その役割に必要な諸条件が仕事のなかに共通した性格を形成するのである。」

（『マネジャーの仕事』奥村哲史・須貝栄訳，白桃書房，1993年，92～93頁）

▶マネジャーとは，ある特定の組織やその構成単位の一部分にたいして公式権限をもつ人である。たとえば会社の社長，支店の支店長，職場の職長などの地位を意味する。ミンツバーグによると，マネジャーには3つの系統に大別できる10の役割がある。まず権限と地位はマネジャーに「対人役割」をもたらす。①組織の象徴の「フィギュアヘッド」，②外部へネットワークを築く「リエゾン」，③組織の「リーダー」の役割である。またそこから「情報役割」が発生する。④情報を探索する「モニター」，⑤組織内に伝える「周知伝達者」，⑥外部に発信する「スポークスマン」の役割になる。そして情報をもつマネジャーは「意思決定役割」を負う。⑦組織を変革する「企業家」，⑧脅威に立ち向かう「障害処理者」，⑨方向づける「資源配分者」，⑩利益に向けた「交渉者」の役割を果たす。

Q 「組織は，どのように形づくられていくのか？」

A 「ある一つの力に組織がなびくとき，力は一つの形となる。コンフィギュレーションの内部で起きることの多くは，支配的な力を反映したものになる。社会学者のマックス・ウェーバーは，わたしたちのコンフィギュレーションがそうであるような現実の劇画化に『理想型』というラベルを用いた。

Ⅲ　組織と環境

彼は『理想』という言葉によって，完璧ではなく純粋を意味した。そこでわたしたちのコンフィギュレーションを純粋形と呼ぶことにしよう。現実の組織がわたしたちの純粋形のどれか一つに完全に合致することはないが，しかし先ほど示した実例のように，あるものは驚くほど近づく。」

(『人間感覚のマネジメント』北野利信訳，ダイヤモンド社，1991年，402～403頁)

▶ミンツバーグによると，組織には6つの基本部分がある。それは，①全体をみわたす「戦略尖」，②基本的な仕事を遂行する「作業核」，③これら2つをつなぐ「中間ライン」，④分析・計画立案・統制する「テクノ構造」，⑤内部サービスを提供する「支援スタッフ」，⑥ある種の生命力を組織に吹き込む「イデオロギー」である。これらの中で，ある特定の部分が支配的な力をもつと，それが組織の形を誘導していく。それを類型化したのがコンフィギュレーションである。たとえば，①戦略尖が支配的な力をもつと「企業家的」コンフィギュレーションが，②作業核ならば「専門職業的」，③中間ラインで「多角的」，④テクノ構造で「機械的」，⑤支援スタッフで「革新的」，⑥イデオロギーで「伝道的」コンフィギュレーションが形成される。⑦支配的な力がなければ「政治的」コンフィギュレーションになる。これら7つの基本的類型が提示されている。

Q　「大きな組織のマネジャーが，しばしば直面する問題は何なのか？」

A　「問題の核心は情報である。上級マネジャーは，部分に解体された機械そのものに似た組織に対面している。そこでマーケティング情報は一つのチャンネルを伝って上がり，製造情報は別のチャンネルを伝って上がるということになる。とにかくそうした情報のすべてを統合しなければならないのは上級マネジャーたち自身である。しかし仕事に関する行政をその実行から分離するという機械的官僚制に特有の前提は，トップマネジャーたちがこのような統合を成就するのに必要な親密で詳細な知識を，問題点に関して欠いているということを意味する。要するに，必要な権力は構造のトップにあるが，必要な知識はしばしば底辺にあるということである。」

(『人間感覚のマネジメント』北野利信訳，ダイヤモンド社，1991年，229頁)

▶大規模組織の代表的な運営体系が機械的官僚制である。それはマーケティングや製

造など，仕事ごとに専門化された現場の業務部門が底辺に広がり，管理階層が上に積み重なった，ピラミッド型にイメージできる組織である。組織の部分を担う各部門は横の連携が乏しく，全部門を統合できるのは部門マネジャーのさらに上に位置するトップマネジャーになる。しかし組織が大きくなるほど，トップは底辺の現場から遠く離れてしまう。組織を統合する意思決定には現場の具体的な情報が不可欠だが，その情報は，現場から遠いトップに迅速かつ正確には伝わりにくい。トップマネジャーは権力を掌握してはいるが，その的確な行使を可能にする情報伝達を確保できない。そういうジレンマを抱え込む。

Q　「組織にとって，戦略とは何なのか？」

A　「戦略とは何なのだろうか。この点を計画担当者に（誰でもよいから）質問してみるとよい。①戦略は計画である。またはそれと同様な回答（方向性，道標，将来における一連の活動，ある地点から他の地点へ行くための道程といった回答）がほぼ間違いなく返ってくるに違いない。次に，その相手に過去5年間で自社または競争企業が実際に遂行した戦略を質問してみるとよい。ほとんどの人は喜んで回答してくれるだろうが，自分自身が回答したその用語の定義に背いている，という事実には気がつかないに違いない。

明らかに戦略という用語は，その定義と活用が異なる。②戦略はパターンでもある。すなわち，長期間にわたり一貫した行動である。」

（『戦略計画』中村元一監訳，黒田哲彦ほか訳，産能大学出版部，1997年，75頁）

▶戦略は，組織の将来の行動を意図して作成される。この「意図した戦略」は，変動する環境の中で組織に安定をもたらそうとする。ところが実際には，当初の意図とは異なる一貫した行動が実現する場合も多い。これは，組織が環境との間で試行錯誤して「実現した戦略」であり，安定した行動のパターンが，結果的に形成されたものである。この実現した戦略が，当初の意図した戦略と異なる場合，それは「創発的戦略」と呼ばれる。つまり戦略は，意図的に作成される一方，創発的に形成されもする。作られる戦略と，生まれてくる戦略。いずれにせよ，戦略とは組織行動の安定性に関連するものだといえる。

Ⅲ 組織と環境

Q 「組織は，どのような視点で戦略を形成すべきなのか？」

A 「戦略形成は，判断の伴うデザイン，直観的なビジョン，そして創発的な学習である。またそれは，トランスフォーメーションでもあり，そして永続的なものでもある。個人的な認知，社会的な相互作用，協力，そして衝突でもある。さらに事前に分析を行い，後にプログラミングをして，そして途中過程において交渉をすることも必要である。これらはすべて環境が要求するものに対する反応でもある。このいずれかを除外しようとしたならば，どんなことになるか見てみたいものだ！」

(『戦略サファリ』齋藤嘉則監訳，木村充ほか訳，東洋経済新報社，1999年，398頁)

▶ミンツバーグは，戦略研究を10の学派に分類する。各学派は，戦略形成のプロセスを捉える視点が，次のように異なる。①デザイン学派：コンセプト構想，②プランニング学派：公式的策定，③ポジショニング学派：分析，④アントレプレナー学派：ビジョン創造，⑤コグニティブ学派：認知，⑥ラーニング学派：創発的学習，⑦パワー学派：交渉，⑧カルチャー学派：集合的，⑨エンバイァロンメント学派：環境への反応，⑩コンフィギュレーション学派：変革。これらは戦略形成という同じプロセスを，異なる視点から捉えている。したがって，組織は10の視点の組み合わせで戦略を形成する必要があるという。このような考え方は，10の学派の総合を試みるものである。

◆ **用語解説** ◆

(1) **マネジャーの仕事** 観察という方法で，ミンツバーグが明らかにしたのが「マネジャーの仕事」である。それまで伝承にもとづき，マネジャーの仕事は，内省的で定型業務がなく，集計された情報を用いて，科学的に遂行できると考えられていた。ところが見出された事実は異なるものであった。マネジャーの仕事は，行動志向で細切れの定型業務も多く，具体的な情報によって，直観的に遂行されていた。マネジャーの仕事の伝承は覆され，事実が明らかになった。

(2) **創発的戦略** 従来の戦略は事前に作成され，組織のコントロールに焦点を当てる「計画的戦略」であった。たいしてミンツバーグが重視するのが，組織学習を強調する「創発的戦略」である。まず組織の行動が始まる。そして試行錯誤により学習しながら，効果的な行動パターンが形成される。それが創発的戦略になる。庭の雑草のようにあらゆる所に芽生えた行動が，一定のパターンに収束して戦略となるため，戦略作成の

「草の根モデル」と呼ばれる。

(3) **戦略計画** 組織の公式プロセスとして，計画担当者が作成するのが「戦略計画」である。ミンツバーグは，それが前提とする3点をあげ，戦略計画の有効性に疑問を投げかける。①事前決定：将来の環境が予測可能ならば事前決定も効果的だが，予測は不可能に近い。②分離：日常業務から離れた担当者が専門的に作成するため，組織の現実から遊離してしまう。③公式化：作成プロセスの公式化は分析偏重をもたらし，分析から創造性は生まれない。

(4) **トランスフォーメーション** ミンツバーグは，組織の変革プロセスを「トランスフォーメーション」と呼び，戦略形成プロセスそのものと位置づける。組織のある特定の安定した状態をコンフィギュレーションというが，一方，組織には変化のプロセスもある。組織はあるとき，現在のコンフィギュレーションから，他のコンフィギュレーションへと飛躍・変化する。そのプロセスがトランスフォーメーションであり，コンフィギュレーションとはコインの表裏の関係にある。

(5) **行きすぎた合理主義** 集計されたデータによる，数量的計算にもとづく分析的な思考を強調すれば，過度の合理主義に陥る恐れがある。ミンツバーグによると，組織は合理性の崇拝で能率を確保したが，効果的な機能を停止させた。現場から距離を置いて，データ分析的にコントロールする「浅薄なマネジメント」が，大規模化した企業では主流になってしまった。現場に深く介入して働きかけ，統合する「濃厚なマネジメント」こそが，マネジメントの原点である。

◆ **より深く学ぶために** ◆

〈基本文献〉
『人間感覚のマネジメント』北野利信訳，ダイヤモンド社，1991年
『マネジャーの仕事』奥村哲史・須貝栄訳，白桃書房，1993年
『戦略計画——創造的破壊の時代』中村元一監訳，黒田哲彦ほか訳，産能大学出版部，1997年
『戦略サファリ』齋藤嘉則監訳，木村充ほか訳，東洋経済新報社，1999年

〈入門・解説書〉
『やさしく学ぶマネジメントの学説と思想』渡辺峻・角野信夫・伊藤健市編著，ミネルヴァ書房，2003年
『現代組織学説の偉人たち』D. S. ピュー／D. J. ヒクソン，北野利信訳，有斐閣，2003年

(江口尚文)

Ⅲ　組織と環境

・イナクトメント・

ワイク

（Karl Edward Weick: 1936- ）

◆ 人と業績 ◆

　カール・エドワード・ワイクは，1936年10月，アメリカ，インディアナ州ワルシャワで生まれ，働きながらオーケストラを運営する父，フレンチ・ホーン奏者の母に囲まれつつ育った。その後，オハイオ州立大学で，1960年に修士，62年に博士（心理学）の学位を取得し，同年，パルデュー大学で助教授として彼のキャリアがスタートしている。その後いくつかの大学を経て，現在はミシガン大学でレンシス・リッカート講座の組織行動論と心理学を講じつつ，さらに活発な活動を続けている（K. E. Weick, "Turning Context into Text: An Academic Life As Data," A. G. Bedeian, *Management Laureates: A Collection of Autobiographical Essays*, JAI Press, 1993,『組織化の社会心理学（第2版）』遠田雄志訳，文眞堂，1997年参照）。

　ワイクの世界観は，彼のいう「組織化」に集約されている。彼は「組織」ではなく，「組織化」といったほうがよいという。なぜなら，「このようにポイントを変えることによって，共同行為にともなう社会的秩序というものが壊れやすい反面訂正もしやすい，したがって不断に再構築をくり返さなければならない進行中でダイナミックな秩序であることが，わかってくる」（『組織化の社会心理学（第2版）』日本語版への序，v頁）からである。

　ヘラクレイトスは「万物は流転する」と述べたが，ワイクの世界観もまさにそれである。すなわち，固定された「構造」よりも，むしろつねに変わりゆく「過程」を問題にするのである。そして人間は，このつねに変わりゆく世界にたいして試行錯誤しながら，つまり行為を通じて，何らかの秩序を与えつづけ

図1 組織化の進化モデル

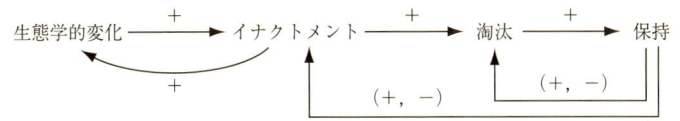

生態学的変化 —+→ イナクトメント —+→ 淘汰 —+→ 保持
         ←+—   ↑(+,−)   ↑(+,−)

(出所)『組織化の社会心理学（第2版）』遠田雄志訳，文眞堂，1997年，172頁。

ていく存在と考えられるのである。

　このワイクの考え方を支持する例はいたる所にある。たとえば，家屋は人が住まなくなれば途端に朽ちてしまうし，夏の庭で手入れをしなければすぐに草だらけとなる。あるいは企業をみると，現代企業は「変わらないことが一番悪い」として不断に戦略を練り，新製品を開発し，組織を再構築しているし，逆に，一時の惰性のゆえに崩壊の危機に立ちいたったりする。

　ワイクの世界観がもっともよく反映されているのが彼の「イナクトメント」（enactment）という概念である。

　彼はこの概念を「組織化の進化モデル」と呼ばれるモデルの中で位置づけている。図1がそれであり，ここでは変化する環境の多義性を把握・削減していく過程としての組織化が捉えられている。このモデルは生態学的変化を受けたイナクトメント，淘汰，保持の過程からなり，この過程を通じて多義性が処理されていくのである。また最後の保持過程で有意味な環境としての因果マップ，イナクトされた環境が貯蔵されるが，これが今度はイナクトメントや淘汰に作用し，かくして，組織化の進化モデルは一連のサイクルを形成している。

　図1において，イナクトメントは2つの意味で変化する環境の影響を受けながら，そうした環境を創出する接点になっており，ワイクの世界観を体現している。まず第1に，人間は外的環境（自然と人工物）から作用を受けるものだが，そうした外的環境を創出もしている（図1「生態学的変化⇄イナクトメント」）。第2に，人間はそうした外的環境からある部分を取り出し，主観的な環境（各人各様の自分にとっての現実）を形成していく（図1「イナクトメント→淘汰→保持」）。この主観的環境はつねに生成されしたがって変化しながら，自己の行為，認知を制約する（図1「イナクメント←保持」「淘汰←保持」）。

　以上のようにワイクは変わりゆく世界とそれに不断に秩序を与える人間の行

Ⅲ　組織と環境

為という図式を概念化した。しかもそこではさらに，その移りゆく世界の多義性さえも人間が創り出し，その創り出した多義性を今度は自分で削減していくという奇妙な存在としての人間が描かれている。

　ワイクは en-think-ment ではなく，en-act-ment だと強調する。つまり，彼の考えの根本には，すべては人間の行為が起点だという考えがある。そこには人間の行為にたいする責任と無限の可能性の両方が見出されよう。ワイクは，現象の暗黒面に触れず「面白さ」で現象を切っていくのが特徴だが，根底にあるものは非常に哲学的である。ワイクの理論は人間が積極的に生きていくための世界観を与えてくれるものとして組織論においても非常に貴重なものといえよう。

◆ ワイクとの対話 ◆ ──────────────────────

Q　「人間や組織にとって現実とはどういうものか？」

A　「組織は，その他のわれわれのように何かにつけて，事実，数字，客観性，具体性，会計というが，実際は，主観性，抽象性，当てずっぽう，間に合わせ，でっち上げ，独断といったものに満ち満ちている。組織を悩ますものの多くは，組織自らが創り出したものなのだ。組織が自らの風景において主として見るのは組織自身である。」

（『組織化の社会心理学（第2版）』遠田雄志訳，文眞堂，1997年，8頁）

　▶ワイクの立場は，自分にとっての現実なり環境は，結局自分が創り出したものだということである。人間が創り出したものに振り回され，その中からまたさらに創り出していく。近年の彼はこうした議論の延長として**センスメーキング**を論じている。

Q　「組織をコントロールするものは何だろうか？」

A　「コントロールを成功あるいは失敗に導くのは，人びとの間にある協調や因果ループや規範のパターンなのだ。きわめて大きな集合体でもそこ

にみられるコントロールの源は，2人の間の相互作用である。指揮者はこの自分と指揮棒こそが秩序だった演奏をもたらすものだと思い込んでいるが，実際にはおそらくほんのわずかしか貢献していない。」

(『組織化の社会心理学（第2版）』遠田雄志訳，文眞堂，1997年，11頁)

▶これは，あるブラスバンドとコーラスの指揮者に向けられたワイクの言葉である。命令する者がいてそれを受ける者がいれば，命令する者が組織をコントロールすると考えがちである。だが，ワイクは命令する者の影響はそれほど大きくないと主張する。組織をコントロールするのはまず第1に人間の相互作用（ワイクは「**二重相互作用**」と呼ぶ）である。そして第2に好循環・悪循環（因果ループ）というものがある。たとえば，相手を好きになれば，どんどん良いところばかり見えるが，嫌いになれば悪いところばかり見えたりする。これもまた組織化を方向づけるのである。

Q　「適応のために遊びは必要だろうか？」

A　「遊びは目的への手段ではなくて，目的への回り道とみなされる。遊びには障害物がつきもので，それは遊びを複雑にするためプレーヤーによってわざと設けられている。それが要素を斬新に結合するという経験をもたらすならば，新しい問題を扱う適応性を高めることにもなろう。すなわち，活動にいっそうの自由な揺れが与えられるのである。少なくとも，活動が目標に支配されていない。遊びが基本的に行っていることは，現実の目標の要請から行動を解放することである。その人は，功利主義的世界からはみ出ている行動を結合するという経験をしているのだ。」

(『組織化の社会心理学（第2版）』遠田雄志訳，文眞堂，1997年，322頁)

▶ワイクは，「適応は適応可能性を排除する」ということに注意を促す。すなわち，現在の適応に汲々としていると，将来の適応可能性が犠牲にされかねないというのである。ワイクが遊びを奨励するのもこの考えを反映している。なお，ワイクは組織において「適応が適応可能性を排除する」ことを回避するために，**ルース・カップリング**をすすめている。

III 組織と環境

◆ 用語解説 ◆

(1) **センスメーキング [sensemaking]** 近年のワイクは，組織化の議論を拡張してセンスメーキングを論じている。センスメーキングとは，意味形成の活動であり，彼によれば，意味とは過去の経験と現在の経験を結びつけるときに形成されるものである。組織化同様，センスメーキングもあくまでも進行形の活動であり，過程である。

(2) **二重相互作用 [double interact]** 組織化は行為から生まれるが，ではどのような行為から生まれるのか。ワイクによれば，それは二重相互作用である。二重相互作用とは自分の行動にたいする相手の行動を想定したうえで行為することである。すなわち，「それは，行為者Aの行為が行為者Bの特定の反応を引き起こし（ここまでは相互作用），Bのそれが次にAの反応を喚起する（ここで連鎖は完結し，それを二重相互作用という）」(『組織化の社会心理学（第2版）』115頁）。

(3) **ルース・カップリング [loose coupling]** イナクトメントと並ぶワイクの鍵概念のひとつである。ワイクはこの概念をグラスマン（R. B. Glassman）から引いている。すなわち，「2つのシステムの間に共通の変数がわずかであるか，その変数が（システムに作用する）他の変数よりも弱いとき，ルース・カップリング（loose coupling）がある」（同上，144頁）。こうしたルースな結合の組織では，あるひとつの変数が適応を妨げられても，それが他に波及しないため，全体としての適応可能性が残されるのである。

◆ より深く学ぶために ◆

〈基本文献〉

『組織化の社会心理学（第2版）』遠田雄志訳，文眞堂，1997年
『センスメーキング・イン・オーガニゼーションズ』遠田雄志・西本直人訳，文眞堂，2002年

〈入門・解説書〉

『現代経営キーワード』山倉健嗣・岸田民樹・田中政光，有斐閣，2001年
『ポストモダン経営学』遠田雄志，文眞堂，2001年
『現代経営組織論』岸田民樹編，有斐閣，2005年
『経営組織と環境適応』岸田民樹，白桃書房，2006年

（山下　剛）

Ⅳ

制度と戦略

営利企業	◎	ヴェブレン
集団行動の経済学	◎	コモンズ
企業者(家)とイノベーション	◎	シュンペーター
株式会社革命	◎	バーリ＝ミーンズ
自由で機能する産業社会	◎	ドラッカー
GM中興の祖	◎	スローン
分散投資	◎	マーコビッツ
組織は戦略に従う	◎	チャンドラー
企業成長戦略	◎	アンゾフ
競争戦略	◎	ポーター
世紀の経営者	◎	ウェルチ

制度派経済学の始祖T.ヴェブレンは，経済現象の各部分（需要・供給，価格，所得など）の算術的総和はかならずしも全体と等しくないとして社会・経済的側面を重視する全体論的アプローチをとる。経済生活における人間の動機にかんして，正統派経済学が利己心を前提とするのにたいして，彼は他に，①親的本能，②収取本能，③工匠本能，④好奇心本能をあげ，特に工匠本能（instinct of workmanship）を強調した。またこれらの人間本能を満たすために制度化された一定の思考習慣を「制度」と称し，かかる制度は生産技術の発達によって進化するという社会進化論の立場をとる。
　ヴェブレンがはじめて主張した資本と経営の分離は，その後バーリ＝ミーンズの統計的・実証的研究に発展し，株式会社支配論の嚆矢であり制度派経営学の代表作と目される『近代株式会社と私有財産』（1932年）を生むことになる。また『現代の経営』（1954年）で知られるP.F.ドラッカーは，多くの管理論的著作を重ねるが，基本的立場として企業は自己法則をもつ制度的存在であるとみなしており，制度派経営学者にその名をつらねる。
　企業は市場環境に適応する組織化の側面に加え，市場に積極的に働きかけるという側面をもつ。アメリカの事業部制史を詳細に分析した『経営戦略と組織』（1962年）の著者A.D.チャンドラーは「組織は戦略に従う」という命題を提示した。より実践的な経営戦略の概念枠を示したのはH.I.アンゾフ『企業戦略論』（1965年）である。以後主な戦略論としてはM.E.ポーター『競争の戦略』（1980年）やハメル＝プラハラドの『コア・コンピタンス経営』（1994年）があげられる。

• 営利企業 •

ヴェブレン

(Thorstein Veblen: 1857-1929)

◆ 人と業績 ◆

　ヴェブレンといえば，代表作としてまず思い浮かべるのは『有閑階級の理論』であろう。実際，1899年，つまり彼が42歳のときに刊行されたこの作品は，全米であっという間にベストセラーとなり，特に若い女性たちの間で広く読まれたという。

　ヴェブレンが『有閑階級の理論』を執筆したシカゴ大学時代は，彼の人生においても比較的充実した時期であった。それ以前も以後も，彼の人生は波乱に富んでいたといっていい。

　ソースティン・ヴェブレンは1857年7月，アメリカのウィスコンシン州で，12人中6番目の子供として生まれた。一家はその10年ほど前にノルウェーから移住し，父トマス・ヴェブレンは森林を開墾して農場の経営者になっていたが，アングロ・サクソン系移民から手酷い差別待遇を受け，何回も土地を取り上げられた。

　幼少時代の体験は，ヴェブレンの世界観の形成に大きな影響を与えたとみていい。17歳でカールトン・カレッジに入学して以降，周囲には皮肉屋と映る一方，貪欲といっていいほどの学問的関心が哲学，政治経済学，社会学，民俗学などに向けられた。しかも彼の態度は非妥協的だったから，大学での生活は必ずしも順調ではなく，「正教授」に落ち着いたこともないままいくつかの大学を転々と移動している。

　さて，19世紀末から20世紀にかけて，アメリカ経済界は前代未聞の変貌をとげていた。カルテルの増大，証券と商品への異常な投機，ごく少数の大資本家

IV　制度と戦略

による圧倒的な支配力の形成，そして巨大鉄鋼会社 U.S. スティールの誕生などがそれである。ヴェブレンの関心もこうした現状の分析に向かうことになり，1904年にはこれまた話題の書『企業の理論』を出版している。

同書の要点は次のとおりである。

もともと企業家とは，生産過程に資本を投下し，また自ら生産過程を直接に指揮・監督するという機能的な資本家のことであった。しかしヴェブレンによれば，現代の企業家はそうではない。なぜなら現代的企業家の関心はもはや「産業過程への昔流の監視や支配からはなれ，利の薄い事業からより利益の多いそれへと機敏に投資を再配分することへ，抜け目のない投資や他の企業者との結合をつうじる企業諸局面の戦略的統御へ移った」(『企業の理論』22頁）からである。こうなると産業と企業との間にはギャップが生ずることになる。というのは，産業はもっぱら現実の生産の側面をあらわし，その基礎は固定設備すなわち「機械過程」であるのにたいし，企業は利潤追求をもっぱらとする「営利企業」として以外に存在しようがないからである。この営利企業の側面を代表するのが現代の企業家なのである。

ヴェブレンの指摘は，独占体が誕生して以降の経済システムを実に鋭く特徴づけている。経済学的に表現すると，当時，現実資本と擬制資本（株式資本）の分離が急速に進んだ。もっと具体的にいうと，一方で現実の「機械過程」が存在するにもかかわらず，他方では株式があたかも「機械過程」の価値をあらわすかのように機能し，株式の売買をつうじて企業の集中・合併が進んでいったのである。つまり企業合同がそれ自体として膨大な利潤を生み出すわけであり，そうした光景は今日でもまったく同じである。

繁栄とは，人々や社会の繁栄ではなく，企業の繁栄を意味することになった。ヴェブレンによれば，すべての社会制度や政治が営利企業のためのものになる。そればかりでなく，営利原則は市民社会の隅々にまで入り込んで決定的な影響を与えている。こうして現代の文明的な諸制度は，概して営利原則のうえに立脚することになる。好況や不況といった景気変動もすぐれて企業的な現象なのである。

もちろんヴェブレンはこのような現代企業体制について，希望をこめて語っ

ているのではない。その逆である。何よりも，営利原則のうえに立つのは際限のない無駄・浪費の社会である。一層の企業体制の発展は，慢性的で長期的な不況を生み出す傾向を強める。そして企業の利害は，ついには愛国主義的であると同時に好戦的な国家政策をも要求するようになる。それは『有閑階級の理論』で述べられていた野蛮な略奪文化への復古にほかならず，ヴェブレンは，ここにこそ近代資本主義にとっての大きな岐路があると考えていたわけである。

では，その後のヴェブレンの人生はどうだったのか。

実際のところ彼の生活はいっこうに落ち着かなかった。1906年にシカゴ大学を去って好条件でスタンフォード大学に招かれたものの，妻エレンとの不仲や「女性問題」が発覚し，スタンフォードを去ることになった。そのあとミズーリ大学などを転々とし，評論活動にもたずさわった。妻に先立たれたヴェブレンはカリフォルニアに移り，父親譲りの職人技をふるって小屋をつくりそこに住むようになった。たしかに孤独な生活ではあったが，大いに自然を楽しみ，訪れてくる教え子たちと談笑する生活でもあったようだ。

彼の死は突然やってきた。死因は心臓病で，享年72歳だった。

◆ ヴェブレンとの対話 ◆

Q　「産業と企業とは互いにどんな関係にあるのか？」

A　「近代文明の物質的外枠は産業体制であり，この外枠に生気をあたえる指導力は営利企業である。近代キリスト教国は，その他の従来のいかなる文化段階よりも，いっそう大きな程度で，その顔を自己の経済体制に似せてつくっている。このような近代的経済組織がいわゆる『資本主義体制』もしくは『近代的産業体制』である。その特徴的様相なり，また同時に，この経済組織がそれによって近代文化を支配している諸力なりは，**機械過程**と，利潤のための投資である。」

（『企業の理論』（新装版）小原敬士訳，勁草書房，2002年，5頁）

▶ヴェブレンは近代産業を2つの側面からみていることがわかる。ひとつは産業体制

Ⅳ　制度と戦略

＝機械過程であり，もうひとつは営利企業＝利潤のための投資である。前者は「近代文明の物質的外枠」であり，後者は「この外枠に生気をあたえる指導力」である。したがってヴェブレンは，産業社会の推進力である営利企業に注目し，次のように強調する。「近代的な経済状況にかんする理論は，なによりもまず企業の動機，目的，方法および効果をふくむ企業活動の理論でなくてはならない」（同上，7頁）と。

Q　「現代の経営者が経営をおこなう動機とは何なのか？」

A　「産業合同事業の条件を形づくり，また，いっそう緊密で広範な産業過程の組織化の方向にたいする一定の動きが，果たして実際的であり，また生産の経済をもたらすかどうかを決定する状況は，機械的性質のものである。それは，包括的な機械過程の事柄である。このような基礎にもとづく産業合同に好つごうな条件は，企業者がつくり出すのではない。……

　［これにたいし――引用者］企業者を動かす動機は，金銭的動機であり，かれ自身もしくは，かれがそれと一身同体となっている営利企業の金銭的利得にたいする誘因である。かれの努力の目標は，たんに産業的にみて有利な企業合同をつくり出すことではなくて，かれに大きな企業力の支配権をあたえ，またできるだけ大きな利得をもたらすような所有関係の状況のもとに，それをつくりだすことである。求められる窮極の目標は，産業的な効果ではなく所有権の増大である。」

（『企業の理論』（新装版）小原敬士訳，勁草書房，2002年，30～31頁）

▶産業の基礎は機械過程および技師・専門家の仕事によってつくられている。では，現代の経営者たちの仕事はこの機械過程を全体として有効に生かすことなのか。ヴェブレンははっきり「そうではない」と断言する。株式会社化した現代企業はもはや生産そのものに直接の関心をもたない。その関心はあくまで所有権の増加であり，その意味での営利性に向けられている。いかにすばらしい生産設備であっても，不採算とみられれば運転中止になったりスクラップにされる。こうして「企業」の立場と「産業」の立場とは互いに矛盾し，時には対立し合う関係となった。つまり経営者の目的も，この両方の立場によって二重化されることになった。

Q 「実際に企業家が機械過程と対立することがあるのか？」

A 「過去数年間の状況を特徴づけていた大きな企業合同や産業結合は，多くのばあい長引いた闘争の所産であったということは，とくに実例をあげるまでもないほど周知のことである。そのような闘争においては，営利的な目的に比べて，生産的な目的はあまり真剣に考慮されていなかった。……

　効果性，すなわち産業的にみた妥当性は，決定的な点ではない。決定的な点は，企業上の便宜と営利の圧力である。それゆえに，このような産業合同の問題にかかわる企業の正常な経路では，**産業の将帥**は，新しく，いっそう能率的な組織に賛成するとともに，それに反対する作用をもいとなむ。かれは，いっそう高度の産業組織を促進するとともに，それを阻害することもある。一般に，産業合同なり，資源や機械的考案のいっそう経済的な利用のためにおこなわれる協定なりは，それらのものがとっくに期限が過ぎてから，はじめて実施が許される，といえるかもしれない。」

（『企業の理論』（新装版）小原敬士訳，勁草書房，2002年，32〜33頁）

▶ヴェブレンは具体例として，アメリカの鉄道網が企業利害の対立によって長期に分断されたままだったことをあげている。機械的な業務にたずさわる人々は，仕事を経済的ならしめ，サービスを改善するためには企業合同が必要であることをずっと確信していたにもかかわらず，である。だが企業者たちの動きは緩慢であり，ヴェブレンによれば，「現在までに受けてきた遅延は，少なくとも平均20年に達するといっても決して的はずれではない」（同上，34頁）という。

Q 「企業が巨大な利益を得るためにはどんなカラクリがあるのだろうか？」

A 「……市場において資本化せられ，また相場が建っている生産的企業の経営に当たるものは，だれでもが知っており，また，その目的のために一般にみとめられている方法によって，予想収益力と現実の収益力とのあいだの格差をつくり出すことができるということが起こる。決定的な時機に巧みに発表される部分的な情報や誤報は，この種の有利な一時的な格差をつくり出し，かくして，経営者をして，自己に有利となるように，その会社の証券を売買す

ることを可能ならしめるのに大きな働きをするであろう。もしも経営者が，しばしばそうであるように，抜け目のない企業者であるならば，かれらは，その会社の将来の繁栄をはかろうとする意図とか，このような資本の産業的な使用によってつくり出される財貨や労務の生産高を，引き続いて有利に販売する意図よりもむしろ，その資本を有利に売ったり買ったりしようとする意図をもって，その会社の業務を経営することを目指すであろう。」

(『企業の理論』(新装版) 小原敬士訳，勁草書房，2002年，124～125頁)

▶2001年にアメリカの巨大エネルギー会社エンロンが破綻した。自社株をつりあげるために虚偽の利益を公表しつづけ，ついにそれが発覚して倒産したのである。こうなると企業経営はほとんどバクチと変わらなくなる。2005年に日本で起きたライブドア事件やホテル・マンションの一連の耐震偽装事件も，性格は同じである。ヴェブレンのこの指摘が100年前であることを想うと，その洞察力にあらためて驚かされる。

Q 「金銭的文化のもとでは窮乏の姿も変わってくるのか？」

A 「営利の原則が日常生活を支配するようになる以前においては，一般的福祉は，それが平和と戦争の問題でないばあいには，十分に多くの生活手段を容易に，また確実に供給することにむけられた。営利企業が中心的かつ支配的な関心となって以後は，福祉の問題は価格の問題となった。手工業や小商売のもとでは，物資不足（高値）は窮乏を意味し，また飢餓や疫病を意味したかもしれなかった。新しい制度のもとでは，低値が，多くのばあい窮乏を意味し，そして，ときには飢餓を意味するかもしれない。旧制度のもとでは，問題は，その社会の仕事が果たして，その社会の必要物を供給するほど十分であるか，ということであった。新制度のもとでは，そのような問題は真剣に取扱われていない。」

(『企業の理論』(新装版) 小原敬士訳，勁草書房，2002年，142頁)

▶現代の恐慌による経済の圧縮はもっぱら金銭的なものであり，決して物質的なものではない。たとえば，価格暴落が続けばパン企業はパンをつくらなくなり，そのため人々は飢餓に直面するというように。このように現代社会ではモノが十分か不十分かが問題になるのではなく，企業にとって営利になるかどうかが問題なのである。

Q 「技術革新にとって『一人の天才』がはたす役割はそんなに大きいのか？」

A 「技術的知識は，社会によって集団的に保持され進歩させられる公共資本の性格を持っている。このことから活動体（going concern）と考えられている。産業技術の状態は集団生活的な事実であり，個人的ないし私的な発意あるいは工夫に関わるものではないのである。それは共同体の事業であって，別々にあるいは孤立して自給自足的に働いている個人の創造に関わる成果ではない。主として，産業技術の状態は常に過去からの遺産である。それはおそらく，常に変化の過程にあるが，しかし，それの実体はより以前の世代から伝えられた知識である。洞察と熟練の新しい要素が現在の世代の経験と創意によって絶えず追加され，公共資本に仕上げられつつあるが，そういう新奇な要素は，どこでも常に，過去から受けつがれた技術体系に比べれば，軽微で取るに足らないものである。」

（『ヴェブレン 経済的文明論』松尾博訳，ミネルヴァ書房，1997年，88頁）

▶経済学者シュンペーター（→206頁）は「イノベーション」（技術革新）について，それを発明に限定するのではなく，新しい生産方法の導入や新しい販路の開拓，そして新しい組織の実現といった全体的な事象として定義した。まさにヴェブレンのいう公共資本的性格と同じ認識である。産業技術とは根本的に過去からの技術の積み重ねであって，その壮大な営みに比べれば一つひとつは取るに足らないものだ。現代に当てはめれば「IT革命などと騒ぐんではない」ということか。

近年の日本でも，「青色発光ダイオードの開発の功績は私ひとりに帰せられるべきである」と豪語し高額の報酬を会社に請求した技術者がいたが，もしヴェブレンが生きていたら，その顕示的傲慢に烈火のごとく怒ったことだろう。

◆ **用語解説** ◆

(1) **機械過程**［machine process］ 近代の産業は固定設備を基礎とし，その巨大で複雑な社会的連関として存在している。ヴェブレンのいい方によれば，近代産業の規模と方法は機械によってあたえられている。機械制産業――産業体制の中で機械過程が卓越している部分――は支配的になっており，それが残りの産業体制の歩調を決めている。その意味で現代は機械過程の時代である，といえる。

Ⅳ 制度と戦略

　ところでヴェブレンは機械過程について以上のように説明したのち,「これと同じような意味で,現代は営利企業の時代である」と続け,企業者にテーマを移している。つまり彼は資本主義経済を機械過程および営利企業という二重の視点で捉えており,両者の間にはきびしい矛盾・対立関係があると考えているわけである。

(2)　**産業の将帥** [captains of industry]　現代の企業者のこと。もちろん大企業者が念頭に置かれている。近代産業は機械による高度な分業をつくりだしているが,現実にはその微妙なバランスを維持しつづけるのは至難であり,いたる所に隙間や裂け目を生んでいる。企業者はそこに目をつけ,証券を発行して企業を合併したり支配権を拡大していく。つまり現代の企業者は,機械過程を管理することよりも,産業全体にたいする所有権の拡大を目指して企業戦略を練り上げるのである。このように産業の将帥たちは,企業経営の指揮・命令については専門的な管理者にまかせ,自らは戦略家として産業全体を視野に入れて投資に専念する。

◆ より深く学ぶために ◆

〈基本文献〉
『有閑階級の理論』高哲男訳,ちくま学芸文庫,1998年
『企業の理論』(新装版)小原敬士訳,勁草書房,2002年
『ヴェブレン　経済的文明論』松尾博訳,ミネルヴァ書房,1997年

〈入門・解説書〉
『ヴェブレン《その人と時代》』J.ドーフマン,八木甫訳,ホルト・サンダース・ジャパン,1985年
『ヴェブレン』宇沢弘文,岩波書店,2000年
『ヴェブレン研究』高哲男,ミネルヴァ書房,1991年
『ヴェブレンと制度派経済学』佐々木謙治,ナカニシヤ出版,2003年
『ヴェブレン』小原敬士,勁草書房,1965年
『ヴェブレンの思想構造——制度学派の思想形成』内藤昭,新評論,1985年

(嵯峨一郎)

• 集団行動の経済学 •

コモンズ

(John Rogers Commons: 1862-1945)

◆ 人と業績 ◆

　ジョン・ロジャース・コモンズは1862年にアメリカのオハイオ州に生まれた。彼の母はコモンズが牧師になることを望んでいたが，コモンズは学校の教師やセールスマンなどの職を転々とした。彼の母は，コモンズが20歳のとき，ふたたび彼を牧師にさせようと，コモンズをオバーリン大学に入学させた。オバーリン大学に通学しながら，コモンズは印刷工場のアルバイトをしたが，そのときの経験が後の彼の集団行動 (collective action) の理論の基礎となったといわれる (『コモンズ研究』6頁)。コモンズの学業成績はさほど良いものではなかったが，研究熱心な彼の態度は教授陣に評価されたため，奨学金を得て26歳のときにジョンズホプキンス大学大学院に進学することができた。

　ジョンズホプキンス大学でイリー (R. T. Ely: 1854-1943) 教授に出会ったことがコモンズの思想体系の形成にきわめて大きな役割を果たした。その後コモンズはウェズレィセン大学の経済学の講師，オバーリン大学，インディアナ大学，シラキュース大学の講師として勤務したが，いずれも短期間で退職した。コモンズは社会改良運動家として1898年から5年間多くの社会運動に携わった後，イリー教授の推薦により，1904年にウィスコンシン大学に職を得た。コモンズが42歳のときであったが，それからは安定した研究環境のもとで多くの業績をあげた。

　コモンズはウィスコンシン産業委員会委員 (1911～13年)，全国消費者同盟会長 (1923～35年)，合衆国産業委員会委員などとしてアメリカの産業民主主義の形成のために貢献した。またアメリカ経済学会の会長 (1917年)，全国経済調査

Ⅳ　制度と戦略

局の副長官（1920〜28年），全国通貨協会の会長（1922〜23年）などの要職をも歴任した。

　17世紀のヨーロッパでは「宇宙（universe）は閉鎖的な普遍の秩序またはシステムであって，その運動を多くの不変的あるいは普遍的命題や法則に還元することができ」(同上，18頁）るとする，ニュートン（I. Newton: 1642-1727）の機械論的世界観が支配的であった。この機械論的世界観は18世紀にはロック（J. Locke: 1632-1704）らによって継承発展されていったが，19世紀に入るとダーウィン（C. R. Darwin: 1809-82）の進化論を社会科学に応用する社会ダーウィニズム（Social Darwinism）がスペンサー（H. Spencer: 1820-1903）によって提唱された。そして，機械論的世界観を否定し，進化論的世界観を唱えるダーウィンやスペンサーの社会ダーウィニズムの思想がヨーロッパに広がっていった。この思想はアメリカにおいてはプラグマティズム（Pragmatism）としてパース（C. S. Peirce: 1839-1914）によって展開され広まっていった。コモンズの思想的基盤はまず第1に当時アメリカに広まっていたプラグマティズムである。

　コモンズのもうひとつの思想的基盤は制度主義経済学（Institutional Economics）である。18世紀末からのアメリカの経済学は自由放任（laissez-faire）を原理とする古典学派経済学が主流であった。しかし，小規模企業の自由競争を前提とする古典学派経済学は，独占資本の形成期であった当時のアメリカ経済の諸問題を解決することができなかった。当時の経済的困難を解決するために，一部の経済学者はドイツ歴史学派の経済学を学んだ。イリーらの経済学者はドイツから帰国後，アメリカ経済学会（American Economic Association）を創設し，制度学派経済学を発足させ，経済社会の改良運動に取り組んだ。コモンズはイリーからこの社会改良主義的経済思想を学んだのである（同上，21頁）。

　コモンズは「取引」「**ゴーイング・コンサーン**」など重要な概念を創出した。コモンズのこれらの概念はウィリアムソン（→147頁）の取引費用の理論やバーナード（→131頁）の組織均衡論の構築に大きな影響を与えた。

◆ コモンズとの対話 ◆

Q 「人間は自己の個人的利益にもとづいて行動するのだろうか？」

A 「風習と習慣的仮定（habitual assumptions）は全ての人間関係の基礎原理である。おのおのは自然法の意味ではなく，人間性の法律の意味において，法律と呼ばれるだろう。……それらはそれなくしては社会に住むことのできない基礎的な，および究極的な原理，すなわち，期待の保証の原理に進むという意味において人間性の法律である。基本的であるのは正義でも，幸福でもない。それは保証（secrity）であり，まさに不公平と貧困の保証である。」

（『コモンズ研究』伊藤文雄，同文舘，1975年，43頁）

▶古典学派経済学が前提にしている自由競争の時代には，人間は利己心にもとづいて行動するとされていた。しかし20世紀になると個人行動よりも集団行動が優先し，人間は風習や習慣にもとづいて行動するようになる。個人は集団行動の行動ルールを守ることによって個人が期待した結果を得ることができる。
　集団行動は広い意味での「法」でもあり，個人行動を統制している。集団行動は政府や企業などの組織体を動かすルールであり，制度とも呼ばれる。

Q 「取引は商品の売買を意味するのか？」

A 「われわれは所有の移転である取引を分析する時，取引が三つの型に，すなわち，売買的取引（bargaining transactions），管理的取引（managerial transactions），そして割当的取引（rationing transactions）とに分けられるのをしる。これらは機能的に相互依存しており，そして，統合してわれわれがゴーイング・コンサーン（going concern）と呼ぶ全体を構成する。ゴーイング・コンサーンは有益な売買的・管理的・割当的取引の結合期待である。」

（『コモンズ研究』伊藤文雄，同文舘，1975年，49頁）

▶コモンズは活動している2人以上の行動を取引と捉える。取引は個人と集団との間の法的・経済的関係によって規定される。取引の複合体は制度（institution）と呼ばれるが，制度のうち未組織のものは風習であり，組織化された制度は家族，企業，労働

Ⅳ 制度と戦略

組合，同業組合，国家などのゴーイング・コンサーンである。制度は個人行動を統制する集団行動（collective action）と定義することもできる。ゴーイング・コンサーンはさまざまなものを活動させる**運営準則**をもつ。取引は経済活動の単位であり，ゴーイング・コンサーンは取引によって構成される。

売買取引は市場でおこなわれる取引である。売買取引は法律上等しい地位にある当事者の間でおこなわれ，所有権の移転についての取引であり，賃金，価格などを例にあげることができる。それは希少性の原理にもとづいておこなわれる。

管理的取引は法律上の優位者の命令に従い劣位者が富を創造することであり，生産過程における賃金労働者などを例としてあげることができる。取引の目的は富の生産であり，能率の原理にもとづいて取引がおこなわれる。

割当取引は法律上の優位者の指令による富創造の負担と便益の割当であり，政府による課税，取締役会による予算の作成，労使間の団体交渉などを例としてあげることができる。割当取引は希少価値を再分配する取引であるが，当事者間の自由意思による取引ではなく，権力関係による取引であるため，売買取引とは異なる。割当取引も効率の原理にもとづいている。ゴーイング・コンサーンとしての企業の活動はこの3つの取引から構成されている（「コモンズ，J. R.」伊藤文雄『講座経営理論（1） 制度学派の経営学』147頁）。

◆ 用語解説 ◆

(1) **ゴーイング・コンサーン[going concern]** ゴーイング・コンサーンは「円滑に事業をおこなっている組織体」のことである。ゴーイング・コンサーンは取引の複合体であり，それは人間行動の側面からみると，能率（efficiency），希少性（scarcity），風習（custom），主権（sovereignty），将来性（futurity）の5つの部分原理から構成されている。企業は代表的なゴーイング・コンサーンであるが，そこではこれらの5つの部分原理が相互に機能的に関連づけられている。

ゴーイング・コンサーンは割当取引によって，つまり構成員に恩恵や負担を割当てることによって，コンサーンの持続をはかる。ゴーイング・コンサーンの主な機能はコンサーンの持続にあるが，それは構成員のコンサーンにたいする期待に支えられている。構成員がゴーイング・コンサーンに期待を抱き，自発的・積極的に取引に参加するかぎりゴーイング・コンサーンは存続する。しかし，期待がなくなればコンサーンは存続しなくなる。

ゴーイング・コンサーンはまた，公衆にサービスを提供する産業組織であるゴーイング・プラント（going plant）と生産者に収入をもたらす事業組織であるゴーイング・

ビジネス (going business) とから構成される。ゴーイング・プラントは投入と算出の割合によって示される「能率」の原理によって運営されるのにたいし、ゴーイング・ビジネスは売買的取引によって資産価値を増大しようとする「希少性」の原理によって運営されている。したがって、使用価値を生み出すゴーイング・プラントにおける取引は管理的取引であり、ゴーイング・ビジネスにおける取引は売買取引である。ゴーイング・コンサーンの管理者はゴーイング・プラントとゴーイング・ビジネスの構成員にたいし、物理的・経済的・道徳的制裁を用いて構成員の行動を統制することによって、ゴーイング・コンサーンの統一的・持続的活動を生み出していく。管理者のこの取引は割当取引である。

(2) **運営準則 [working rules]** 運営準則は慣習であり、個人の行動や企業の意思決定、取引などはこの運営準則にもとづいて繰り返される。運営準則が適正であるかどうかは最終的には裁判によって判断される。

　運営準則は長い歴史の中で時間をかけて変化・発展する。コモンズは運営準則の展開を4つの段階に分けて説明している。第1段階は無知と信頼の段階であり、運営準則が無条件で容認される段階である。第2段階は懐疑と抗議の段階であるが、準則の公表だけで満足する。第3段階は抵抗と反乱の段階であり、準則の修正や改正をする際に、それに参加して発言することを主張する段階である。第4段階は紛争の発生に応じて準則を解釈する独立の司法機関が確立される段階である。

◆より深く学ぶために◆

〈基本文献〉
『集団行動の経済学』春日井薫訳, 文雅堂, 1958年
『資本主義の法律的基礎 (上巻)』新田隆信・中村一彦・志村治美共訳, コロナ社, 1964年
『コモンズ研究』伊藤文雄, 同文舘, 1975年

〈入門・解説書〉
『講座経営理論(1) 制度学派の経営学』岩尾裕純編著, 中央経済社, 1972年
『アメリカの経済思想』田中敏弘, 名古屋大学出版会, 2002年

（佐久間信夫）

Ⅳ 制度と戦略

・企業者（家）とイノベーション・

シュンペーター

(Joseph Alois Schumpeter: 1883-1950)

◆ 人と業績 ◆

　ヨーゼフ・アロイス・シュンペーターは，20世紀を代表する経済学者のひとりで，1883年，オーストリア・ハンガリー帝国モラヴィア地方トリーシュに生まれた。ちなみにこの年はケインズ（J. M. Keynes: 1883-1946）が生まれ，マルクス（K. H. Marx: 1818-83）が亡くなった年でもある。ウィーン大学で経済学や法律学などを学び，25歳のときに『理論経済学の本質と主要内容』（1908年）を発表，これが認められて翌年26歳でツェノルヴィッチ大学の教授に就任したことから，早熟の天才とも評されている。1911年からはグラーツ大学の教授を務め，第一次世界大戦後の1919年3月には短期間の在任に終わったもののオーストリアの大蔵大臣にも就任している（36歳，1919年10月に退任）。

　主著のひとつである『経済発展の理論』は，グラーツ大学教授時代の1912年（29歳）に発表されたものであり，この著作によって，彼の名声はドイツをはじめとする欧州の学界において一挙に確立された。その後，彼は1920年にはウィーンのビーダーマン銀行の頭取に就任（同行は1924年に倒産），1925年からはボン大学の教授を務めている。しかしながら，1932年からはヨーロッパからアメリカに活動の場を移している。アメリカでは，ハーバード大学の教授に就任し，アメリカ計量経済学会や経済学会の会長なども務めた。なおアメリカ時代には，『景気循環論』（1939年），『資本主義・社会主義・民主主義』（1942年）を発表している。

　シュンペーターの生きた時代は，アメリカの台頭，第一次世界大戦，ロシア革命，世界恐慌，ファシズムの台頭，第二次世界大戦にいたる激動の時代であ

り，資本主義のあり方が問われた時代でもあった。しかしながら，この当時の経済学の主要な関心は，もっぱら経済過程の静態的循環の分析に向けられていた。こうした中で，彼は資本主義経済の発展の究明に強い関心を有し，その理論的分析に腕をふるった。彼は経済の「成長」と「発展」を峻別する。前者は植物の成長のように連続的であって，同一線上での変化で軌道の修正をともなわないとされる。これにたいし，後者は経済の軌道の変更であり，したがってその変化は連続的，成長的というよりもむしろ断続的，飛躍的であり静態的な循環とは質を異にするとされる。

すなわち，彼は経済発展を「駅馬車から汽車への変化のように，純粋に経済的──『体系内部的』──なものでありながら，連続的には行なわれず，その枠や慣行の軌道そのものを変更し，『循環』からは理解できないような他の種類の変動を経験する。このような種類の変動及びその結果として生ずる現象こそわれわれの問題設定の対象となるものである」（『経済発展の理論（上）』171頁）としている。そのうえで，彼は資本主義のもとでの経済発展は，彼が新結合と呼ぶ企業者（家）の革新的な創造的破壊の遂行によって生まれるとして，これを支える銀行の信用創造とともに重要性を主張したのである。なお，こうした資本主義経済の発展の研究とあわせて，シュンペーターは，渡米後，経済学史の研究にも注力しており，未完の大作として彼の死後に編纂された『経済分析の歴史』（1954年）は，この分野における卓越した業績として現在も高い評価を受けている。

◆ シュンペーターとの対話 ◆

Q「経済発展をもたらす新結合とは具体的には何を意味するのか？」

A「この概念は次の五つの場合を含んでいる。一　新しい財貨，すなわち消費者の間で未だ知られていない財貨，あるいは新しい品質の財貨の生産。二　新しい生産方法，すなわち当該産業部門において実際上未知な生産方法の導入。これはけっして科学的に新しい発見に基づく必要はなく，また商品

Ⅳ　制度と戦略

の商業的取り扱いに関する新しい方法をも含んでいる。三　新しい販路の開拓、すなわち当該国の当該産業分野が従来参加していなかった市場の開拓。ただしこの市場が既存のものかどうかは問わない。四　原料あるいは半製品の新しい供給源の獲得。この場合においても、この供給源が既存のものであるか——単に見逃されていたのか、その獲得が不可能とみなされてきたのかを問わず——あるいは始めてつくり出されねばならないのかは問わない。五　新しい組織の実現、すなわち独占的地位（たとえばトラスト化による）の形成あるいは独占の打破。」

（『経済発展の理論（上）』塩野谷祐一・中山伊知郎・東畑精一訳、岩波書店、1977年、183頁）

▶よく知られる**イノベーション**とは、本質的にはこうした「新結合」を遂行することであり、多くの場合両方の概念は同義的に捉えられる。シュンペーターが示すとおり、新結合の遂行（イノベーション）は一国の経済発展の原動力というマクロ的観点からも重要であるが、企業レベルでも不断のイノベーションを生み出す組織力が競争力の源泉となるという点で、非常に重要である。

Q 「企業者（家）にはどのような役割が求められるのか？」

A 「われわれが企業（Unternehmung）と呼ぶものは、新結合の遂行およびそれを経営体などに具体化したもののことであり、企業者（Unternehmer）と呼ぶものは、新結合の遂行をみずからの機能とし、その遂行に当たって能動的要素となるような経済主体のことである。」

（『経済発展の理論（上）』塩野谷祐一・中山伊知郎・東畑精一訳、岩波書店、1977年、198～199頁）

「循環においては企業者は利潤も得なければ損失も蒙らないのである。すなわち、彼はそこではなんら特殊な機能をもたず、彼は企業者としては存在しないのであって、それゆえわれわれはこのような経営管理者に対しては企業者という言葉を使わないのである。」

（『経済発展の理論（上）』塩野谷祐一・中山伊知郎・東畑精一訳、岩波書店、1977年、202頁）

▶シュンペーターによれば、企業を経営する経営者がすべて企業者（家）というわけ

ではない。彼が企業者（家）と呼ぶのは，新結合を自らの機能とし，その遂行によって経済発展の担い手となるものだけである。したがって，たとえばある企業者（家）が新結合により企業を創造したとしても，彼がその企業を循環的に経営していくようになると，その企業者（家）は経営管理者に変質することになる。あわせて，彼は企業者（家）と発明者（家）を区別しており，企業活動が企業者（家）本人の知的創造活動等の成果であるとしても，それは偶然の結果にすぎないとしている。こうしたシュンペーターの企業者（家）論の最大の特徴は，なによりその革新性を強調している点にあるといえる。

Q 「企業者（家）が必要とする資金はいかに調達されるべきか？」

A 「それは発展目的のための――しかもこの目的のみのための――別の貨幣調達方法に帰せられるべきである。……別の貨幣調達方法とは，銀行による貨幣創造のことである。それがどのような形態をとるかは問題ではない。……つねに問題となることは，すでに従来からだれかの手もとに存在していた購買力を移転することではなくて，無から新しいものを創造し，これが従来から存在する流通に参加することである。新しい購買力を創造するための信用契約が，それ自身流通手段ではないなんらかの実体的担保に基づく場合にも，同じように無から創造されるといわなければならない。そしてまさにこれこそが新結合遂行のための典型的な金融の源泉であり，しかも過去の発展の成果が事実上いかなる場合にも存在しないときには，ほとんど唯一の金融源泉となるのである。」

（『経済発展の理論（上）』塩野谷祐一・中山伊知郎・東畑精一訳，岩波書店，1977年，195～196頁）

▶わが国の新規創業者の現状をみてもわかるように，新たに事業を起こすものにとって，自らの必要とする資金をいかに調達するかは非常に大きな課題である。この点について，シュンペーターは，企業者（家）が新結合を遂行するために必要とする資金は，企業者（家）自身ではなく，銀行にたいして失敗にともなうリスクを負担させるべきだとしている。彼は，銀行にリスクキャピタルの供与者としての機能をも求めている。現代に置き換えれば，商業銀行ではなく，ベンチャーキャピタルや投資銀行としての金融機関像を想定しているといえよう。

Ⅳ　制度と戦略

◆ 用語解説 ◆

(1) **イノベーション [innovation]**　わが国では革新，技術革新，変革，新機軸などと訳されることが多い。広義には，現状を否定し，新しい考え方や物事を取り入れることの意味で用いられ，具体的には，ここで取り上げたシュンペーターのいうところの新結合の形態である，①新製品の開発，②新しい生産方法の導入，③販売や流通上の革新，④新たな部材供給源の獲得，⑤組織の革新などにより実現される。ここでは単なる生産技術の革新にとどまらず，経営活動全般にわたる革新を意味することに留意されたい。前にも指摘したとおり，シュンペーターは，資本主義の発展は，企業者（家）による「創造的破壊」としての新結合の遂行，すなわちイノベーションによって実現されると主張したのである。

◆ より深く学ぶために ◆

〈基本文献〉
『経済発展の理論（上）（下）』塩野谷祐一・中山伊知郎・東畑精一訳，岩波書店，1977年
『経済分析の歴史』東畑精一・福岡正夫訳，岩波書店，2005年
『理論経済学の本質と主要内容』大野忠男・安井琢磨・木村健康訳，岩波書店，1983年
『企業家とは何か』清成忠男訳，東洋経済新報社，1998年
『資本主義・社会主義・民主主義』中山伊知郎・東畑精一訳，東洋経済新報社，1962年

〈入門・解説書〉
『現代経済学の巨人たち』日本経済新聞社編，日本経済新聞社，1994年
『シュンペーター研究』大野忠男，創文社，1971年
『よくわかる現代経営』よくわかる現代経営編集委員会編，ミネルヴァ書房，2004年
『シュンペーター――孤高の経済学者』伊東光晴・根井雅弘，岩波書店，1993年

(西岡　正)

・株式会社革命・

バーリ=ミーンズ

(Adolf Augustus Berle, Jr.: 1895-1971／
Gardiner Coit Means: 1896-1988)

バーリ

◆人と業績◆

　アドルフ・オーガスタス・バーリ・ジュニアは，1895年1月29日，アメリカのマサチューセッツ州ボストンに生まれた。1909年，14歳でハーバード大学に入学，13年文学士，14年文学修士，16年法学士の学位を得た。卒業後，ボストンのブランダイス法律事務所で働いたが，1917年アメリカが第一次世界大戦に参戦すると兵役を志願し法律事務所を辞めた。戦後は仲間とニューヨークで法律事務所を開いた。そこで会社法にかんする有能な弁護士として注目されるようになるとともに，会社法の実務や引き受けたいくつかの取締役の経験を通じて巨大株式会社への権力の集中と経営者支配の勃興を感じ取っていった。弁護士業のかたわら，黒人や少数民族が集まるスラム街の問題を解決するため尽力するなど社会的弱者を救済する活動もおこなった。1925年からはハーバード・ビジネス・スクールで財務論の講義をおこない，27年からはコロンビア・ロー・スクールに会社法の講師として招かれた。コロンビア・ロー・スクールの教員になる少し前，ロックフェラー財団が後援し多様な社会経済問題を調査・研究するプロジェクトを選定するための社会科学委員会から巨額の研究援助資金を得，その共同研究者としてミーンズと出会った。1929年に発生した大恐慌は学者としてのバーリに大きな転機をもたらした。1932年に大統領候補ルーズベルトのブレーン・トラストに加わり，ニューディール政策の立案に参画した。ルーズベルトが大統領になり，ニューディールが実行に移され始めると緊急銀行法によって設立された復興金融公社の特別顧問に就任したし，ニューヨーク証券取引所の理事にもなった。また，キューバ政府の金融顧問を引き受けたり，

211

Ⅳ　制度と戦略

1933年にはニューヨーク市の財政を立て直すために市の収入役にも就任した。そして，1938年収入役を辞した後には，ラテン・アメリカ担当国務次官補として国務省入りし，1945年にはブラジル大使として赴任した。同年ルーズベルトの死を知ると，翌年大使を辞め，コロンビア大学に復帰した。ただ，公職からは退いたものの個人的には政治的な活動を続け，1945年民主党とのつながりをもつニューヨーク市の政治団体である自由党を創設，その代表者となった。1947年には20世紀財団の理事長にもなった。また，アメリカの中南米諸国との外交の舞台裏でしばしば活躍した。そして，1964年コロンビア大学を退官し，1971年76歳でその生涯を閉じた。

　一方，ガーディナー・コイト・ミーンズは，1896年7月8日，アメリカのコネティカット州ウィンダムに生まれた。ハーバード大学に進み，入学した当初は自然科学の学問分野に進もうと考えていた。だが，結局，1918年文学士として卒業した。卒業後2年間は中近東援助のスタッフとしてトルコに滞在したが，1924年再びハーバード大学に戻り大学院で経済学を学んだ。そこで，リプレイ（W. Z. Ripley: 1867-1941）など動的な経済現象の問題について実証的接近法を重視する経済学者に学ぶとともに，「会社革命」にかんする研究を進めるなか，コロンビア大学での共同研究に参加，バーリたちとの共同研究をおこなった。1933年に経済学博士号を得，この年コロンビア・ロー・スクールに招かれたが，ルーズベルトが大統領に就任しニューディール政策が実施され始めると，ニューディールの経済問題を担当する政府スタッフとなり，その後長きにわたって政府の要職を務めた。主な公職は農務大臣の経済補佐官，経済資源計画局経済課理事，予算局主席経済分析官，経済開発委員会委員などであった。第二次世界大戦後は，民間のエコノミストとして活躍した。

　バーリ＝ミーンズは1932年に刊行した『近代株式会社と私有財産』において株式会社支配論とそのうえに立った株式会社革命論を論じた。その大要は次のとおりである。

　バーリ＝ミーンズは，株式会社支配の基本原理を株式所有＝支配（control）に置き，支配を，取締役会を選出する法律的権利を動員するか，あるいは取締役会員の選出を左右する圧力を働かすか，によって取締役会（または過半数の

取締役)を選出する実際的権限の保持と規定した。そして,個人あるいは小集団の持株比率が20％未満の場合には,もはや株主支配にあらず「経営者支配」であるとして,1929年における非金融大会社200社のうち88社（44％）は,**究極的支配形態**において,もはや経営者支配状況にあるとした。すなわち,株式所有あるいは株主の広範な分散により,大部分の大会社においては,かつて企業の運営にかんし支配的要素であった株主は強力な権力をもつ地位からほとんど無力なものに落ちてしまい,その富にたいする支配を放棄し,純粋にして単純な資本の供給者となったのであり,これにたいして,ほとんど株式を所有していない経営者（取締役会および上級役員）が自己永続体として意思決定についての自由裁量を有するようになった,としたのである。このような状況を彼らは,株式会社発展の論理的所産として出現した「少しの支配力をももたない富の所有権,また少しの所有権もない富の支配なるもの」（同上,88頁）と表現した（株式会社支配論）。

そして,このような新しい経済関係は,それまでの経済秩序の基礎そのものを破壊しており,株式会社を新しい経済秩序の原理にもとづくものとしているという。すなわちこうである。私有財産制度にあっては,元来,所有権が支配と利得所有権（beneficial ownership）とを構成要素としており,それがまさに財産であって株式会社もそのような構造体としてあった。しかし,経営者支配のもとにある株式会社では,財産（所有権）という古い原子が,その構成部分としての支配と利得所有権とに分解している。これは財産が2つの財産形態,つまり,①積極的財産（active property）と②消極的財産（passive property）とに分かれたことを意味している。積極的財産とは,設備機械,**暖簾**,組織など現実の企業を作り上げているものであり,消極的財産とは,株式という,保護が不完全な一かたまりの権利と期待を代表する象徴にすぎないものである。このとき,支配が積極的財産に,利得所有権は消極的財産と関係していることとなる。このように変革した原理のもとにある大会社は,利益追求企業としての本質を変え,その有機体としての生命を証券所有者,労働者,消費者,そして特に支配者に依存する機能組織とみなされる存在となった,としたのである。かくしてまた,このような大会社は私的でなく準公的な立場にある社会制度としての

Ⅳ　制度と戦略

株式会社として確立しているのであり，このような「財産の変革」をもたらした株式会社制度は，アメリカ経済に新しい性格を与えるものである，とした（株式会社革命論）。

このように，経済秩序の原理の変化，したがって経済社会の変容にまで及ぶ内容をもつ本書は，経済力の集中にあって大企業体制下にあるアメリカ経済（当時）の特質を画期的に解析したものであり，株式会社研究の先駆的な業績となった。その影響はアメリカ国内のみならず日本をはじめ海外にも及び，多くの株式会社研究が陸続した。彼らの研究成果は企業と社会の核心問題にふれるものであったため，現代の株式会社や経済社会の問題を考察するにあたっても意義が高く，示唆を与えている。

本書の他に，バーリは『二十世紀資本主義革命』(1954年)，『財産なき支配』(1959年)，『権力論』(1967年) などを著し，またミーンズは『アメリカ経済の構造』(1939年)，『企業の価格決定力と公共性』(1962年)，『アメリカにおける会社革命』(1962年) などを著している。

◆ バーリ＝ミーンズとの対話 ◆

Q 「株式会社は誰の所有だろうか？」

A 「伝統によって，会社はその株主に『属する』。いい換えれば，広い意味での証券所有者に属する。」

（『近代株式会社と私有財産』北島忠男訳，文雅堂書店，1958年，447頁）

「会社の諸活動に関する指揮は取締役会を通じて行われるので，実際上，支配は，……取締役会（または過半数の取締役）を選出する実際的権限を持った個人，または，集団の掌中に存する。」

（『近代株式会社と私有財産』北島忠男訳，文雅堂書店，1958年，88～89頁）

「殆んど完全な所有権による支配……個人会社と呼ばれる会社にみられる形

バーリ＝ミーンズ

態である。……こうした企業では，所有権と支配とは同一の掌中に結合して存在する。」

(『近代株式会社と私有財産』北島忠男訳，文雅堂書店，1958年，89～90頁)

▶会社は**出資**によって設立される。株式会社の場合，それは発行された株券を購入することによってなされる。設立時，出資する者は多くの場合，創業者（一族）である。彼（ら）がほぼ完全に所有している。すなわち彼（ら）は大株主である。株券には株式という株式会社にたいする地位を示す権利（**株主権**）が付帯している。それには議決権があり，1株1議決制により多数の株数を占める大株主が会社を支配できる。株式会社は「殆んど完全な所有権による支配」から始まるのである。法制上，株式会社は株主の所有であり，株式会社は原理として大株主支配機構である。

Q「多くの株主がいる株式会社があるが，そういう株式会社でも株主が運営しているのだろうか？　経営者が権力者のように思えるが。」

A「株式会社の富の所有権が，より広範囲に分散されて来るに従って，その富の所有権と，これに関する支配とは，同一の掌中にあることが段々と少なくなるに到った。株式会社制度のもとでは，産業用富に関する支配は，最少限の所有権益に基づいて行使することが出来，また，実際に行使される。更に，おそらく，支配は，そうした所有権益が全くなくしても，行使出来る。少しの支配力をももたない富の所有権，また，少しの所有権もない富の支配なるものが，株式会社発展の論理的所産として出現する。」

(『近代株式会社と私有財産』北島忠男訳，文雅堂書店，1958年，88頁)

▶株式会社の拡大は資本の集中によってもたらされるが，そこにはたいてい株式所有の分散あるいは株主の分散がともなっている。それが広範なものになり，大株主の持株比率も大きく下がってくるとその支配力も後退してくる。バーリ＝ミーンズは大株主が会社を支配できる持株比率の下限を20％に置き，それを下回ってくると，もはや大株主でも会社を支配できないとした。そうした株主支配ならざる状況のとき会社を支配しうる者は誰か，それは経営者しかいない。つまり株主支配でない会社は経営者支配の会社となる。ここに「少しの支配力をももたない富の所有権」（支配なき所有＝株主）と「少しの所有権もない富の支配」（所有なき支配＝経営者）が株式会社発展の論理的所産として出現する。バーリ＝ミーンズが当時（1928年），代表的な経営者支配にある会社とした米国電話電信会社では株主は約50万人おり，筆頭株主の持株比率は

Ⅳ 制度と戦略

わずか0.69％，上位20人の大株主合計持株比率でさえ4.6％にすぎなかった。

Q 「経営者が支配者となった株式会社は何が変わるのだろうか？」

A 「消極的財産——特に，株式および社債——は，その所有者に企業についてのある利害関係をもたせるが，企業についての支配は与えず，また，何の責任をも含んでいない。積極的財産——設備機械，暖簾，組織，などの現実の企業をつくり上げているもの——は個々人によって支配され，こうした人々は，大抵の場合に現実の企業のほんの少しの所有権をもつにすぎない。」

(『近代株式会社と私有財産』北島忠男訳，文雅堂書店，1958年，439頁)

「準公開会社は……所有権を名目上の所有権と，以前はそれに帰属していた権力とに分離した。」

(『近代株式会社と私有財産』北島忠男訳，文雅堂書店，1958年，7頁)

「所有権という古い原子が，その構成部分としての支配と，利得所有権とに分離する結果となった。」

(『近代株式会社と私有財産』北島忠男訳，文雅堂書店，1958年，9頁)

「株式は，単に保護が不完全な一かたまりの権利と期待とを代表する象徴にすぎない。」

(『近代株式会社と私有財産』北島忠男訳，文雅堂書店，1958年，439～440頁)

▶資本主義社会は私有財産制度を基本としている。株式会社の場合，それに与っているのが株式会社の所有者である株主である。株式所有は私有財産であり，それには株式会社にたいする利得所有権と支配を内容とする所有権が付帯している。だから，株主はこの2つをもっている。しかしながら，経営者支配となると株主は株式会社を支配できないわけであり，それを経営者がおこなうことになる。だが，株主は株式会社から消え去ったわけではなく株式所有者として存在し続けている。彼らは依然として利得所有権を保持している。だが，それだけである。「株式は，単に保護が不完全な一かたまりの権利と期待とを代表する象徴にすぎな」くなったのである。このような関

バーリ＝ミーンズ

係は「財産の変革」という状況として現れる。つまり，財産が積極的財産と消極的財産に分かれたのであり，経営者は積極的財産を支配し，他方，株主は消極的財産となった株式を所有し，利得所有権（利益配当請求権）をもつのみである。

Q 「株式会社の支配者となった経営者はどのように行動すべきなのだろうか？」

A 「大会社の『支配』は，会社の種々な集団の多様な請求権を平準化しながら，その各々に，私的貪欲よりもむしろ公的政策の立場から，所得の流れの一部分を割当てる純粋に中立的な技術体に発達すべきである。」

（『近代株式会社と私有財産』北島忠男訳，文雅堂書店，1958年，450頁）

▶株主支配にある株式会社は株主利益の追求が目的となる。したがって経営者は株主利益を追求する株主の代理人という位置づけとなる。しかし，経営者支配となった株式会社は株主利益の追求から離れた存在となり，したがって経営者も株主の代理人ではなくなったことになる。株主に代わって支配者になった経営者は自らの利益を追求すればできるわけだが，本来株主のものである株式会社が株主支配から離れ，株式会社に利害関係をもつ諸集団から構成される準公的な社会制度としての会社になったのであるから，支配者である経営者は中立的な立場で彼らの利益を調整するように行動すべきである。このようなバーリ＝ミーンズの見解は，今日世界的な問題となっている**コーポレート・ガバナンス**の中心問題である。

◆ 用語解説 ◆

(1) **究極的支配形態** 会社にたいする直接的支配が支配的少数持株を媒介として第2の会社によってなされている場合，当該会社の支配形態を第2の会社の支配形態によってみるものである。たとえば，第2の会社が経営者支配にあるときには，当該会社は直接的支配形態では少数持株支配と分類されても，その究極的支配形態は経営者支配とされる。

(2) **暖簾（のれん）** 暖簾とは営業権，すなわち平均的な利益水準を超える利益（超過収益力）のことであり，立地条件，企業が所有する卓越した技術，優秀な従業員，優良な取引先などによりもたらされる。暖簾は無形の資産であるが，それが資産として計上できるのは企業の買収や合併の際の「買入れ暖簾」に限られている。

(3) **出資** 出資は株主による資金の拠出（株券購入）であり，株式会社の自己資本（元入資本）を形成する。上がった利益から分配（配当）を受ける。企業が赤字であれば無配

Ⅳ　制度と戦略

となることもある。また，株価変動で拠出金額を大きく下回ることもあり，リスクは大きい。出資と比較されるのが貸付である。貸付は金融機関による資金の拠出であり，株式会社の他人資本（借入資本）を形成する。基本的に元金の償還と利子の支払いは保証されており，出資に比べるとリスクは小さい。

(4) **株主権**　現在の法制上では大きく自益権と共益権とに分けられる。自益権には利益配当請求権（ここでは利得所有権），残余財産分配請求権，株式買取り請求権，名儀書換え請求権などがあり，共益権には議決権（ここでは支配），決議取消し訴権，委任状閲覧権，総会招集権，書類閲覧権，帳簿閲覧権，役員解任請求権，解散請求権，株主提案権などがある。

(5) **コーポレート・ガバナンス**　不正会計，収賄などの不祥事，業績不振，高額な経営者報酬などの企業行動にたいして「企業は誰のものか」を問うこと。一方には，企業は株主のものであって株主利益を追求すべきであるという見方，他方には，企業は株主だけではなく消費者，従業員などステイクホルダーのものであって彼らの利益の追求・調整をはかるべきであるという見方がある。いずれにしても，株式会社をどのように舵取りしていったらよいかを問題とするものである。

◆ より深く学ぶために ◆

〈基本文献〉

『近代株式会社と私有財産』北島忠男訳，文雅堂書店，1958年
『二十世紀資本主義革命』バーリ，桜井信行訳，東洋経済新報社，1956年
『財産なき支配』バーリ，加藤寛・関口操・丸尾直美訳，論争社，1960年
『財産と権力――アメリカ経済共和国』バーリ，晴山英夫訳，文眞堂，1980年

〈入門・解説書〉

『経営者支配論』村田稔，東洋経済新報社，1972年
『バーリ』正木久司・角野信夫，同文舘，1989年
『株式会社支配論の展開（アメリカ編）』正木久司，文眞堂，1983年
『株式会社支配論の展開（イギリス編）』正木久司編著，文眞堂，1991年
『株式会社支配の研究』貞松茂，ミネルヴァ書房，1994年
『企業支配と企業統治』佐久間信夫，白桃書房，2003年
『コーポレート・コントロールとコーポレート・ガバナンス』貞松茂，ミネルヴァ書房，2004年

（貞松　茂）

・自由で機能する産業社会・

ドラッカー

(Peter Ferdinand Drucker: 1909-2005)

◆人と業績◆

　20世紀の半ばから現代まで，その著作が世界的に大きな影響力をもち，そして現代社会の形成に決定的な役割をはたした思想家といえば，ドラッカーをおいてなかろう。彼の肩書きは大学教授，コンサルタント，また時には「マネジメントの発明者」などとも呼ばれたが，自らは文筆家（ライター）であると位置づけていた。20世紀を牽引した知の巨人ドラッカーとはどのような人物で，その思想とはいかなるものであろうか。

　ピーター・フェルディナンド・ドラッカーは1909年11月19日，オーストリアのウィーンに生まれた。父アドルフ・ドラッカーはオーストリア政府の高級官僚で経済学者，母キャロラインは同国で初めて医学を学んだ女性のひとりだった。「ドラッカー」とはオランダ語で「印刷する人」という意味である。このドラッカー家にはシュンペーター（→206頁）やハイエク（F. A. Hayek: 1899-1992）といった著名な経済学者が出入りし，父母はフロイト（S. Freud: 1856-1939）とも親交をもつなど，きわめて知的な家庭環境の中でドラッカーは幼年時代を送った。

　ドイツの大学で青年時代を過ごしたドラッカーは，ヨーロッパを席巻するファシズムの台頭を身をもって体験し，ナチスによって彼の著作は発禁処分を受けることになる。自由はドラッカー思想の核を成すものであるが，その自由を圧殺する全体主義のもとで彼は生きていけなかった。ドラッカーはドイツを離れてイギリスに渡り，1937年，28歳のときにアメリカへ移住する。処女作『経済人の終わり』（*The End of Economic Man*, 1939）は，ファシズムの成立とその意

味を論じ，ナチズムを告発する書であった。つづく『産業人の未来』(*The Future of Industrial Man*, 1942) は，「自由で機能する産業社会」を標榜するドラッカーが，独自の史観で現代社会を捉え，未来をいかに展望すべきかを示した力作である。

ドラッカーの名前を一躍有名にしたのは，世界最大の自動車会社 GM にコンサルタントとして入り，その実態を調査してまとめた『会社という概念』(*Concept of the Corporation*, 1946) である。この本はベストセラーとなり世界的な経営学ブームの火付け役となった。つづく『新しい社会と新しい経営』(*The New Society*, 1950) では，ドラッカーは大企業を産業社会における決定的・代表的・構成的な制度と捉え，現代企業の性格と機能を新たな角度から論じた。そして経営学者ドラッカーを決定づけたのは，『現代の経営』(*Practice of Management*, 1954) である。管理とは実践であるといい，マネジメントの意義・役割・職務が論じられている。

その後もドラッカーは健筆を揮い，主なものだけをあげても，1957年『変貌する産業社会』，64年『創造する経営者』，66年『経営者の条件』，68年『断絶の時代』，73年『マネジメント』，76年『見えざる革命』，79年『傍観者の時代』，85年『イノベーションと起業家精神』，86年『マネジメント・フロンティア』，90年『非営利組織の経営』，92年『未来企業』，93年『ポスト資本主義社会』，93年『すでに起こった未来』，99年『明日を支配するもの』，2002年『ネクスト・ソサエティ』と次々に上梓し，どの本も大きな話題を集め，ベストセラーとなった。その著作はゆうに30冊を超えている。ドラッカーは生涯現役を貫き，2005年11月11日，96歳の誕生日を前に永眠した。

こうしてドラッカーは戦後世界に大きな足跡を残して逝ったが，彼の著作が日本も含めて今も世界中で読まれ，人々を魅了するのは，ちまたに溢れるハウツウものの経営書の類とは決定的に異なり，独自の歴史観と理論，規範をもって現代社会・現代企業の意味を問い，「自由で機能する産業社会」の実現を展望したからである。

まずドラッカーの歴史観からみてみよう。ドラッカーは，マルクス (K. H. Marx: 1818-83) のように歴史は資本主義から社会主義へ移行するものだとは

考えない。現代社会は商業社会から産業社会へと非連続に移行していくのだと彼は捉える。ここでいう商業社会とは財産社会のことであり，いかなる財産（土地，資本，労働力）をもっているかによってその人の地位と機能が決まる社会である。そして，この社会における正当な権力は市場であった。つまり商業社会は従来の資本主義社会と重ね合わせてみることができる。これにたいして，新たに登場してきたのが産業社会である。この社会は組織社会とも呼ばれ，いかなる組織のどのポジションを占めるかによってその人の地位と機能が決まる社会である。そして産業社会は大量生産原理＝組織の原理で動いており，その中身は専門化と統合である。諸個人を結びつけ，社会に統合するのは組織である。つまりドラッカーは，古い商業社会に代わって，現代社会は組織の論理で動く産業社会＝組織社会になっていると捉えた。

　産業社会論を展開したドラッカーは，新たな企業論を打ち立てる。彼は産業社会において決定的，代表的，構成的（constitutive）な意味をもつのは大企業であり，それは経済的・社会的・統治的制度であると把握する。これまで企業は経済的機能をはたす存在としてのみ位置づけられてきたが，ドラッカーは現代企業を経済的機能に加えて社会機能・統治機能も同時にはたさねばならない制度（institution）であると規定している。制度化した産業企業体＝大企業はゴーイング・コンサーン（永続企業）でなければならず，それは簡単にいえば，つぶれることが許されないということである。そして企業を制度と捉えたとき，企業の目的も利潤の意味も，従来とはまったく異なる次元のものへと転換する。企業は利潤追求原則ではなく企業維持原則で動かされねばならず，利潤とは成果達成の尺度であり，企業維持のための未来費用と捉えられるのである。ドラッカーによって，これまでの利潤＝悪というマイナスのイメージは一切払拭された。そして企業の新たな目標は顧客の創造であり，その達成のためにおこなわれるのが**マーケティングとイノベーション**であるとドラッカーは説いた。

　以上のような産業社会論，制度論的な企業論に立脚してドラッカーの管理論は展開される。ドラッカーは「自由で機能する産業社会」を標榜しており，その根幹には彼の思想の中核である自由論が常にある。人間の本性は自由であり，自由とは**責任ある選択**であるとドラッカーはいう。そして実践的な管理の現場

Ⅳ　制度と戦略

においてもまたその自由が貫かれるべきだということになる。具体的には，組織構造としては分権制の導入，そして管理者は目標の達成にあたって強制ではなく自己統制によって管理する目標管理が提唱され，さらに従業員を実質的な管理者にする全員管理者論が展開される。また管理者の最大の資質として，品性高潔（integrity）が主張されるのもドラッカーならではであろう。

　さて最後に，ドラッカーと日本との関係について若干触れておきたい。ドラッカーの本は世界中で読まれたが，とりわけ日本ではよく読まれた。人口比を勘案して計算すると，日本ではアメリカの2.5倍も売れたという。それだけ多くのドラッカーファンがいたということであるが，日本人はドラッカーの言説に励まされながら戦後の高度成長期をひたすら突き進んできた。彼の産業社会論，大企業論はそのまま日本社会に適用できるし，分権制，**目標管理**，あるいは工場共同体（plant community）論といった議論も，日本的経営の実践において大部分が重なってくるものである。そういう意味では，ドラッカー理論のもっとも熱心な生徒であり，実践者は日本人であったかもしれない。しかし，21世紀に入った今，改めて日本社会はどう展望できるのであろうか。ドラッカー理論の真価がまさに問われている。

◆ ドラッカーとの対話 ◆

Q　「企業は何のためにあるのだろうか？　企業の目的は金儲けだろうか？」

A　「事業（business）の目的について正しい定義はただ一つしかない。それは顧客の創造である。……事業とは何かを決定するのは，あくまで顧客である。なぜならば，経済的資源を富に転化し，物を商品化するのは顧客以外の何物でもないからである。顧客が商品またはサービスに喜んで金を払おうとしないならば，その商品やサービスは存在しえない。このように，事業の成功にとって第一義的な重要性を持つものは，事業家の価値判断ではなく，むしろ顧客の価値判断である。つまり，顧客が『値打がある』と思うこと，それが決定的な重要性を持っているのである。」

ドラッカー

(『現代の経営（上）』現代経営研究会訳, ダイヤモンド社, 1965年, 47～48頁)

▶企業の目的といえば最大限利潤の追求であり, 企業は金儲けをするための手段である。これは現在も依然として多くの人々が抱いている企業のイメージであろう。しかし, ドラッカーはこの伝統的な概念は間違いであるばかりでなく, まったく見当はずれのものだと批判し, 現代社会における企業の目的は「顧客の創造」であると喝破した。いくら商品を作っても顧客が買ってくれなければ意味がないのであり, すべては顧客の価値判断によって決まるからである。企業にとっては, まさに「お客様は神様」なのである。

同じく企業の存在意義にかかわる利潤の概念もドラッカーによって葬り去られた。利潤はこれまで企業にとっては儲けであったが, ドラッカーは利潤をやめて未来費用 (the future cost) と把握しなおし, 事業を持続させる費用＝取替え, 陳腐化, 本来の危険, 不確実性に備える費用であるとした。それは, 企業が社会的に潰れることが許されない制度となり, 従来の利潤追求原則から企業維持原則に立たねばならない存在となったからにほかならない。

Q　「マネジメントは企業だけのものなのか？　またマネジメントはいつ頃生まれたのだろうか？」

A　「今日に至るも, ほとんどの人は, マネジメントというと企業のマネジメントのことだと思っている。一九四〇年代の初め, マネジメントについて研究を始めたころの私もそう思っていた。

しかし, 当時私がマネジメントの研究をはじめたのは, 企業に関心があったからではなく, 社会・コミュニティ・人間組織に関心があったからだった。そして私にはかなり早くからわかったことだが, マネジメントとは, 組織という, あの新しい現象の統治機関だったのである。

しかし組織は, 私が働き出した一九二〇年代の後半には, 今日のような意味での言葉としては存在していなかった。組織という言葉がようやく一般に使われるようになったのは, 第二次大戦後のことである。

やがて, 遅くとも一九五〇年代初めのころだったと思うが, 私はマネジメントが, 企業であるなしにかかわらず, あらゆる組織に特有の機能であり, しかも, その機能は経済的なものではなく, 社会的なものであることを認識した。」

(『すでに起こった未来』上田惇生ほか訳, ダイヤモンド社, 1994年, 103頁)

Ⅳ　制度と戦略

「マネジメントそのものは、大昔からいたるところに存在してきた。私はよく、最も優れた最も偉大な経営者は誰か、と聞かれる。

　私は、つねに、『いまだに壊れることなく建っている世界最初のピラミッドを四〇〇〇年前にはじめて構想し、設計し、建設した人物である』と答える。

　しかし、マネジメントがそれ自身一つの仕事であるということが、ごく一部の人たちにさえ理解されるようになったのは、第一次大戦後のことである。さらに、体系としてのマネジメントが現れたのは、第二次大戦後である。……

　つまるところ、マネジメントは、数千年も前に『発明』されていたにもかかわらず、『発見』されたのは第二次大戦後のことだったのである。」

(『ポスト資本主義社会』上田惇生ほか訳、ダイヤモンド社、1993年、89頁)

▶経営学というのは企業の経営の仕方を具体的に学ぶ学問であり、同じようにマネジメントも企業だけを対象にしたものだというのは、一般の人が共通にもっている経営学にたいするイメージであろう。だが残念ながら、それはかなり偏った認識だといわざるをえない。現代社会は組織社会といわれるように、ほとんどすべての人がどこかの組織に属して生きている社会であり、組織であるかぎり組織維持の機能である管理が必要とされ、したがってマネジメントはあらゆる組織に不可欠のものとなっている。企業はいうまでもなく、軍隊、病院、学校、官庁、教会、あるいはNPO（非営利組織）といったものまで、マネジメントと無関係でいられる組織は存在しない。

　マネジメントは組織において必ず必要であるが、意外にも、「発見」されるまでには時間がかかった。テイラー（→19頁）によって初めて工場における管理が問題にされ経営学が誕生してからわずか100年であり、全般的な組織のマネジメントが問題とされ研究されるようになってからでもまだ半世紀ちょっとしかたっていない。しかしマネジメントの重要性は多くの人に急速に意識されるようになってきている。経営学はまさに「現代の学」なのである。

Q 「21世紀の『ネクスト・ソサエティ』とはどのような社会なのか？」

A 「ネクスト・ソサエティは知識社会である。知識が中核の資源となり、知識労働者が中核の働き手となる。

　知識社会としてのネクスト・ソサエティには、三つの特質がある。第一に、知識は資金よりも容易に移動するがゆえに、いかなる境界もない社会となる。

第二に，万人に教育の機会が与えられるがゆえに，上方への移動が自由な社会となる。第三に，万人が生産手段としての知識を手に入れ，しかも万人が勝てるわけではないがゆえに，成功と失敗の並存する社会となる。
　これら三つの特質のゆえに，ネクスト・ソサエティは，組織にとっても一人ひとりの人間にとっても，高度に競争的な社会となる。」

（『ネクスト・ソサエティ』上田惇生訳，ダイヤモンド社，2002年，5頁）

　▶ドラッカーは21世紀は知識社会だという。知識社会は，知識こそが主たる生産手段となっており，その生産手段の所有者は知識労働者であるという。知識は他の生産手段とは異なり贈与も相続もできないので，自分で獲得しなければならない。だから万人に教育の機会が与えられており，誰もがゼロの状態から知識を獲得していくとドラッカーはいう。こうした知識社会論に違和感をもつ者はおそらくほとんどいないであろう。現代社会はまさに知識社会の進展と捉えることができる。
　しかし，ひるがえって日本の現状をみれば，今や「格差社会」が大きな問題としてクローズアップされてきており，富める者とそうでない者との経済格差はこれまでになく拡大し，教育の機会さえ次第に平等ではなくなってきている。そのうえ，たとえ首尾よく知識労働者になれたとしてもそこには厳しい競争が待っており，必ず敗者が出てくることになる。そうした場合に備えて，知識労働者は非競争的な生活とコミュニティを作りあげておき，貢献と自己実現の場を別途確保しておく必要があるとドラッカーはいう。しかし，はたしてそれは問題解決のための積極的な処方箋になっているのであろうか。ドラッカーは「自由で機能する産業社会」を標榜していたはずなのに，ネクスト・ソサエティではそれは容易には望めないということなのであろうか。

◆ 用語解説 ◆

(1) **マーケティングとイノベーション [marketing and innovation]**　ドラッカーは企業の目的は顧客の創造であると定義したが，それを実現するためにはすべての企業は2つの基本的機能，すなわちマーケティングとイノベーションをおこなわなければならないとした。マーケティングとは，顧客が何を求め，どの程度の値段を喜び，いつどこで，それを求めているか，といった知識を与えることで，商品生産のよりどころを示すものである。またイノベーションは日本語では一般的に「技術革新」と訳されているが，技術に限定されるべきものではなく，より経済的な商品ないしサービスを供給することである。マーケティングとイノベーションは特定の部署ではなく全社的に実施されるものであり，この2つの機能なくして現代企業の存立は困難である。

Ⅳ　制度と戦略

(2) **責任ある選択**［responsible choice］　ドラッカーは人間とは何かを問い，人間の本性を自由であることに求める。人間は自由でなければならない，そうでなければ人間ではない。では自由とは何か。それは「責任ある選択」だとドラッカーはいう。人間は意識するしないにかかわらず，誰でも自ら意思決定＝選択をおこなっている。しかし勝手気ままに選択できることを自由とは呼ばないのである。自由とは，自分が選択した結果にたいして責任を負うことである。「自由とは解放ではない。責任である。楽しいどころか，一人ひとりの人間にとって重い負担である」とドラッカーはいい，それは権利ではなく義務であるという。だからこそ，誰もが自由であることの重さに耐えかね逃げ出すこと，すなわち「自由からの逃走」によって全体主義は起こるべくして起こったのである。ドラッカーの自由論は，現代を生きる私たちにとってきわめて重い意味をもっている。

(3) **目標管理**［management by objectives］　管理者は企業活動の中から自らの職務に即して目標を設定し，その目標の達成を目指して管理し，出てきた成果にかんして自らが測定・評価していく。このような「自己統制による経営」のことを目標管理と呼ぶ。強制ではなく自己統制による管理こそ人間の自由を確保し，同時に機能性を追求する管理手法であり，「自由と機能」の管理といえよう。

◆ より深く学ぶために ◆

〈基本文献〉

『経済人の終わり』上田惇生訳，ダイヤモンド社，1997年

『「新訳」産業人の未来』上田惇生訳，ダイヤモンド社，1998年

『企業とは何か』上田惇生訳，ダイヤモンド社，2005年

『「新訳」現代の経営（上）（下）』上田惇生訳，ダイヤモンド社，1996年

　　——ドラッカーの著作は多数あるため，ここでは取りあえず初期ドラッカーの作品をあげておく。また訳書は同一の原書にたいして複数出されているが，ここでは最新のものだけをあげておく。

〈入門・解説書〉

『ドラッカー入門——万人のための帝王学を求めて』上田惇生，ダイヤモンド社，2006年

『ドラッカー——自由・社会・管理』三戸公，未来社，1971年

『ドラッカー新しい時代の予言者』三戸公・上田鷲・斎藤貞之・麻生幸・晴山俊雄，有斐閣新書，1979年

（勝部伸夫）

• GM 中興の祖 •

スローン

●　●　●　●　●　●

(Alfred Pritchard Sloan, Jr.: 1875-1966)

◆ 人と業績 ◆

　1875年，アメリカのコネティカット州生まれ。マサチューセッツ工科大学を卒業後，部品メーカーをへて，1923年に**ゼネラル・モーターズ**（General Motors, 以下GM）の社長に就任。創業者であるデュラント（W. C. Durant: 1861-1947）の場当たり的で計画性に乏しい経営によって危機に陥っていた同社を現代的手法で立て直した。

　アルフレッド・プリチャド・スローンの後半生は，GMとともにあった。1956年に会長を辞め，名誉会長に就任してからも，取締役会には毎回出席し，亡くなるまでGMの最大株主でありつづけた。謹厳実直な人柄のスローンは，タバコも酒もやらず，パーティもゴルフも嫌い，読むのは会社の書類だけという「仕事人間」であった。一方で，1934年に設立したスローン財団をつうじて，医学や教育への資金提供をつづけた。周囲の人間は誰もが彼のことを，畏敬の念をこめて「ミスター・スローン」と呼んだという。

　彼の実践は大きく，分権的事業部制，財務的統制，マーケティングにおける革新の3つに分けられる。

　第1に，分権的事業部制では，経営政策の決定と実行が分離された。前者（経営政策の決定）を担うのは，GMのトップに位置する種々の委員会であった。なかでも，全般予測，主要人事，予算配分，価格の決定を扱う経営委員会と，財務にかんする事項を取り仕切る財務委員会が強大な権限をもった。そしてこれに委員会への助言と支援をおこなうゼネラル・スタッフが加わって，本社が構成された。一方，経営政策を実行に移すのは事業部である。各事業部は，

IV 制度と戦略

GM本社から指示された方針の枠内で，製造，販売，購買，人事，財務・会計などにかんする意思決定をおこなう権限が与えられた。こうしてGMは，スローンの言葉を借りれば，「1920年当時の雑然とした集合体から，統合された効率的な企業体」へと変貌を遂げ，「全体的統制を備えた分権組織」になったのである。

第2に，財務的統制としてスローンは，現金の集中管理システムを構築し，あらゆる収支がGM本社名義の銀行口座を通過するようにした。これによって，現金の管理業務が各事業部から本社に移された。在庫にかんしては，各事業部の向こう4カ月間の予測をもとに本社が決定した生産台数に必要な在庫だけを認めるようにした。また，完成した自動車の在庫は，ディーラー（販売店）から10日ごとに報告される実際の販売台数によって調整されることで，最小限に抑えられた。財務的統制の完成形は，標準生産量という概念である。これには，生産台数，コスト，価格，資本利益率の4つの要素が絡み合っている。まず，正常かつ平均的な操業率（GMでは生産能力の80％）が設定され，ここから標準生産量が決定される。次に，標準生産量から割り出されたコスト（製造および販売原価）に一定の利益が上乗せされ，標準価格が決まるのである。

第3に，1920年代中頃になると，実用性一点張りの**T型フォード**に魅力を感じない消費者が増えてきた。新規需要から買い替え需要への転換（初めて自動車を買う人が減り，自動車を買い替える人が多数を占めるようになること）が起きたのである。GMはこのような変化にたいして，大衆車から高級車までいくつかの製品系列を用意し，個々の消費者の好みと収入に合った多様な車種を提供した。これをフルライン政策と呼ぶ。製品系列が確立した後のGMの乗用車は，シボレー（450～600ドル），オークランド（600～900ドル，1926年より「ポンティアック」に改称），ビュイック（4気筒は900～1,200ドル，6気筒は1,200～1,700ドル），オールズモビル（1,700～2,500ドル），キャディラック（2,500～3,500ドル）と価格別に整理された。また，T型フォードがほとんど仕様（メカニズムやスタイル）を変更しなかったのにたいして，GMの製品は，定期的にモデルチェンジをおこない，消費者の購買意欲を刺激しようとした。そして，このような頻繁な買い替えを促進するために，中古車の下取りや割賦

販売が導入された。以上がマーケティングにおける革新である。

しかし第二次世界大戦後になると、スローンの手による諸革新が、負の遺産として色濃く現れた。ビッグ・スリー各社（GM、フォード、クライスラー）は、こぞって製品の大型化・デラックス化と不要なモデルチェンジに走り、巨額の利益を享受したのである。これは社会的には大きな浪費であった。そして、このような寡占状態の中でGMは、「魅力的なクルマづくり」という自動車メーカー本来の役割を忘れていくのである。

◆ スローンとの対話 ◆

Q 「GMとデュポンの分権的事業部制はどのような違いがあるのか？」

A 「まずは由来だが、一部には、GMが事業部制を取り入れたのは、当時近しい関係にあったデュポン社に倣ってのことだとする向きがあるようだ。実際は、この二社の経営陣は別個に組織のあり方に関心を寄せ、やがてともに事業部制を採用するに至ったのである。だが、アプローチの方向はまったく逆だった。デュポンは従来、当時の多くのアメリカ企業と同じように集権的な組織を採用していた。GMのほうは極端なまでに分権化が進んでいて、分権化のメリットを失わないままでいかに全社の足並みを揃えるか、その答えを見出す必要に迫られていた。このように二社は出発点が異なり、製品の性質やマーケティングにも隔たりがあったため、同じ組織モデルを採用するのは実際的とはいえなかった。

デュポンの経営陣も数年前から組織のあるべき姿を探っていたが、事業部制の導入に踏み切ったのは、GMが組織改編をした九ヶ月後である。両社の組織プランはともに『事業部制』を柱としているが、具体的には共通する点はなきに等しかった。」

（『新訳　GMとともに』有賀裕子訳、ダイヤモンド社、2003年、55頁）

▶化学メーカーとして著名なデュポン社は、GMと同様に分権的事業部制を採用していた。また、デュポン（P. S. Du Pont: 1870-1954）が、1920年からデュラントに代わっ

Ⅳ　制度と戦略

てGMの社長を務めていたこともあり，上記のような議論がしばしばなされるが，答えはスローンの言葉どおりである。

Q　「アメリカ自動車市場の変化とGMの戦略はどのような関係にあるのか？」

A　「GMにとって幸運だったのは，1920年代初め，さらには24年から26年にかけて，自動車市場が大きく変貌したことである（これは，1908年の〈T型フォード〉誕生と並び，きわめてマグニチュードの大きな出来事である）。「幸運」と記したのは，王者フォード・モーターに挑む立場にあったGMにとって，変化は追い風だったからである。GMは失うものを持たず，変化は紛れもないチャンスだった。社内は，そのチャンスを最大限に活かそうと勇み立っていた。すでに述べてきたように，そのための地ならしもできていた。だがこの時点では，GM流の事業手法が自動車業界全体に広まるとも，業界の発展を促すとも予想していなかった。

ここでは説明を進めやすいように，自動車産業の歴史を三期に分けておきたい。

第1期（1907年以前）：自動車価格が高く，富裕層のみを対象としていた時代。

第2期（1908年から1920年代前半まで）：マスマーケットが開拓された時代。フォードが「価格を低く設定して自動車を輸送手段として普及させる」というコンセプトをもとにこのトレンドを主導した。

第3期（1920年代中盤以降）：モデルの改良が重ねられ，多様化が進んだ時代。

GMの方針は，第3期のトレンドに合っていた。」

（『新訳　GMとともに』有賀裕子訳，ダイヤモンド社，2003年，165～166頁）

▶今日私たちが利用しているガソリン自動車の第1号は，ドイツのカール・ベンツによって1885年に作られたが，同じ頃アメリカでも生産されるようになる。しかし，当時の自動車は一種の贅沢品で，所有は富裕層に限られていた。これを「大衆の足」としたのは，T型フォードの功績である。その結果，1920年代中頃になるとアメリカでは自動車がかなり普及したが，同時に消費者の好みが多様化した。このような市場の

変化にうまく対応したのが，GMが推し進めたフルライン政策である。

◆ 用語解説 ◆

(1) **ゼネラル・モーターズ [General Motors]** アメリカのミシガン州デトロイトに本社をおく世界最大の自動車メーカー，略称はGM。1908年にデュラントによって設立される。その後，株式交換を主な手段として，キャディラック，オールズモビル，オークランドなど20社以上の自動車メーカーや部品メーカーを吸収し，1910年にはアメリカのトップメーカーに成長。2004年の売上台数は900万台（乗用車・トラック），売上高1,930億ドル，従業員数30万人。

(2) **T型フォード [Ford model T]** アメリカのフォード社が1908年から27年までに1,500万台を製造した大ベストセラーカー。トランスミッションに遊星式歯車を採用しオートマチック的な操作が可能だったことや堅牢で価格も手頃だったため，世界史上初めての「大衆車」となり，アメリカ社会にモータリゼーションを根づかせた。いわゆるベルトコンベアによって大量生産され，同社の工場では3本の組立ラインを使い，約40秒ごとに1台が完成したという。

◆ より深く学ぶために ◆

〈基本文献〉

『新訳　GMとともに』有賀裕子訳，ダイヤモンド社，2003年

『組織は戦略に従う』A.D.チャンドラーJr.，有賀裕子訳，ダイヤモンド社，2004年

〈入門・解説書〉

『GMの研究――アメリカ自動車経営史』井上昭一，ミネルヴァ書房，1982年

（今村寛治）

III 組織と環境

COLUMN　分散投資

マーコビッツ
(Harry Markowitz: 1927-)

　現代の証券投資理論の開祖といわれるカリフォルニア大学（サンディエゴ校）教授ハリー・マーコビッツは，アメリカのシカゴに生まれ，シカゴ大学で学び，1955年，同大学院から経済学博士号を取得した。1952年，まだ大学院生であった彼は，わずか15頁の論文 "Portfolio Selection" を学術誌 Journal of Finance に発表した。発表当時は注目されなかったこの論文こそ，証券投資理論の急速な展開を促す嚆矢となる記念碑的な論文であった。

　それまではきわめて重要でありながらも漠然とした概念にすぎなかったリスクという概念を，投資から得られるリターンのボラティリティ（不確実性）として数学的に定量化させることによって，投資対象をひとつの証券に絞るのではなく複数の証券に分散させる分散投資こそが，リスクの低減に有効であると主張した。

　彼は，「ひとつの篭にすべての卵をいれるな」あるいは「財産は三分割して保有すべし」などの投資の世界で古くからあった経験則にもとづく諺が示す分散投資の原理を，計量的な手法を使って鮮やかに解明したうえで，証券の集合体であるポートフォリオのリスクを低減させるには，価格の動き方が異なるさまざまな証券を分散してポートフォリオに組み入れるべきであることを理論的に証明した。つまり，ポートフォリオのリスク低減には，組み入れる複数の証券間のリターンの相関関係に着目すべきであると説明したのである。

　「ポートフォリオとは，部分的にではなく，全体的に捉えるべきものである。ポートフォリオ全体のボラティリティすなわち不確実性を減らしたいのであれば，当然複数の証券が必要となる。特に連動して価格が上がったり下がったりしない証券が必要なのである」（『投資の巨匠たち』J. バートン，菅原周一ほか訳，シグマベイスキャピタル，2002年，5頁）。

　以上のマーコビッツの主張は，今日では常識となっている基本的な考えではあるが，当時としては画期的な考えであった。証券投資をリターンとリスクの枠組みから捉えた彼の業績を基礎にして，証券投資理論はその後めざましい発展を遂げることになった。そして，1990年，彼はその偉大な功績によりノーベル経済学賞を受賞した。

（矢島　格）

・組織は戦略に従う・

チャンドラー

(Alfred DuPont Chandler, Jr.: 1918-)

◆ 人と業績 ◆

　アメリカのデラウェア州で生まれたアルフレッド・デュポン・チャンドラーJr. は，ハーバード大学を卒業し，第二次世界大戦後，兵役から戻ると，ハーバード大学大学院の歴史学科とシュンペーター（→206頁）が創設した企業者史研究センターで学ぶ。その後，マサチューセッツ工科大学教授，ジョンズ・ホプキンズ大学教授を歴任し，1971年にハーバード・ビジネス・スクールのビジネス・ヒストリー（経営史）教授に就任。現在は，同スクールの名誉教授である。

　経営史家としてのチャンドラーのルーツは曾祖父にある。チャンドラーの曾祖父は，アメリカの格付け会社スタンダード・アンド・プアーの創設者ヘンリー・バーナム・プアーである。チャンドラーはこの曾祖父が残した膨大な歴史資料，そして，そのプアーがかかわった鉄道事業のジャーナルに目を通していく中で，アメリカの大企業の成り立ちへの関心を高めていったのである。

　チャンドラーには三部作ともいうべき代表作がある。それは『組織は戦略に従う』（1962年），『経営者の時代』（1977年），『スケール・アンド・スコープ』（1990年）である。ここでは『組織は戦略に従う』と『経営者の時代』を詳しく紹介することによって，チャンドラーの業績がどういうものであったのかをみていこう。

　『組織は戦略に従う』（原題は *Strategy and Structure*）というこのタイトルの命題は，今日の経営学において，経営戦略論・経営組織論で重要なフレーズであるとともに，**事業部制**の成立を取り上げた古典として有名な著作である。

　この本を書くにあたって，チャンドラーの主な関心は，19世紀末から20世紀

IV 制度と戦略

初頭のアメリカにおける大企業の出現，大企業の発展過程においてみられた**戦略**，そして，大企業を特徴づける経営階層組織の形成およびその構造の変化を明らかにすることにあった。そのために，『組織は戦略に従う』では，当時のアメリカの代表的な企業であったデュポン，ゼネラルモーターズ，スタンダード石油ニュージャージー，シアーズ・ローバックの4社の詳細な実証研究をおこない，また，アメリカの1909年と1948年の資産額上位70社を大量観察し，大企業が採用した戦略から，**組織**構造の形成と変化を説明している。

とりわけ，19世紀末までのアメリカ企業は事業の初期的拡大と経営資源の蓄積に専念するものであったが，19世紀末から20世紀にかけて，それまで製造部門だけであったところから，原材料部門や販売部門へと垂直統合をおこなう動向が確認された。この垂直統合が大企業への最初のステップとなる。この垂直統合は複雑化した多くの管理問題を生み出すことになるが，それを解決し合理化するために「集権的職能別組織」が導入されることになる。

この「集権的職能別組織」から，「分権的事業部制組織」がどのようにして生み出されたのかが，この本のハイライトである。先にあげたアメリカの代表的企業の4社の中でも，デュポンは先験的に事業部制を取り入れた企業であった。チャンドラーの母方はデュポン家の出身であり（ミドルネームのDはその頭文字である），チャンドラーがデュポンの膨大な一次資料を目にすることができたことは，この研究に大きく寄与している。さて，この4社の事業部制組織への創出について簡単に概略を述べると，デュポンでは強力な集権的組織から製品別事業部制への移行，ゼネラルモーターズでは持ち株会社的な緩やかな組織構造が集権的職能別組織を経ることなく，総合本社と製品別事業部制へと移行，スタンダード石油ニュージャージーでは緩やかな企業連合と集権的機構が併用された構造から地域別事業部制へ移行，そして，最後のシアーズ・ローバックでは集権的組織から地域別事業部制への紆余曲折の様子が，それぞれ克明に描かれている。

この4社のこうした事業部制への移行で，チャンドラーが何よりも注目したことは，それぞれがシュンペーターのいう「創造的革新」を実現したことである。「創造的革新」とは「従来の慣行や手順を打ち破ってイノベーションを成

し遂げること」を意味する。この「創造的革新」を可能にしたのは，分権的事業部制の成立によって，長期的視点から企業全体の責任をもつ総合本社の全般経営者（戦略的意思決定者）と，日常的な業務遂行に責任をもつ各事業本部の幹部（戦術的意思決定者）とを明確に分け，組織を再編成したからであるとしている。

こうした事業部制が，アメリカの大企業にどのように広がっていったのかは，1909年と1948年の資産額上位70社を調査することで検討されている。これらの研究を通し，チャンドラーは最後にアメリカの大企業には，その発展の中で4つの段階があることを結論づけている。

① 最初の事業拡大とそれにともなう経営資源の増大（初期の拡大と経営資源の蓄積）
② 資源活用の合理化（集権的職能別組織の導入）
③ 経営資源を活かし続けるために，新市場，新製品ラインに進出（多角化戦略）
④ 短期の需要，長期の市場トレンドの両方に対応しながら，経営資源を活かすために組織改編を実施（分権的事業部制の導入）

この『組織は戦略に従う』がもつ現代的意義は，第1に経営学で初めて「戦略」という概念を使ったことである。つまり，今では当たり前に使われている「戦略」という概念は，もともと軍事学の用語であり，この本が登場する以前には，経営学で使われていなかったのである。後にアンゾフ（→241頁）やポーター（→249頁）によって，経営戦略論として確立される原典だといえるだろう。第2の現代的意義は，アメリカの大企業が発展の組織編成として事業部制を採用していたことを経営史の観点から明らかにしたことである。歴史の時間的な連続性の中で証明されたその有効性は，現代の大企業においても脈々と受け継がれている。つまり，今でもほとんどの大企業がこの事業部制を採用しているのである。最近では，さらに分権化を推し進めたカンパニー制を採る企業が増えてきているが，基本的な組織編成は事業部制にあり，その成立を明らかにしたチャンドラーの功績は大きいといえよう。

次にみる『経営者の時代』は *The Visible Hand*（見える手）という原題がつ

Ⅳ 制度と戦略

けられている。これは古典派経済学で有名なアダム・スミス（A. Smith: 1723-90）の『国富論』で登場する「神の見えざる手」への対句として意識され，書かれたものである。これを詳しくみていこう。経済学では，資本主義社会において，市場は価格の自動調整機能が働き，すべての経済活動がこの価格メカニズムによって調整され，財の最適配分がおこなわれるとされている。つまり，この一連の流れは市場における「神の見えざる手」によっておこなわれているというわけである。

　しかし，チャンドラーは19世紀後半に出現した近代企業が，アメリカの産業発展とともに，市場メカニズム（見えざる手）に代わって重要な役割を果たしていたことを主張する。まず，チャンドラーは近代企業の特徴として，複数の異なった事業単位で構成され，俸給の専門的経営者層によって管理される階層組織であることに注目した。こうした近代企業の出現のきっかけとなったのは，当時のアメリカ社会の急激な変化である。技術は革新的は進化を遂げ，鉄道網は整備され，また，人口は増加し，国民所得は増大した。こうした社会の発展は，商品の生産と流通のプロセスを複雑なものとする。つまり，技術の進化は企業の大量生産を可能にし，市場向けに標準化された製品が作られるようになり，また，大量販売するための流通網が開発・駆使されるようになった。このように，規模の経済のみならず，速度の経済が動き始めたことが，近代企業を成立させた大きな背景にある。ここではもはや，経済活動の調整と資源の配分を市場のメカニズム「見えざる手」に任せるだけでは十分ではなく，近代企業は管理的調整（マネジメント）という「目に見える手」が必要不可欠なものとなるのである。企業は，垂直的統合をおこなって取引の内部化をはかり，企業内に取り込んだ財の流れを効率的に調整し，生産性を増大させ，コストを削減させた。

　そうした近代企業の管理的調整は，ミドルとトップの経営者グループを登場させることになった。それまで会社を支配していた株主は，こうした複雑な管理的調整をおこなうことができない。「目に見える手」としてのマネジメントをおこなうことができるのは，経営のプロフェッショナルである俸給経営者であり，規模の経済・速度の経済を含むさまざまな環境の変化に対応する意思決

定を遂行していたのである。チャンドラーは，このように所有者に代わって，俸給経営者が支配するようになった会社を「経営者企業」と呼んでいる。

こうして，それまでの市場の「見えざる手」から，マネジメントの「見える手」への転換は，大企業が主要な位置を占める現代社会に向けて，チャンドラーによって「経営者の時代」が宣言されたのであった。

近年，企業は誰のものかを問う，コーポレート・ガバナンスの議論が盛んにおこなわれている。チャンドラーのこの本はコーポレート・ガバナンスの議論を直接的に扱うものではないが，所有者（株主）によって企業が支配され，市場原理に従って利潤追求がおこなわれると考えられてきた伝統的な企業観と決別をし，企業の経営者支配の正当性を説くものである。また，市場のメカニズムよりも，組織の管理的調整こそが大企業の存続を決定すると明らかにしたことで，現代が市場ではなく，組織の時代であることを描いている。現代が組織社会であることはドラッカー（→219頁）によって明言されたが，経営史の観点からこれを明らかにしたチャンドラーは紛れもなく経営学の偉人である。

◆ チャンドラーとの対話 ◆

Q 「『組織は戦略に従う』とはどういうことなのか？」

A 「アメリカでいち早く近代的組織を築き上げたパイオニア4社と，他の多数の巨大企業を比較したところ，十分とは言えないまでもかなりの情報が得られ，それをもとに，きわめて重要な経済主体の成長とマネジメントについて，一般論を引き出せた。この比較からは，時の経過と共に戦略に沿って組織形態がかたちづくられていく様子が鮮やかに見て取れる。併せて，経営資源を需要動向に合わせてどの程度うまく活用しているかに着目すれば，組織と戦略，両方の有効性を測れることもわかった。」

（『組織は戦略に従う』有賀裕子訳，ダイヤモンド社，2004年，483頁）

▶チャンドラーは，組織と戦略との相関関係を詳細な事例研究から示してみせた。たとえば，「規模の経済」を求める戦略では「集権的職能制組織」が適合し，「範囲の経済

Ⅳ 制度と戦略

（多角化）」を追求する戦略では「分権的事業部制組織」が構築されていくことになる。これがまさに「組織は戦略に従う」，すなわち，戦略によって組織が再編成されるのである。

Q 「戦略は，つねに組織を規定してしまうような上位概念なのだろうか？」

A 「戦略が組織に影響を及ぼすのと同じように，組織も戦略に影響する。だが，戦略のほうが組織よりも先に変わるため，そしてまたおそらく，……編集者の意向によって本書のタイトルを『組織と戦略』（*Structure and Strategy*）から『戦略と組織』（*Strategy and Structure*）に変更したため，本書は，組織がいかに戦略に影響するかという点よりもむしろ，戦略の組織への影響を説くことに力を入れているとの印象を与えるだろう。私自身は当初から，現代企業の組織構造と戦略の関係，さらには常に変化する外部環境と組織や戦略との複雑な相互関係を調べるのを目的としていた。」

（『組織は戦略に従う』有賀裕子訳，ダイヤモンド社，2004年，xvi 頁）

▶これは，1990年の原書に追加された序文（邦訳本では2004年版）で初めて語られたものである。日本ではとりわけ「組織は戦略に従う」という文言ばかりが有名になってしまっているが，チャンドラーにこうした意図があったことは銘記しておく必要があるだろう。また，組織と戦略（と環境）の関係は，経営学の中で，コンティンジェンシー理論などで論じられていった。

◆ 用語解説 ◆

(1) **経営史（研究）[Business History]**　1927年にハーバード・ビジネス・スクールで「ビジネス・ヒストリー」の講座が新設されたのが経営史研究の始まりであった。ここに最初に教授として招かれたのは，経済史研究で優れた業績をあげていたグラース（N. S. B. Gras）である。グラースはとりわけ経営史研究を個別企業史を中心に扱ったが，後に，産業部門別経営史，一般経営史として発展していくこととなった。また，当初の経営史研究は経済史的色彩が強く，人間的要素は取り扱いの難しさもあって，あまり含まれていなかった。こうした点をふまえ，1948年にハーバード・ビジネス・スクールでシュンペーターを中心に企業者史研究センターが設立された。ここでは，経

済発展を担う主体として企業者に焦点が当てられ，また，社会的・文化的要因にもとづき，企業（ビジネス）の発展の体系やモデルが国や時代によって異なることが研究された。チャンドラーは，この企業者史研究センターで学び，グラースによって始められた経営史とシュンペーターらの企業者史を集大成させる形で，経営史研究の金字塔となる数々の研究業績を残している。

(2) **事業部制**［multidivisional structure］　チャンドラーによれば，4つの異なる組織階層をもつ組織形態。事業部制を採用する企業は，総合本社，事業部中央本社，部本部，現業部門の4タイプから構成されている（図1参照）。各階層には異なるマネジメント活動がおこなわれ，それぞれの権限の大きさも違う。最上位に総合本社が位置し，経営陣と専門スタッフが，高い自律性をもった多数の事業部を対象に調整，業績評価，プランニングをおこない，経営資源を配分する。各事業部は，特定の主力製品ラインあるいは地理的エリアを担当する。他方，各事業部の中央本社は複数の部門をマネジメントし，その各部門はそれぞれ製造，販売，原材料の調達・生産，エンジニアリング，研究，財務など主要職能のいずれかを担う。事業部には部本部という組織もあり，多数の現業部門の調整，業績評価，プランニングに当たる。最底辺に位置する現業部門は，工場，支社あるいは販売支店，購買担当，エンジニアリング担当，研究所，会計担当，財務担当などで構成される。

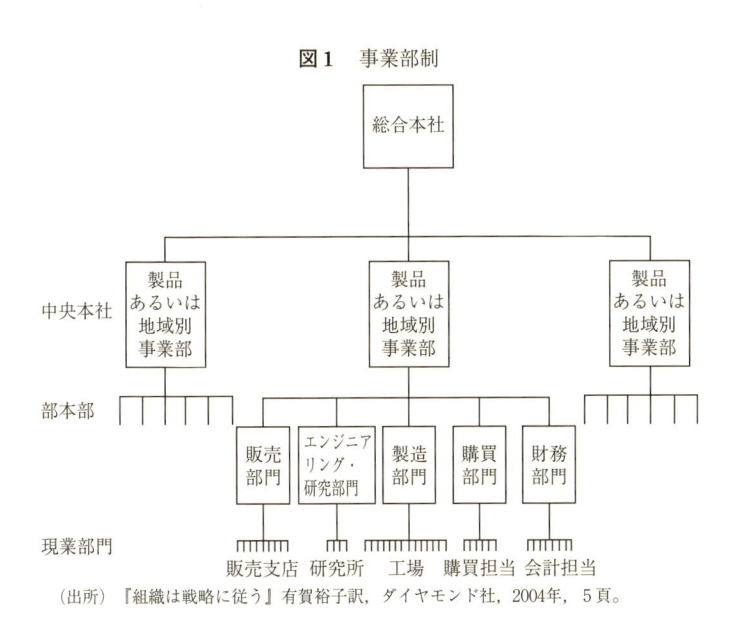

図1　事業部制

(出所)『組織は戦略に従う』有賀裕子訳，ダイヤモンド社，2004年，5頁。

Ⅳ　制度と戦略

(3)　**戦略〔strategy〕**「長期の基本目標を定めたうえで，その目標を実現するために行動を起こしたり，経営資源を配分したりすることを指す」(『組織は戦略に従う』17頁)。チャンドラーはこの戦略という概念を経営学で初めて用いたが，経営史家としての彼の中心的な戦略の問題は多角化と事業部制にあった。
(4)　**組織〔structure〕**「新たに加わった活動や経営資源をマネジメントするための部門」(同上，17頁)のことであり，「その時々の需要にうまく応えるために，既存の経営資源を結集する仕組みである」(同上，483頁)。一般に経営学では，structure には構造という訳が充てられ，組織には organization が使われる。

◆ より深く学ぶために ◆

〈基本文献〉

『組織は戦略に従う』有賀裕子訳，ダイヤモンド社，2004年

『経営者の時代——アメリカ産業における近代企業の成立（上）（下）』鳥羽鉄一郎・小林袈裟治訳，東洋経済新報社，1979年

『スケール・アンド・スコープ——経営力発展の国際比較』阿部悦生・工藤章訳，有斐閣，1993年

〈入門・解説書〉

『企業とは何か——その社会的な使命』P. F. ドラッカー，上田惇生訳，ダイヤモンド社，2005年
　　——1946年にドラッカーによって書かれた分権的事業部制の研究書。GM が扱われているので，チャンドラーと読み比べてみると面白い。

『見えざる手の反逆——チャンドラー学派批判』L. ハンナ，和田一夫訳，有斐閣，2001年
　　——チャンドラーの「見える手」への反論。批判を読むということはオリジナルをより深く理解することにもなる。

(三戸　浩)

・企業成長戦略・

アンゾフ

（H. Igor Ansoff: 1918-2002）

◆ 人と業績 ◆

　父親がアメリカ人で母親がロシア人である。両親が東京を訪問している間に妊娠し，ロシアのウラジオストックでH・イゴール・アンゾフが生まれた。当時，モスクワにあるアメリカ領事館の秘書官であった父親は，アメリカ赤十字協会の委託を受け，シベリアにいる犯人の生活状況を視察するためにシベリアに滞在していた。しかし，十月革命が突然起き，新生ソビエトと欧米諸国の関係が断ち切られた。赤い荒波がいずれシベリアを席巻する状況の中，アメリカに渡るのか，それともロシアに残るのかと両親の意見は分かれたが，母親の意見が勝った。

　1924年の冬にウラジオストックからモスクワに転居したが，父親がアメリカ人だったこと，母親が資本家家庭の生まれだったことが，アンゾフの青少年時代に暗い影を投げかけていた。社会主義体制の中で受け入れられるために，アンゾフは社会主義建設に必要な専門人材になるために一生懸命に勉強し，全教科ですばらしい成績を収めた。

　1933年にソビエトはアメリカとの国交を樹立し，父親がアメリカ国籍を回復させ，アメリカへの帰国を計画しはじめた。15歳のアンゾフは最初，アメリカに行く気がなかった。しかし，資本主義の邪悪にかんする生の証拠をつかもう，そして，アメリカ・インディアン人とインディアン文化にかんする知識を得よう，それが終わったらモスクワに戻って学校で報告しよう，と考えるようになった。1936年9月に父親と一緒に2週間の船旅を経てアメリカのニューヨークに到着した。

241

Ⅳ　制度と戦略

　最初の住まいは，貧しい人々の住む地域にあった。それでも，翌日の朝食に食べたパンとコーヒーのおいしさから，この資本主義国の豊かさを実感することができた。その後，時間が経つとともに，資本主義にたいする先入観が崩れ，およそ2年後にソビエトに戻る計画を放棄した。また生活の中に新しいニーズとチャレンジが多すぎたため，インディアンを尋ねてインディアン文化を理解するというもうひとつの計画も結局実行に移せなかった。

　アンゾフはマンハッタンにある高校を最高の成績で卒業し，私立のスティブンス工科大学に進学した。その4年後，クラストップの成績で卒業し，工学の学士号を取得した。さらに現代物理の修士課程に進み，修士号を取得した。第二次世界大戦によって学業は中断されたが，戦後の1946年にブラウン大学に入り，48年に応用数学の博士号を取得した。学位審査の翌日に，30歳のアンゾフは結婚式を挙げた。すぐ後にカリフォルニア州のサンタ・モニカに出向き，大手シンクタンクのランド社から職を得た。かつての母国であったソビエトへの防衛策として，アメリカ空軍やNATO空軍の戦略にかんする委託研究もおこなったが，せっかく書き上げた報告書はほとんど軍関係者に拒否または無視されたという。

　1957年にランド社からロッキード・エアクラフト社の企業計画部に移り，最初の仕事はロッキード社の**多角化**にかんする計画書を作成することであった。この偶然の出来事はその後の職業生涯を大きく左右することとなった。まずアンゾフが驚いたことは，社長も他の役員も多角化の意味をほとんど理解していなかった。当時の多角化といえば，機会主義的な企業買収を意味するものであった。買収活動の意味，その長所と短所にかんしてほとんど知られていなかったし，また買収を成功させるための理論的概念と分析手法も確立されていなかった。こうして，アンゾフは多角化にかんする理論概念と分析モデルの構築に取り組んだ。その後，ロッキード社の多角化も企業買収の形で進み，アンゾフは買収された企業のひとつであるロッキード・エレクトロニクス社の副社長に就任した。

　経営戦略の実務とかかわってから間もなく，アンゾフは多角化戦略にかんする論文を『ハーバード・ビジネス・レビュー』などに発表した。約15年の実務

経験を積んだ後，1963年に学界に転身し，名高いカーネギー・メロン大学の産業経営大学院の教授に就任した。1965年に出版された『企業戦略論』が高い評価を受け，経営戦略論におけるアンゾフの地位は確たるものとなった。また「**シナジー**」や「**乱気流**」といったきわめて有用なコンセプトを開発し，多角化経営や戦略的意思決定などにかんして先駆者的な役割を果たした。

1969年にテネシー州にあるバンダービルド大学の経営大学院の創設に携わり，初代学部長となった。また，1973～82年の間にベルギーにあるヨーロッパ経営大学院およびストックホルム経済大学の教授を務めた。1982年以降はアメリカに戻り，カリフォルニア州サンディエゴに在住し，自分のコンサルティング会社を経営しながら，米国国際大学の博士課程で講義を担当した。そして，2002年にその生涯を閉じた。

◆ アンゾフとの対話 ◆

Q　「産業時代における企業はどんな存在だったのか？」

A　「二十世紀の最初の三十年間は，最低販売価格で製品を提供した企業が成功を収めた。大部分の製品はまだ差別化されておらず，単位当り最低の原価で製品を生産する能力こそが，成功への秘訣であった。だが，一九三〇年代に近くなると，基礎的な消費財への需要は，飽和への一途を辿った。『どのガレージにも車があり，どの鍋にもとり肉がある』という状況になると，次第に富裕になった消費者は，製品が提供する基礎的な機能以上のものを求めるようになった。」

(『戦略経営論』中村元一訳，産業能率大学出版部，1980年，28頁)

▶アンゾフの説明によると，1880～1900年はアメリカの「産業革命時代」にあたり，近代産業のインフラストラクチャーが整備された。その後の1900～30年は「大量生産時代」で，企業の使命は製品の生産コストを極力引き下げ，安い販売価格で標準化された製品を消費者に提供し，消費者の基本的な物的欲求を満たすことであった。そして，1930～55年は「大量マーケティング時代」であり，企業の関心は基本的な物的欲求がすでに満たされている消費者に向けられ，「各人の財布に合った」差別化された商

Ⅳ　制度と戦略

品を提供することが企業の新たな使命となった。アンゾフは，この2つを合わせた20世紀の前半を「産業の時代」として捉え，また，この産業の時代において，企業は人々に豊かさをもたらす社会進歩の主役であり，企業組織は社会権力の中核にあったと考えている。

Q　「脱産業時代における企業はどんな存在だったのか？」

A　「一九五〇年代の半ばから，加速化し累積化する事象が，企業環境の境界，構造，力学を変革し始めるようになった。企業は新奇の予期しない挑戦に次第に直面するようになった。……今日，継続的な変化のペースを見ると，乱気流の段階的な拡大は，少なくとも，もう十年ないし十五年間は続くだろう，と予言しても間違いはあるまい。また，歴史の他の時期と同じように，今日の乱気流は社会が新しい一組の価値観と構造に転換する兆候であることがいずれ判明するだろう，と予言しても間違いはあるまい。いつの時点で社会がもう一度落ち着き始め，それまでの変化の蓄積を吸収し活用することができるだろうか，という問題は非常に予言しにくい。こうして，現在の期間は脱産業時代への転換期である，と名づける方がよい。」

（『戦略経営論』中村元一訳，産業能率大学出版部，1980年，31頁）

▶アンゾフは1955〜80年を「脱産業時代」として捉えている。脱産業時代は富裕の到来を意味する。「生存のニーズが充足されるのに並行して，購買力の自由裁量幅が増大したので，消費者の需要パターンは変化する。産業時代の基本的なニーズに貢献した業界は，飽和段階に到達する」（同上，33頁）。そして，「富裕の到来は，社会発展の主要な道具としての経済成長に疑念をなげかける。社会の欲求は，生活の『量』から生活の『質』へと転換する」（同上，33頁）。消費者大衆は，コンシューマリズム（消費者運動）を通じて，一部大企業の独占的，非倫理的な不当利得行為を批判し，大企業にたいする統制と監視を政府に要請するようになった。「企業は，奇跡的な『貨幣製造機』というイメージを喪失し，清潔な環境，社会的な公正，雇用の確保という新しい社会的な価値の実現にたいする抑制者・妨害者と見なされるようになっている」（同上，35頁）。こうして，「富裕の結果の一つとして，その富裕を創造した制度である企業は，もはや，社会の中核ではなくなっている」（同上，34頁）。

アンゾフ

Q 「企業って金儲けだけを求めるのか？」

A 「従来，企業の欲求のすべては，利益を志向する基本的な精力に関係していた。しかし，近年では，社会的な環境の変化によって，企業は従業員の公平な待遇，環境の保護などを志向する非経済的な『社会的責任』の欲求を持つことを余儀なくされている。これまで，非営利組織は，生存以外の他の欲求に対して，はっきりした関心をほとんど示さなかった。……生存が脅威にさらされるときだけ，非営利組織は経済的な業績に関心を向ける。……他方，企業に焦点を合わせるミクロ経済学者は，生存の精力にほとんど触れることはない。というのは，ミクロ経済学者は，企業は経済的な業績の極大化を不断に追求する組織である，と見なしているからである。こうした理解を示すモデルの源流は，個人財産の蓄積を冷酷に追求した初期の企業家兼所有者にあった。所有と経営が分離した以降も，経済学者は，専門経営者が利益極大化の伝統を受け継いでいる，という仮定を相変わらず主張していた。一般大衆に対する経営者の発言は，この仮定を裏づけている。だが，実証研究と一般の観察が示すように，今日では利益極大化を志向する企業は，全体のうちで少数に過ぎないのである。」

（『戦略経営論』中村元一訳，産業能率大学出版部，1980年，130頁）

▶企業と呼ばれるものの中に，公企業と私企業と公私混合企業（第三セクター）の3種類がある。通常，公企業と第三セクターの多くは営利性と公共性との両立を目標として掲げており，金儲けを第1の目標として位置づけてはいない。また，純粋な私企業にも営利企業と非営利企業の違いがあり，利益追求を第1の目標としていない私企業も少なくない。しかし，アンゾフの本当の主張は，社会的な進歩につれて，たとえ営利目標をもつ伝統的な私企業であっても，利益追求志向が徐々に弱まり，公共性への配慮が高まっていくということである。さあ，その後すでに四半世紀が経ったが，現在の状況をみると，アンゾフのこの主張はどの程度立証されたであろうか。ちなみに，引用文中の「精力」はdriveの訳であり，「原動力」とか「動因」として理解しよう。

Ⅳ　制度と戦略

Q　「非営利組織ってどういうものか？」

A　「非営利組織は，政府機関や公共心に富む個人のグループによって設立される。一般に，設立者のねらいは，保健，教育，法律，秩序のように，利益追求機関では対応できない社会的に必要なサービスを提供することにある。従来は，非営利組織の設立者は，経済効率にほとんど関心を持たなかった。予算額や資金調達額は，サービスの提供に『必要なもの』に対する推定値に基づいて算定された。」

(『戦略経営論』中村元一訳，産業能率大学出版部，1980年，138頁)

▶非営利組織（NPO）という言葉が日本で多く聞かれるようになったのは，1990年代以降のことであろう。しかし，そういう組織はだいぶ前からアメリカなどの国で活躍し，一定の存在感を示していた。アンゾフは非営利組織に大変強い興味をもち，この『戦略経営論』は非営利組織のひとつである環境に貢献する組織（Environment-Serving Organization: ESO）を中心に書かれたものである。今の日本には，多くの非営利組織が活動しており，また多くの若者がさまざまな形でその活動に寄与している。政府も非営利組織にたいして税制などの面で優遇措置をとっている。これは社会的進歩として捉えてよかろう。

Q　「戦略は組織に従うのか，それとも，組織は戦略に従うのか？」

A　「第二次世界大戦後に，組織の知識力の水準は，急激に上昇した。ビジネス・スクールの影響と経営学の文献，雑誌，セミナーの増大のおかげで，経営手法が広まった。これによって，先駆的企業が開発した高度な経営手法の普及が加速度化された。経営学の研究に工学，物理学，数学，経済学を持ち込んだ学者たちも，新しい手法を発明し始めた。こうした新しい手法は，優秀な経営と同義語である地位の象徴となったのである。その結果として，環境の乱気流に直面した企業は，企業の問題点に対する最初の対応として，コンピュータ技術のような新しいシステムと新しい構造を次第に求め始めた。こうして，チャンドラーの順序は，逆転し始めた。……新しい用具を理解することができず，その活用方法を知らず，その新しい用具によって自分の無能が暴露さ

れると感じた経営者にとっては，新しい用具は脅威となって現われることが多かった。最高経営者グループの権限によって，新しいシステムが長期にわたって維持され，経営者が新しい用具と共存する方法を学ばざるを得なくなると，能力のその他の構成要素が発達して，そのシステムを支援し，さらに新しい能力が新しい戦略的な推進力をもたらした。こうして，チャンドラーの順序は逆転し，『戦略は組織構造に従う』ようになったのである。」

(『戦略経営論』中村元一訳, 産業能率大学出版部, 1980年, 109〜110頁)

▶それぞれの企業がどのような成長戦略を選択するのか，どのような分野に多角化するのかについては，その企業がこれまで形成した組織の性格と能力によって大きく左右され，組織能力の向上と不断の組織学習が必要となる。そのため，アンゾフは「組織構造は戦略に従う」というチャンドラー（→233頁）の命題とは逆に，「戦略は組織構造に従う」という命題を提示している。組織的な対応に必要な時間が大幅に短縮できるという意味で，この順序の転換は，「経営史の上で重要な画期的な出来事であった」（同上, 34頁）とアンゾフ本人が述べている。

◆ 用語解説 ◆

(1) **多角化 [diversification]** アンゾフの経営戦略論は企業の成長に重点を置き，企業が成長していくために，市場（顧客層）と製品の異なる組み合わせによって，4つの基本戦略があると主張する。①現在の市場において既存の製品をさらに売り込み，売上高とマーケット・シェアの拡大をはかる市場浸透戦略，②現在の製品で新しい市場を開拓し，成長の機会を見出す市場開発戦略，③現在の市場において，既存製品と異なるような新機能や新デザインをもった新しい製品を投入し，売上の増大をはかる製品開発戦略，④新しい顧客市場において新しい製品を投入し，新天地で成長の機会を求めていく多角化戦略。4つのうち，多角化はもっとも本格的な成長戦略となるが，失敗するリスクも大きいので，市場浸透戦略→市場開発戦略，または製品開発戦略→多角化戦略，という形で移行することが多い。

(2) **シナジー [synergy]** 「企業の資源から，その部分的なものの総計よりも大きな一種の結合利益を生み出すことのできるこの効果は，いわゆる『2＋2＝5』として注目されていることが多い。われわれは，このような効果をシナジーと呼ぶことにしよう」（『企業戦略論』99頁）。アンゾフはシナジーを次の4種類に分類している。①流通経路，販売組織，広告，商標，倉庫などの共同使用による販売シナジー，②施設と人員の高度

IV 制度と戦略

な活用，間接費の分散，共通の学習曲線，一括大量仕入れなどによる操業シナジー，③プラントや機械設備の共同使用，原材料の共同調達と共同在庫，研究開発成果の他製品への移転，技術基盤の共通性などによる投資シナジー，④業務現場を管理する手法，事業運営のノウハウ，経営陣の能力と経験などの移転可能性による経営シナジー。要するに，事業の多角化を進めることによって，企業内部の資産，技術，人材，知識と経験などの経営資源が最大限に生かされ，いろいろなシナジー効果が現れるということである。

(3) **乱気流 [turbulence]** 組織の外部環境における不確実性の増大について，アンゾフは「乱気流」の喩えを使って環境変化の急激さを的確に表現した。アンゾフの説明によると，「乱気流水準は，次のような多数の要因の組み合わせによって決定される。1) 市場環境の変化可能性，2) 変化の速度，3) 競争の熾烈度，4) 技術の繁殖度，5) 顧客による差別化，6) 政府と影響力グループによる圧力」(『最新・戦略経営』294頁)。そして，乱気流が生まれる原因について，①環境変化が新奇性を増大し，今までの経験が役に立たなくなったこと，②環境側の強さが増大したこと，③環境変化のスピードがより迅速になったこと，④環境の複雑さが増大し，予知しにくくなり，対処するためのコストが高くなったこと，などがあげられている。

◆ より深く学ぶために ◆

〈基本文献〉

『企業戦略論』広田寿亮訳，産業能率大学出版部，1969年

『戦略経営論』中村元一訳，産業能率大学出版部，1980年

『最新・戦略経営』中村元一・黒田哲彦訳，産能大学出版部，1990年

『戦略経営の実践原理』中村元一・黒田哲彦・崔大龍監訳，ダイヤモンド社，1994年

〈入門・解説書〉

『経営学100年の思想』宮田矢八郎，ダイヤモンド社，2001年

『やさしく学ぶマネジメント学説と思想』渡辺峻・角野信夫・伊藤健市編著，ミネルヴァ書房，2003年

『経営戦略論』十川広国編著，中央経済社，2006年

『経営戦略要論』岸川善光，同文舘，2006年

(喬 晋 建)

・競争戦略・

ポーター

(Michael E. Porter: 1947-)

◆ 人と業績 ◆

　アメリカのミシガン州で職業軍人の息子として生まれたマイケル・E・ポーターは，学生時代にアメリカンフットボール，野球，ゴルフなどの選手としても活躍していた。1969年にプリンストン大学工学部航空機械科を卒業後，ハーバード大学大学院に入学し，71年に経営学修士号を取得し，73年に経済学博士号を取得した。その後，ハーバード・ビジネス・スクールで教鞭をとり，1977～81年に准教授で，82年には同校史上でもっとも若い弱冠34歳で正教授に昇進した。現在，同大学に勤めるとともに，世界各国の政府幹部や企業トップのアドバイザーとしても活躍している。

　ポーターは，業界の構造分析を機軸とした競争戦略論の創始者であり，3つの競争戦略と5つの競争要因を解明し，また競争優位や価値連鎖などのコンセプトを開発したことはあまりにも有名である。8つの名誉学位をはじめとして，教育と研究の両面において多くの賞を授与されている。また実業界での国際的な知名度も高く，たとえば競争力向上に成功した日本企業を表彰するためのポーター賞が2001年から創設されたほどである。

　1980年刊行のポーターの処女作となる『競争の戦略』は，業界構造と競争業者の行動を分析の対象としている。彼は戦略問題の心臓部に直球を投げ込み，「企業は長期的競争力を獲得できるのか」という難問に挑んだ。この一冊によって，経営戦略論におけるポーターの地位は不動のものになった。1982年の日本語初版に寄せた序文の中で，ポーター自身が次のように述べている。「この本は，1980年10月にアメリカで初版が出て以来，すでに9刷を重ねました。ア

Ⅳ 制度と戦略

メリカの有名企業の社長室の書棚には，必ずといってよいほど，この本が並んでいますし，欧米の一流ビジネス・スクールは例外なく，この本をカリキュラムの中に入れています」（『競争の戦略』ii頁）。

ポーターは日本と多くのかかわりをもつ学者であり，2000年に出版された『日本の競争戦略』は一橋大学教授の竹内弘高との共著である。その主な内容は，日本政府のとってきた産業政策と日本の産業の競争力との関係を検証したものである。従来の考え方として，まず後発国が先進国に追いつき競争していくためには，政府が産業に介入する必要があり，日本政府の産業政策は日本産業の競争力向上を強く支援したと信じ込まれてきた。また，日本企業には独特の経営スタイルがあり，いわゆる日本型企業モデルが日本企業の競争力を形成しているとされている。そして，日本の成功によって，政府当局の果たすべき役割が大きいと思われ，いわゆる日本型政府モデルが形成された。

しかし，ポーターらが多数の事例研究をおこない，その結果として，「これまで賞賛されてきた官僚主導型の資本主義は，日本の成功の原因ではない。むしろ，日本の失敗に深く関わっている」（『日本の競争戦略』7頁）。また，「何をしないかという選択が，戦略の核心である」（同上，139頁）。「継続的改善の積み重ねは，戦略ではない。……日本企業の模倣戦略への強い傾倒は，ほとんどあらゆる企業にみることができる」（同上，126頁）。そして，「日本型政府モデルおよび日本型企業モデルがいずれも，日本企業が真の戦略を打ち出すことを阻害している」（同上，156頁）という斬新な結論が導き出された。

◆ ポーターとの対話 ◆

Q 「国の競争力ってどう形成されるのか？」

A 「国際競争において，なぜある国は成功し，別の国は失敗するのか。この疑問は，おそらく現在，最も頻繁に問われる経済的質問である。競争力は，どの国の政府も産業界も，いちばん頭を痛める問題となっている。……ある産業の成功した国際的競争企業にとって，ある国が本拠地になるのは，な

ぜか。少し別の言い方をすると，ある国に本拠地を置く企業が，特定分野の世界最高の競争相手に負けないだけの競争優位を創造し維持できるのは，なぜか。また一つの国が，しばしばあまりにも多数の産業リーダーの本拠地になるのは，なぜか。」

(『国の競争優位（上）』土岐坤ほか訳，ダイヤモンド社，1992年，3頁)

▶経済活動のグローバル化につれて，新しい競争力のパラダイムは，天然資源，労働コスト，資本コストなどに基礎を置くのではなく，国や企業のイノベーションとグレードアップの能力に基礎を置くのである。つまり，あらゆる側面で自由競争の奨励と政府規制の緩和を進め，イノベーションに必要な人材と資金を吸収する仕組みをつくり上げることに成功した国に多くの成功企業と成功産業が集中するのである。具体的には，ポーターは，①要素条件，②需要条件，③関連・サポート産業，④企業戦略・組織構造・競合関係，という４つの要因が複雑に絡み合って国の競争優位を決めていると主張している。

Q　「業界の収益性ってどうきめられるのか？」

A　「業界内で競争激化が起こるのは，偶然そうなるのでもなければ，またそれは不運な現象でもない。競争の根は業界の経済的構造の中にあるわけで，個々の競争しあう会社の行動が必ずしも激化の原因ではない。競争状態を決めるのは，基本的に五つの要因である。これら五つの要因が結集して，業界の究極的な収益率――すなわち，長期的な投資収益率を決めるのである。業界はみな同じ収益率になるわけのものではない。五つの要因の結集される強さがちがうのだから，業界によって究極的な収益率がちがうのは当然である。」

(『競争の戦略（新訂版）』土岐坤ほか訳，ダイヤモンド社，1995年，17頁)

▶ポーターによると，業界全体の平均的な収益性は大体きまっている。また，業界が異なれば，その業界平均の収益性もちがう。しかし，たとえ業界間の平均収益性に格差が生じても，さまざまな制約条件があるために，異なる業界への進出は簡単ではない。そして，ポーターは，①新規参入の脅威，②既存の競争企業間の競争度合い，③代替製品・サービスの脅威，④顧客の交渉力，⑤供給業者の交渉力，という５つの競争要因が業界平均収益性をきめていると主張する。

Ⅳ 制度と戦略

Q 「企業の競争戦略ってどういうものか？」

A 「長期にわたって平均以上の業績をあげられる土台となるのが，持続力のある競争優位である。会社は競争相手と比べて無数の長所や短所を持つわけだが，基本的には競争優位のタイプは二つに絞ることができる。低コストか差別化である。会社が持つどんな長所や短所も，その重要性は，つきつめると，それらが競争相手のコスト対自社コスト，また差別化にどんな影響を与えるかによって決まるのである。すると，コスト優位性と差別化も業界構造から生まれてくる。すなわち，会社が五つの競争要因に対してライバルより上手な対応ができるかどうかによって，コスト優位と差別化が生まれるのである。」

(『競争優位の戦略』土岐坤ほか訳，ダイヤモンド社，1985年，16頁)

▶同じ業界の中，必ず，企業間の収益性に大きな差が存在し，その原因は各企業のとった競争戦略のちがいにある。企業間競争において，差別的優位性をつくり出し，市場占有率を拡大するために，①コスト・リーダーシップ，②差別化，③集中，という3つの競争戦略が有効であるとポーターは主張している。さらに，3つのうちからどれをどういう時期にとるかは，時代の変化，所属する産業の構造，自社の競争上の地位などに依存しており，また企業がその戦略に必要な経営資源をどの程度もっているかに依存している。

Q 「企業の競争力ってどこから生まれるのか？」

A 「企業が業界平均より優れた収益性を得るためには，競合他社より高い価格か，あるいは低いコストかを実現すればよい。企業間の価格やコストの差異を生み出す源泉は，さらに二つのタイプに分けられる。一つは**オペレーション効率**の差，……もう一つは**戦略的ポジショニング**の違いによるものである。」

(『競争戦略論Ⅰ』竹内弘高訳，ダイヤモンド社，1999年，6頁)

▶どの企業においても，生産活動におけるオペレーション効率はたえず改善していくものである。だから，「こうした競争はオペレーション効率を絶対的に改善するものの，相対的な優位は誰も手にしない結果に終わる」(同上，74頁)。一方，「継続的な業績の

違いは，他社とは異なる戦略的ポジショニングから生まれる場合が多い」(同上，6頁)。つまり，ことを正しくやるより，正しいことをやるのがはるかに重要である。この意味で，「戦略とは，競争上必要な**トレードオフ**を行うことなのである」(同上，98頁)。

◆ 用語解説 ◆

(1) **オペレーション効率**［operational effectiveness］　同じかあるいは似通った活動を競合他社よりもうまくおこなうことを意味する。無駄な活動を省いたり，より高度な技術を導入したりすることによって，同じ投入資源からより多くの成果を生み出すことができるので，当然，オペレーション効率の向上は収益性の改善につながる可能性がある。ただし，ポーターが指摘したように，競合他社のオペレーション効率も同じレベルの向上を実現していれば，単なるオペレーション効率の向上は収益性の改善につながらなくなる。
(2) **戦略的ポジショニング**［strategic positioning］　競合他社と異なる活動をおこなうこと，あるいは同様な活動をライバルと異なる手法でおこなうことを意味する。ポーターの考えとして，「戦略とは，他社とは異なる活動を伴った，独自性のある価値あるポジションを創り出すことである」(『競争戦略論Ⅰ』90頁)。
(3) **トレードオフ**［trade-off］　ある戦略ポジションによる価値を獲得するために，ほかの戦略ポジションによる価値を犠牲にせざるをえない，という企業側の自主的な選択を意味する。トレードオフが必要であるために，自社の戦略的ポジショニングが競合他社に模倣される可能性は大きく制限される。

◆ より深く学ぶために ◆

〈基本文献〉
　『競争の戦略 (新訂版)』土岐坤ほか訳，ダイヤモンド社，1995年
　『競争優位の戦略』土岐坤ほか訳，ダイヤモンド社，1985年
　『国の競争優位 (上)(下)』土岐坤ほか訳，ダイヤモンド社，1992年
　『競争戦略論Ⅰ Ⅱ』竹内弘高訳，ダイヤモンド社，1999年
　『日本の競争戦略』(竹内弘高との共著) ダイヤモンド社，2000年
〈入門・解説書〉
　『経営戦略論』寺元義也・岩崎尚人編著，学文社，2004年

(喬　晋建)

IV 制度と戦略

COLUMN 世紀の経営者

ウェルチ
(Jack Welch: 1935-)

「世紀の経営者」「もっとも尊敬されるCEO（最高経営責任者）」「CEOの力量を測るものさし」、これらはジャック・ウェルチへの賛辞の一部である。小柄で一見地味な印象を与えそうだが、その目は自信に満ち、鋭く未来をみつめている。漠然とした未来ではなく、情熱をもって描かれる具体的な成功。つまり、ゼネラル・エレクトリック（以下GE）が市場でトップになることである。彼がCEO就任早々発表したミッション（経営理念に相当）は、「世界でもっとも競争力のある企業になる。そのためにすべての市場でナンバー1かナンバー2になる。その可能性のない事業はテコ入れするか、売却するか、閉鎖する」というものであった（『ウィニング勝利の経営』斎藤聖美訳、日本経済新聞社、2005年、25頁）。

ウェルチとは、1981年から2001年までGEのCEOを務めた人物である。GEは、後の合併によりその名を変えてしまうが、1878年創業のエジソン・エレクトリック・ライト・カンパニーを母体とした巨大企業。ウェルチは、この由緒正しい、一方で官僚的GEをエネルギーに満ちた躍動的な、収益性の高い会社に変えたことであまりにも有名である。良いと思ったアイデアは、物凄いスピードで周りへと浸透させていく。将来において魅力のない事業は、躊躇なく手放す。そんな彼をマスコミは「ニュートロン・ジャック」と酷評したこともある。

1980年代後半の自社研修所でのマラソン・セッションの経験を生かした、社員が自由に率直に発言できるワークアウトは、画期的な生産性向上をもたらしたという。また、経営システムとして、「これ以上論理的で健全なシステムはない」と彼がいうのは、「選別」のシステムだ。収益を上げながら戦える分野の「選別」、明確で透明な人材の「選別」、これらは彼の経営スタイルの独創的な点だ。そこに彼の仕事にたいする驚くほどのエネルギーとスピード、勝利へのこだわり、強烈なリーダーシップが相まってGEは驚異的な成長を遂げたのである。

安定的巨大企業から急成長を遂げる世界的大企業へと、ウェルチ型経営により明らかにGEは成長した。しかしその成功は、収益性の高いM&A（企業合併・買収）と金融サービスに非常に傾斜したものであるという見解が一方にあることも、知っておく必要があろう。

（石橋妙子）

キーワード索引

	用語	人物			用語	人物	
あ	アノミー	メイヨー	84		事業部制	チャンドラー	233
	イノベーション	シュンペーター	208		資産の特殊性	ウィリアムソン	150
	インフォーマル組織	レスリスバーガー=			支持的関係の原理	リッカート	124
		ディクソン	90		実質非合理性	ウェーバー	5
	運営準則	コモンズ	204		シナジー	アンゾフ	243
	衛生要因	ハーズバーグ	114		社会的技能	メイヨー	82
	オペレーション効率	ポーター	252		収益法則	グーテンベルク	35
か	カーネギー学派	ウィリアムソン	147		自由市場経済	シュマーレンバッハ	43
	確立した社会	メイヨー	82		自由の法則	ニックリッシュ	53
	課題統覚検査	マクレランド	107		出資	バーリ=ミーンズ	215
	株主権	バーリ=ミーンズ	215		上位権限の虚構	バーナード	136
	管理プロセス学派	クーンツ=オドンネル	69		条件適応理論	ローレンス=ローシュ	161
	機械過程	ヴェブレン	195		シングル・ループ学習	アージリス	119
	機会主義	ウィリアムソン	150		人事相談制度	レスリスバーガー=	
	機会主義的側面	バーナード	133			ディクソン	90
	技術的技能	メイヨー	82		責任ある選択	ドラッカー	221
	究極的支配形態	バーリ=ミーンズ	213		ゼネラル・モーターズ	スローン	227
	境界間単位組織	トンプソン	170		センスメーキング	ワイク	188
	共同経済的生産性	シュマーレンバッハ	44		専門経営者	シェルドン	29
	共同決定法	ニックリッシュ	53		戦略	チャンドラー	234
	経営活動	ブラウン	59		戦略計画	ミンツバーグ	179
	経営史	チャンドラー	233		戦略的ポジショニング	ポーター	252
	計画と執行の分離	テイラー	25		創発的戦略	ミンツバーグ	179
	形式合理性	ウェーバー	5		組織	ファヨール	13
	権限委譲	ブラウン	60			チャンドラー	234
	限定された合理性	ウィリアムソン	150		組織づくり	ローレンス=ローシュ	165
	貢献	バーナード	133		組織的怠業	テイラー	20
	公式組織	バーナード	132		組織の環境適応	ローレンス=ローシュ	161
	拘束経済	シュマーレンバッハ	43		組織の合理性	トンプソン	170
	合法的支配	ウェーバー	5	**た**	体制関連的事実	グーテンベルク	34
	ゴーイング・コンサーン	コモンズ	202		多角化	アンゾフ	242
	コーポレート・ガバナンス	バーリ=ミーンズ	217		タスク環境	トンプソン	171
	固定費	シュマーレンバッハ	43		達成ニーズ	マクレランド	110
	コンティンジェンシー・アプローチ	ウッドワード	156		ダブル・ループ学習	アージリス	119
	コンティンジェンシー理論	トンプソン	169		調整	ファヨール	13
	コンフリクト	フォレット	76		T型フォード	スローン	228
	コンフリクト解決	ローレンス=ローシュ	162		適応社会	メイヨー	82
さ	財務	シェルドン	30		動機づけ要因	ハーズバーグ	113
	サウス・エセックス調査	ウッドワード	156		動機的制約	サイモン	140
	差別出来高賃金制	テイラー	21		統合	フォレット	78
	産業の将帥	ヴェブレン	197		統合の原則	マグレガー	104

255

	統制	ファヨール	13		マネジャーの仕事	ミンツバーグ	179
		マグレガー	102		命令	ファヨール	13
	道徳的側面	バーナード	133		目立たないコントロール	サイモン	141
	ドメイン	トンプソン	171		目標管理	ドラッカー	222
	トランスフォーメーション	ミンツバーグ	180	や	誘因	バーナード	133
	トレードオフ	ポーター	253		ユーサイキアン・マネジメント	マズロー	96
な	二重相互作用	ワイク	189		行きすぎた合理主義	ミンツバーグ	180
	認知的制約	サイモン	140		予測	ファヨール	13
	暖簾	バーリ=ミーンズ	213		欲求階層説	マズロー	95
は	パワー・ニーズ	マクレランド	110	ら	乱気流	アンゾフ	243
	非公式組織	バーナード	133		良心	ニックリッシュ	53
	分化と統合のモデル	ローレンス=ローシュ	166		ルース・カップリング	ワイク	189
	防衛的思考	アージリス	119		連結ピン	リッカート	124
	ホーソン実験	メイヨー	81		労働組合	シェルドン	29
ま	マーケティングとイノベーション	ドラッカー	221				

執筆者紹介 (＊は編者)

＊中野 裕治（なかの・ひろはる）
1943年生
九州大学大学院経済学研究科博士後期課程単位取得退学
現　在　熊本学園大学商学部教授
担当章　ファヨール，バーナード，ガルブレイス（コラム）

＊貞松　茂（さだまつ・しげる）
1949年生
西南学院大学大学院経営学研究科博士課程修了，博士（経営学）
現　在　熊本学園大学商学部教授
担当章　シェルドン，バーリ＝ミーンズ

＊勝部 伸夫（かつべ・のぶお）
1956年生
立教大学大学院経済学研究科博士後期課程修了，博士（経営学）
現　在　熊本学園大学商学部教授
担当章　テイラー，ドラッカー

＊嵯峨 一郎（さが・いちろう）
1943年生
東京大学大学院経済学研究科博士課程中退
現　在　熊本学園大学商学部教授
担当章　アベグレン（コラム），ヴェブレン

池内 秀己（いけのうち・ひでき）
1955年生
慶應義塾大学大学院商学研究科博士課程単位取得退学
現　在　九州産業大学経営学部教授
担当章　ウェーバー，サイモン

今村 寛治（いまむら・かんじ）
1960年生
九州大学大学院経済学研究科博士課程修了
現　在　熊本学園大学商学部教授
担当章　フォード（コラム），スローン

菊澤 研宗（きくざわ・けんしゅう）
1957年生
慶應義塾大学大学院博士課程経営学専攻修了，博士（商学）
現　在　慶應義塾大学商学部・大学院商学研究科教授
担当章　グーテンベルク，シュマーレンバッハ，ニックリッシュ

山縣 正幸（やまがた・まさゆき）
1976年生
関西学院大学大学院商学研究科博士課程後期課程単位取得退学，博士（商学）
現　在　近畿大学経営学部准教授
担当章　ハックス（コラム），フィッシャー（コラム）

小原 久美子（おばら・くみこ）
1958年生
専修大学大学院経営学研究科博士前期課程修了
現　在　県立広島大学経営情報学部・大学院総合学術研究科経営情報学専攻准教授
担当章　ブラウン

山 中 伸 彦（やまなか・のぶひこ）
1971年生
立教大学大学院経済学研究科博士後期課程
単位取得満期退学
現　在　尚美学園大学総合政策学部専任講師
担当章　クーンツ＝オドンネル

西 岡　　正（にしおか・ただし）
1966年生
名古屋市立大学大学院経済学研究科修士課程修了
現　在　兵庫県立大学大学院経営研究科准教授
担当章　デミング（コラム），シュンペーター

齋 藤 貞 之（さいとう・さだゆき）
1945年生
立教大学大学院経済学研究科博士課程単位取得退学
現　在　九州国際大学経済学部特任教授
担当章　フォレット，ハーズバーグ

佐 藤 健 司（さとう・けんじ）
1965年生
同志社大学大学院商学研究科博士後期課程単位取得退学
現　在　京都経済短期大学経営情報学科教授
担当章　メイヨー，レスリスバーガー＝ディクソン

高 橋 公 夫（たかはし・きみお）
1951年生
青山学院大学大学院経営学研究科博士課程単位取得退学
現　在　関東学院大学経済学部教授
担当章　マズロー，リッカート，ウッドワード

山 下　　剛（やました・つよし）
1974年生
名古屋大学大学院経済学研究科博士後期課程修了
現　在　北九州市立大学経済学部准教授
担当章　マグレガー，ワイク

西 川 清 之（にしかわ・きよゆき）
1947年生
西南学院大学大学院経営学研究科博士後期課程単位取得満期退学
現　在　龍谷大学経営学部教授
担当章　マクレランド，アージリス，トンプソン

江 口 尚 文（えぐち・なおふみ）
西南学院大学大学院経営学研究科博士後期課程単位取得満期退学
現　在　旭川大学経済学部教授
担当章　シャイン（コラム），ミンツバーグ

米 川　　清（よねかわ・きよし）
1950年生
早稲田大学政治経済学部卒業
現　在　熊本学園大学商学部教授
担当章　ウィリアムソン，ベルタランフィ（コラム）

数 家 鉄 治（かずや・てつじ）
1944年生
大阪府立大学大学院経済学研究科博士課程単位取得満期退学
現　在　大阪商業大学総合経営学部教授

担当章　ローレンス=ローシュ

佐久間信夫（さくま・のぶお）
明治大学大学院商学研究科博士後期課程単位取得退学
現　在　創価大学経営学部教授
担当章　コモンズ

矢島　格（やじま・いたる）
1960年生
中央大学大学院総合政策研究科博士後期課程修了，博士（総合政策）
現　在　農林中金総合研究所調査第二部長
担当章　マーコビッツ（コラム）

三戸　浩（みと・ひろし）
1953年生
京都大学大学院経済学研究科博士課程中退
現　在　横浜国立大学経営学部教授
担当章　チャンドラー

喬　晋　建（きょう・しんけん）
1957年生
筑波大学社会工学研究科博士課程単位取得退学
現　在　熊本学園大学商学部教授
担当章　アンゾフ，ポーター

石橋妙子（いしばし・たえこ）
1974年生
熊本学園大学大学院経営学研究科博士後期課程単位取得退学
現　在　崑山科技大學（台湾）国際貿易系助理教授
担当章　ウェルチ（コラム）

　　　　　　　はじめて学ぶ経営学
　　　　　　　　——人物との対話——

2007年3月31日　初版第1刷発行　　　　　　　検印省略
2013年3月10日　初版第4刷発行
　　　　　　　　　　　　　　　　　定価はカバーに
　　　　　　　　　　　　　　　　　表示しています

　　　　　　　　　　中　野　裕　治
　　　　　　　　　　野　松　　　茂
　編　　者　　　　　貞　部　伸　夫
　　　　　　　　　　勝　峨　一　郎
　　　　　　　　　　嵯

　発 行 者　　　　　杉　田　啓　三

　印 刷 者　　　　　田　中　雅　博

　発行所　株式会社　ミネルヴァ書房
　　　　　607-8494　京都市山科区日ノ岡堤谷町1
　　　　　　　電　話　(075) 581-5191番
　　　　　　　振替口座　01020-0-8076番

ⓒ中野・貞松・勝部・嵯峨, 2007　　創栄図書印刷・兼文堂

　　　　ISBN978-4-623-04753-6
　　　　　Printed in Japan

やさしく学ぶマネジメントの学説と思想
──────渡辺　峻/角野信夫/伊藤健市 編著
A5判　336頁　本体3000円

人物を中心に略歴，理論全体の解説，キーワード，主要著書の紹介等，多角的にアプローチする。主要著書の要点となるところの抜粋を紹介。経営学の基礎理論を学ぶ。

よくわかる現代経営
──────「よくわかる現代経営」編集委員会 編
B5判　224頁　本体2400円

大学，短期大学，専門学校，社会人研修などに最適のテキストとなるよう構成。初学者が現代の経営を知るために必須の分野をおさえ，重要な基礎用語，制度や課題について理解し得るよう編集。

テキスト経営学〔増補版〕
──────井原久光 著　**A5判　352頁　本体3200円**

●**基礎**から**最新の理論**まで　本書は，基礎用語や概念を整理しながら，ケーススタディなどを通じて学生やビジネスマン自身が独学できる機会を提供する経営学の入門書である。

新版 ベイシック経営学Q＆A
──総合基礎経営学委員会 編　**A5判　328頁　本体2500円**

経営学の基礎となる事項（140項目）を簡潔なＱ＆Ａ方式の見開きで解説。各課題の主要論点を網羅し，的確に理解できるよう編集。経営学を学び始める人に必携の入門書。

現代経営学入門
──────法政大学経営学部　藤村博之/洞口治夫 編著
A5判　240頁　本体2500円

●**21世紀の企業経営**　「経営学」とはなにか？　本書は，経営学を学びはじめるひとたちにとって，その道標となりうることをめざし編集された書である。

────── ミネルヴァ書房 ──────
http://www.minervashobo.co.jp/